Deloitte. トーマツ.
デロイト トーマツ

有限責任監査法人トーマツ［編］
津曲秀一郎［著］

内部統制「見直し」の実務

INTERNAL CONTROL

不備を生じさせないための「リスクトーク」という手法

中央経済社

本書のねらい
～リスクトークによるリスクシナリオの設定と
情報の信頼性の確保の重要性

2008年の我が国における内部統制報告制度（以下「J-SOX」という）は，その導入から15年を経過し，2023年に初めて本格的な基準の見直しが行われた。改訂点はそれほど多くはないという意見もあるが，実効性に懸念のあった内部統制報告制度について，有識者の意見を踏まえ様々な概念や例示が追加・強調されており，真摯に検討をすれば相応の対応が必要となり，経営者やガバナンスレベルの対応が必要となる領域がある。この15年の間に，米国のトレッドウェイ委員会組織委員会（以下「COSO」という）の公表する内部統制の統合的フレームワーク（以下「COSOフレームワーク」という）の改訂，コーポレートガバナンス・コードの導入・改訂があり，これらと調和して内部統制報告制度を整備・運用することも求められている。

また，昨今では，開示書類において，企業不正による虚偽記載や資産の流用，会計基準の理解不足や処理ミス等による虚偽記載および開示すべき重要な不備が引き続き一定の件数で発生しており，その実態は様々な公表資料により把握可能である。ただし，これらは氷山の一角であり，企業開示および監査実務の現場では，重要性の観点から訂正には至らず，開示すべき重要な不備とまではならなかったが，少なからず不正や誤り，内部統制の不備が発生している。

制度導入時には文書化や体制づくりで精一杯であった。そこから自律的に不正や誤謬を真に防止・発見することが期待できる内部統制を構築・運用していくことが期待されたが，その段階に至っていない状況が散見される。また，会計基準や開示基準は複雑化し，不正を含むリスクは多様化している。

このような現状を踏まえ，企業が，監査人を含む企業関係者による真摯な議論により，他社で発生している不備や虚偽記載の現状を，自社に置き換えてリスクシナリオを構築し，不祥事を起こさない内部統制を構築し運用する，それが本書でいう「リスクトーク」の目指すところである。

本書においては，内部統制の構築と評価を行う企業の立場から，リスクトー

クを通じて実施可能と考えられる様々な見直しや工夫を記載しているが，監査人側の財務諸表監査や財務報告に係る内部統制監査の基準で求められる内容についても数多く取り込んでいる。そのため，内容が難しく感じる面もあるかもしれない。しかし，内部統制報告制度が企業の評価と監査の両輪で成り立っているため，目指すべき方向性を示すためには，必要な範囲において監査の基準の側面からの丁寧な説明を行う必要性を認識した。また，最近ではサイバーリスクやテクノロジーの利用などについて，監査の基準や日本公認会計士協会の研究報告等で監査人向けの解説等が示されているが，企業の内部統制の構築や評価にも参考になるものが数多くある。評価と監査の両方の理解のもとに，内部統制のあるべき姿を目指すための参考書となるようにした。

　内部統制の強化，評価，監視の対応を行う経営者をはじめとする企業関係者だけでなく，その監視を行う監査役等，企業を助言・指導する立場にあるコンサルタントや，監査と助言を行う監査人にもその役割の高度化のためにご一読いただきたい。

2024年11月

津曲　秀一郎

CONTENTS

第Ⅰ章　改訂内部統制報告制度とリスクトーク —— 1

1 改訂された内部統制報告制度（J-SOX）の概要 ………… 2

（1）改訂の経緯　2

（2）報告の信頼性　3

（3）リスク評価と対応における不正リスクの強調　4

（4）情報と伝達（情報の信頼性）　4

（5）ITへの対応　5

（6）ガバナンスおよび全組織的なリスク管理の重要性　6

（7）評価範囲の決定方法の見直し　7

（8）内部統制報告書の記載の見直し　8

2 我が国における内部統制の不備・不祥事の発生状況 ………… 9

3 リスクトークにより何を解決するのか ……………………… 13

（1）リスクトークの意義と対処すべき問題　13

（2）リスクトークの流れ　15

第Ⅱ章　全社的なリスクの評価，構築および　　運用 —— 19

1 リスクトークとCOSOフレームワークの活用による　全社的なリスクの評価 ………………………………… 20

（1）リスクトークとCOSOフレームワークの活用　20

（2）事業拠点，事業部門のリスク要因と不正の兆候　21

　①　全社レベルのリスク要因　21

　②　不正・誤謬の兆候を示す状況の考慮　23

ii

③　全社的なリスク評価の必要性　25

④　全社的なリスク評価およびリスクトークを実施する単位　28

（3）　リスクトークによる全社的なリスク評価　30

①　不正リスク，誤謬リスクと誤解のリスク　30

②　リスクトークによる全社的なリスク評価方法と実施例　33

（4）　内部統制の無視・無効化のリスク　37

（5）　リスクシナリオの設定　39

（6）　リスクトークで取り上げるリスクの網目
（重要性と網羅性）　44

（7）　全社的なリスクの例　46

2 ┃ 全社的な内部統制の構築・見直しと例示 ……………………… 50

（1）　COSOフレームワークの利用による内部統制の構築　50

①　全社的な内部統制の重要性　50

②　グループの内部統制システムの構築　53

③　COSOフレームワーク等の利用による
全社的な内部統制の構築方法とその例示　54

（2）　日常的モニタリングの整備・運用と例示　70

（3）　職務分掌の確保とジョブ・ローテーション　74

（4）　ガバナンスと全組織的なリスク管理との
一体的整備・運用　77

①　実施基準におけるガバナンスと全組織的なリスク管理　77

②　COSO全社的リスクマネジメントの活用と
実施基準との対比　77

③　3線モデルと日常的モニタリングにおける適用　82

第Ⅲ章　情報の信頼性に着目した業務プロセス等の リスク評価と信頼性の確保 ――――――――― 89

1 ┃ 情報の信頼性の確保の重要性 ……………………………………… 90

（1）　信頼性のない情報がもたらすリスク　90

CONTENTS　iii

（2）　信頼性を確保すべき情報の識別方法　92

（3）　フローチャートの作成　99

2　リスクトークによる情報の信頼性に着目した内部統制の構築・運用 ……………………………………………………… 101

（1）　財務情報を作成する要件からのリスク識別・評価と
　　　内部統制構築上の留意点　101

　　①　財務情報を作成する要件からのリスク識別および評価　101

　　②　内部統制構築（整備）上の着眼点　104

（2）　決算・財務報告プロセス　107

（3）　業務プロセスの見直しと収益認識ステップに沿った
　　　内部統制構築の必要性　112

　　①　業務プロセスの見直し方法　112

　　②　収益認識ステップに沿った内部統制の構築の必要性　115

（4）　監査人の特別な検討を必要とするリスクに対応する
　　　内部統制　116

（5）　サイバーリスク等のITの利用から生じるリスクに
　　　対応するITに係る全般統制　117

　　①　サイバーリスク等の識別と評価　117

　　②　サイバーリスク等に対応する内部統制の構築，見直し　123

（6）　ITに係る業務処理統制のうち自動化されたものと
　　　手作業のもの　130

（7）　自動化された内部統制により処理される情報の信頼性　132

（8）　エンドユーザーコンピューティング（EUC）における
　　　情報の信頼性　135

（9）　仕訳入力・修正　137

（10）　重要な会計上の見積り　142

（11）　委託業務　146

（12）　専門家の業務　151

（13）　非定型・不規則な取引への対応　152

3　DXを利用した情報の信頼性の確保 ……………………………………… 154

（1） DXを活用する動きと留意点　154

（2） 情報セキュリティ・職務分掌の強化　154

（3） 照合作業や転記・入力等の自動化　155

（4） 帳票や資料作成の簡易化，サポート・検証機能　156

（5） リモートカメラやドローンを利用した監視・位置情報等の
利用　156

（6） 申請および承認と改ざん等の防止　157

（7） 異常・不正等の識別，データ分析，プロセスマイニング
および循環取引のリスクへの適用　157

（8） データドリブンの検証・評価ツール　159

4 ┃ 海外事業拠点での対応 ……………………………………………… 160

5 ┃ 買収先での対応 …………………………………………………… 163

（1） 評価対象として重視されている買収先　163

（2） 全社的な内部統制　164

（3） 決算・財務報告プロセス　164

（4） ITを含む業務プロセス　165

（5） リスクトーク，リスクシナリオ設定の展開　166

6 ┃ 中堅・中小上場企業等における内部統制の構築 …………… 167

7 ┃ 決算・財務報告プロセス，業務プロセスの例 ……………… 169

第Ⅳ章　内部統制の整備および運用状況の評価 ── 181

1 ┃ 評価範囲の見直し ………………………………………………… 182

（1） 評価範囲の見直しの具体的手順　182

（2） 期中および期末における評価範囲の見直し　191

（3） 評価範囲の制約と内部統制報告書上の開示　193

2 ┃ 内部監査部門の役割 ……………………………………………… 197

3 整備状況の評価における着眼点の明確化 ……………………… 199

（1） 統制上の要点の識別と絞込み　199

（2） 真にリスクを軽減することが可能かどうかの着眼点　201

（3） 整備状況の評価の手続　203

（4） 情報の信頼性の評価　205

（5） ITに係る全般統制の整備状況の評価　207

（6） ITに係る業務処理統制の整備状況の評価　210

（7） 仕訳入力・修正に係る内部統制の整備状況の評価　213

（8） 重要な会計上の見積りに係る内部統制の
整備状況の評価　215

（9） 委託業務に係る内部統制の整備状況・運用状況の評価　217

（10） 中堅・中小上場企業等における
効率的な内部統制の評価　222

4 運用状況の評価の精緻化と効率化 …………………………………… 222

（1） 運用状況の評価の精緻化と効率化　222

（2） 営業拠点のグルーピング，リモート検証時の
電子的証拠の真正性　225

5 不備の識別方法の改善と根本原因の追究による評価 および是正措置 ……………………………………………………………… 226

（1） 不備評価の重要性　226

（2） 不備を示すと考えられる事象の網羅的な把握　227

（3） 内部統制の不備の判定，内容の確定および
根本原因の検討　228

（4） 開示すべき重要な不備の判定　232

① 金額的重要性　232

② 質的重要性　235

③ ITに係る統制上の不備　236

④ 開示すべき重要な不備の影響　238

（5） 連結決算日と決算日が異なる連結子会社に関する

開示すべき重要な不備　239

（6）　開示すべき重要な不備を含む不備の是正方法の立案，
　　　実施と評価　239

（7）　開示すべき重要な不備の事実および是正に関する
　　　内部統制報告書上の開示　241

6 ▎内部統制報告書の作成 ·· 246

（1）　評価の範囲，基準日および評価手続に関する事項　246

（2）　評価結果に関する事項　250

（3）　付記事項，特記事項　251

（4）　内部統制が有効である場合の内部統制報告書の記載例　251

7 ▎訂正内部統制報告書の対応 ·· 254

第Ⅴ章　財務報告に係る内部統制の監査と リスクトーク ────── 259

1 ▎内部統制監査 ··· 260

2 ▎リスクトークにおける監査人の役割と指導的機能 ············ 260

3 ▎企業と監査人のコミュニケーション ······························· 263

第Ⅵ章　その他の内部統制とリスクトーク ──── 265

1 ▎上場準備における内部統制 ·· 266

（1）　有価証券上場規程に基づく上場申請の対応　266

（2）　コーポレート・ガバナンスおよび内部管理体制の有効性
　　　に関する上場審査　266

（3）　新規上場申請のための有価証券報告書（Ⅱの部）と
　　　添付書類に基づく上場審査　270

（4）　上場準備会社における内部管理体制と財務報告に係る
　　　内部統制の構築　273

CONTENTS　vii

（5）　上場準備会社におけるリスクトークの適用可能性　276

2 ｜ サステナビリティ報告に係る内部統制とリスクトークの適用可能性 …………………………………………… 277

（1）　我が国におけるサステナビリティ開示と保証　277

（2）　SSBJ基準公開草案およびISSA5000の概要と内部統制の位置付け　279

　①　SSBJ基準公開草案では何が開示されるのか　279

　②　ISSA5000の保証内容とリスク評価・内部統制の位置付け　283

（3）　サステナビリティ報告に係る有効な内部統制（ICSR）　284

（4）　サステナビリティ報告に係る内部統制の構築と，リスクトークの適用可能性　290

　①　サステナビリティ報告に係る内部統制の構築におけるICSRとJ-SOXの活用　290

　②　リスクトーク，リスクシナリオの適用可能性　293

　③　経営者および内部監査部門によるモニタリングの重要性　295

viii

【凡例】

略語	正式名称または説明
J-SOX	内部統制報告制度
COSO	トレッドウェイ委員会組織委員会
COSO-ERM	COSO全社的リスクマネジメント
JICPA	日本公認会計士協会
IIA	内部監査人協会
ELC	Entity Level Controls（全社的な内部統制）
FCRP	Financial Controls for the Reporting Process（決算・財務報告プロセス）
3点セット	業務記述書，フローチャート（実施基準参考2参照）およびリスクと統制の対応（リスク・コントロール・マトリックス：RCM）（実施基準参考3参照）
基準	財務報告に係る内部統制の評価及び監査の基準
実施基準	財務報告に係る内部統制の評価及び監査に関する実施基準
意見書	財務報告に係る内部統制の評価及び監査の基準並びに財務報告に係る内部統制の評価及び監査に関する実施基準の改訂について（意見書）
改訂J-SOX基準	2023年に改訂された上記の基準，実施基準および意見書の総称
内部統制府令	財務計算に関する書類その他の情報の適正性を確保するための体制に関する内閣府令
内部統制府令ガイドライン	「財務計算に関する書類その他の情報の適正性を確保するための体制に関する内閣府令」の取扱いに関する留意事項について
JICPA監基報240	監査基準報告書240「財務諸表監査における不正」
JICPA監基報315	監査基準報告書315「重要な虚偽表示リスクの識別と評価」
JICPA監基報540	監査基準報告書540「会計上の見積りの監査」
JICPA内基報	財務報告内部統制監査基準報告書第1号「財務報告に係る内部統制の監査」

JICPA315 ITガイダンス	監査基準報告書315実務ガイダンス第1号「ITの利用の理解並びにITの利用から生じるリスクの識別及び対応に関する監査人の手続に係るQ&A（実務ガイダンス）」
JICPA周知文書	財務報告内部統制監査基準報告書第1号周知文書第1号「「財務報告に係る内部統制の評価及び監査の基準並びに財務報告に係る内部統制の評価及び監査に関する実施基準の改訂について（意見書）」（2023年4月）等を受けた内部統制監査上の留意事項に関する周知文書」
JICPA内基研	財務報告内部統制監査基準報告書第1号研究文書第1号「内部統制報告制度の運用の実効性の確保に係る研究文書」
JICPAサイバー研究文書	テクノロジー委員会研究文書第10号「サイバーセキュリティリスクへの監査人の対応（研究文書）」
JICPAテクノロジー循環取引研究文書	監査基準報告書240研究文書第1号「テクノロジーを活用した循環取引への対応に関する研究文書」

（注）本書は2024年10月末時点の内部統制に関する法令または基準を含む状況に基づいて記載している。

第 I 章

改訂内部統制報告制度と
リスクトーク

1 改訂された内部統制報告制度（J-SOX）の概要

　J-SOXの改訂の議論の過程で，経営者による内部統制の評価範囲の外から開示すべき重要な不備が明らかになるなどの，実効性に関する問題意識が示されている。本書のねらいであるリスク評価の高度化に基づいて内部統制の充実を図るためには，規制当局や学者なども含めた我が国の内部統制の抱える課題を議論した結果であるJ-SOXの改訂経緯と内容を理解し，自分事として考えてみることが，第一歩となるものと考えられる。以下，改訂J-SOXの内容について，特に本書でいう「リスクトーク」（本章3参照）の観点で重要な点を中心に説明する。

（1）　改訂の経緯

　2023年4月に企業会計審議会は「財務報告に係る内部統制の評価及び監査の基準並びに財務報告に係る内部統制の評価及び監査に関する実施基準の改訂について（意見書）」（以下，取り上げる部分に応じて「基準」，「実施基準」または「意見書」という）を公表している。改訂の経緯は以下のとおりである。

図表Ⅰ-1-1　改訂の背景と流れ

改訂の背景
■ **内部統制報告制度導入から14年余り経過** 　財務報告の信頼性向上に一定の効果はあった。 ■ **内部統制報告制度の実効性に関する懸念** ・経営者による評価範囲の外から開示すべき重要な不備が明らかになる。 ・内部統制報告書が訂正される際に十分な理由の開示がない。 ・評価範囲の検討にあたって，財務報告の信頼性に及ぼす影響の重要性を適切に考慮していないのではないか。 ■ **国際的な内部統制の枠組みの改訂への対応** ・COSOフレームワーク報告書の改訂，コーポレートガバナンス・コードの導入・改訂

第Ⅰ章　改訂内部統制報告制度とリスクトーク　3

改訂までの流れ
■ 2021年11月　金融庁は「会計監査の在り方に関する懇談会（令和3事務年度）論点整理」を公表 ・高品質な会計監査を実施するための環境整備の観点から，内部統制報告制度の在り方に関して，内部統制の整備・運用状況について分析 ↓ ■ 2022年10月〜　企業会計審議会の内部統制部会において，内部統制の実効性向上を図る観点から審議・検討を開始 ↓ ■ 2022年12月　改訂公開草案を公表 ■ 2023年4月　改訂基準および実施基準を公表 　改訂基準および実施基準（以下「改訂J-SOX基準」という）は，<u>2024年4月1日以後開始する事業年度における財務報告に係る内部統制の評価および監査から適用する</u>。

（出所）意見書一，四をもとに作成

　なお，2013年に，COSOより，1992年発行の内部統制のフレームワークを全面的に見直した改訂版が公表されており，改訂J-SOXはこの改訂版を取り入れている（以降ではCOSOフレームワークという場合は改訂版の内部統制のフレームワークを指す）。

（2）　報告の信頼性

　内部統制は，COSOフレームワークが業務，コンプライアンス，報告を目的としているように，本来広いカテゴリーを対象とするものである。本書では主として財務報告に係る内部統制を扱うが，第Ⅵ章では非財務報告であるサステナビリティ報告に係る内部統制も扱っている。報告目的の内部統制は，業務目的やコンプライアンス目的の内部統制のもとでの活動内容を，内部もしくは外部に報告するための内部統制であるため，共通の内部統制である場合が多い。報告目的の内部統制を適切に構築・運用することは，他の目的の内部統制の改善にもつながるといえる。

図表Ⅰ－1－2	報告の信頼性

報告の信頼性	✓ 内部統制の目的を「報告の信頼性」とする（現行：「財務報告の信頼性」）。 ✓ 報告の信頼性は，組織内および組織の外部への報告（非財務情報を含む）の信頼性を確保することと定義 ✓ 内部統制報告制度は，（従来同様）「財務報告の信頼性」の確保が目的

(出所) 意見書二，実施基準Ⅰ1をもとに作成

（3） リスク評価と対応における不正リスクの強調

　リスクの評価と対応は，本書のリスクトークの目的そのものと言って過言ではない。改訂前のJ-SOXは不正に関する記載が不十分との懸念があったが，改訂J-SOXでは不正に関するリスクとその対応が強調されている。また，内部統制の無視・無効化に対する取締役・監査役等・内部監査人等の内部統制に関係を有する者の役割と責任が明示されており，コーポレートガバナンス・コードとの関係性が考慮されている。

図表Ⅰ－1－3	リスクの評価と対応

「リスクの評価と対応」に関する考慮事項	✓ リスク評価の対象には不正に関するリスクを含む。 ✓ 様々な不正および違法行為の結果発生しうる不適切な報告，資産の流用および汚職の検討 ✓ 不正のトライアングル（動機とプレッシャー，機会，姿勢と正当化）の考慮 ✓ リスクの変化に応じて再評価し対応を適時に見直す。 ✓ 内部統制の無視・無効化に対する対策の例示（適切な経営理念，職務分掌，内部統制に関係を有する者の役割と責任）

(出所) 意見書二，実施基準Ⅰ2をもとに作成

（4） 情報と伝達（情報の信頼性）

　情報と伝達（情報の信頼性）の改訂点である情報の信頼性が重要というメッセージ自体は理解可能であるものの，問題の所在や対処方法がイメージしづら

い可能性がある。本書では，昨今の内部統制の不備事例の多くは，情報の信頼性の確保に問題があったものと分析し，リスクトークによる対応を意図している（第Ⅲ章参照）。

図表Ⅰ－1－4　情報と伝達

「情報と伝達」の重要性	✓ 大量の情報を扱い，業務が高度に自動化されたシステムに依存している状況においては，情報の信頼性が重要
	✓ 信頼性のない情報は経営者の誤った判断につながる可能性がある。
	✓ 情報の処理プロセスにおいてシステムが有効に機能していることが求められる。

（出所）意見書二，実施基準Ⅰ2をもとに作成

（5）　ITへの対応

　ITへの対応は，前述の情報と伝達とも大きく関係している。高速化，モバイル・リモート化，電子商取引・決済，AI，ブロックチェーン，クラウドなどの技術革新もあり，組織にITが深く浸透している。委託業務の進展による委託業務先でのリスク，サイバーリスクや電子記録の改ざんリスクなど，企業内部者の不正または誤謬にとどまらないリスクが生じていることに対応したものであると考えられる。ITを利用した内部統制の評価は，ITの進展が著しい中で，ローテーション評価の対応や，IT周りの手作業の内部統制への留意が示されている。

図表Ⅰ－1－5　ITへの対応

IT（情報技術）への対応	✓ ITの委託業務に係る統制の重要性
	✓ クラウドやリモートアクセス等の技術を活用するにあたっての，サイバーリスクの高まり等を踏まえたセキュリティ確保の重要性
ITを利用した内部統制の評価	✓ 一定の頻度での評価（ローテーション）について，経営者は，IT環境の変化を踏まえて慎重に判断し，特定の年数を機械的に適用すべきものではない。

	✓ ITに係る業務処理統制に関し，手作業による内部統制があることを明確化 ✓ 自動化されたITに係る業務処理統制でも内部統制の無効化のリスクを完全に防ぐことは困難 ✓ 電子記録について変更の痕跡が残り難い場合には，発見が遅れることがあることに留意

（出所）意見書二，実施基準Ⅰ2，Ⅱ3をもとに作成

（6） ガバナンスおよび全組織的なリスク管理の重要性

　ここでのガバナンスは，改訂J-SOX基準において「組織が，顧客・従業員・地域社会等の立場を踏まえた上で，透明・公正かつ迅速・果断な意思決定を行うための仕組み」（基準Ⅰ5）と定義されており，コーポレートガバナンス・コードにおけるコーポレートガバナンスの定義とほぼ同一であり，日本再興戦略改訂2014における「攻めのガバナンス」を志向しているものと考えられる。全組織的なリスク管理は，「適切なリスクとリターンのバランスの下，全組織のリスクを経営戦略と一体で統合的に管理すること」（基準Ⅰ5）と定義されている。両者は，組織および組織を取り巻く環境に対応して運用されていく中で，常に見直されるものとしている。

　一般的に財務報告に関する内部統制やリスク管理については，会計基準や法令規則への遵守が最優先となると考えられ，リスクを許容する場面は少ないと考えられる。本書のリスクトークにおいては，識別したリスクが財務報告のリスクにとどまるのか，より大きな広がりを持つリスクなのかの判断や，リスクへの対応が戦略およびパフォーマンスに与える影響をも踏まえて，視野の広い協議を展開して最適解を検討することにより，一体的な管理が実現することを志向している。

図表Ⅰ－1－6	ガバナンスと全組織的なリスク管理

内部統制， ガバナンス および全組	✓ ガバナンスと全組織的なリスク管理の定義を明示し，内部統制は，組織の持続的な成長のために必要不可欠なものであり，ガバナンスや全組織的なリスク管理と一体的に整備・運用することの

| 織的なリス
ク管理の関
係 | | 重要性を強調 |
| | ✓ | 例示として３線モデルやリスク選好の考え方を提示 |

（出所）意見書二，実施基準 I ５をもとに作成

（7） 評価範囲の決定方法の見直し

　評価範囲の決定方法の見直しは，今回の改訂J-SOXにおいて変化が明確なものの１つである。改訂の背景としては，経営者の評価範囲外で「開示すべき重要な不備」が検出される企業が一定程度みられることや，企業が定量的な例示に偏重して評価範囲を決定しているという批判があったことが挙げられる。

　評価範囲の決定に際し，リスクアプローチを徹底することを改めて強調し，経営者と監査人の協議が活発化することにより，その実効性の向上を促進すべきとされている。改訂J-SOXで評価範囲の協議の実施が適切とされており（従前は必要に応じて実施するとされていた），会社と監査人の協議の重要性を踏まえ，評価範囲の決定以外にも協議を展開することが，本書が提案するリスクトークの土台となっている。

図表 I － 1 － 7　評価範囲の決定

経営者によ る内部統制 の評価範囲 の決定	✓	財務報告の信頼性に及ぼす影響の重要性を適切に考慮すべきことを改めて強調
	✓	評価範囲の検討における留意点を明確化
	✓	３分の２基準や３勘定を機械的に適用しない（数値基準の段階的削除を含む取扱いに関し今後企業会計審議会で検討）。
	✓	長期間にわたり評価範囲外とされた事業拠点や業務プロセスなど，評価範囲に含まれない期間の長さを考慮
	✓	開示すべき重要な不備が識別された場合には，評価範囲に含めることが適切
	✓	全社的な内部統制のうち，良好でない項目がある場合には，それに関連する事業拠点を評価範囲に含める。
	✓	リスクが大きい事業または業務として，「複雑又は不安定な権限・職責及び指揮・命令系統の下での事業又は業務」を追加
	✓	リスクが発生または変化する可能性のある事象の例示（規制環境

8

	✓	や競争力の変化，事業拡大や買収，新会計基準等） 評価範囲に関する監査人との協議
監査人の監査における評価範囲の妥当性の検討	✓ ✓ ✓	財務諸表監査の監査証拠も必要に応じて活用することを明確化 経営者との協議を，監査人としての独立性を確保しながら，経営者が内部統制の評価範囲を決定するまでに実施し，状況の変化，新たな発見があった場合，必要に応じて実施することが適切 財務諸表監査の過程で，経営者による内部統制評価の範囲外から内部統制の不備を識別した場合は，評価範囲および評価に及ぼす影響を十分考慮し，必要に応じ経営者と協議

（出所）意見書二，実施基準Ⅱ2，Ⅲ3をもとに作成

（8） 内部統制報告書の記載の見直し

　評価範囲の決定方法および根拠について，経営者と監査人の協議の経緯や，内部統制報告書の訂正時の経緯・理由等に関する透明性の向上の観点から，内部統制報告書の記載が拡充されている。特筆すべきは，評価範囲の決定の判断事由を下記の①②③それぞれにおいて記載することが求められるようになった点である。

図表Ⅰ－1－8　内部統制報告書

財務報告に係る内部統制の報告（内部統制報告書の記載）	✓ ✓ ✓	評価範囲の決定方法について，記載すべき事項を追加（範囲の決定方法および根拠を含む。特に，以下の事項について，決定の判断事由を含めて記載することが適切である） ①　重要な事業拠点の選定において利用した指標の一定割合 ②　評価対象とする業務プロセスの識別において企業の事業目的に大きく関わるものとして選定した勘定科目 ③　個別に評価対象に追加した事業拠点および業務プロセス 事業年度の末日において開示すべき重要な不備がある場合で，提出日までに是正し，内部統制が有効であると判断した場合には，是正措置が完了した旨を付記事項に記載することができる（是正措置がある時にその内容を付記事項において記載する規定は従来同様）。 前年度に開示すべき重要な不備を報告した場合（訂正内部統制報告書により報告したものも含む）における是正状況を付記事項に

	記載する。是正措置がある時はその内容および当該措置による是正状況も記載
✓	訂正内部統制報告書における，訂正の対象となった開示すべき重要な不備について，当初の内部統制報告書において報告されなかった理由，当該不備の是正状況，訂正した経緯等の記載

（出所）意見書二，基準Ⅱ4，内部統制府令をもとに作成

2 ┃ 我が国における内部統制の不備・不祥事の発生状況

　内部統制報告制度において，開示すべき重要な不備は，「財務報告に重要な影響を及ぼす可能性が高い財務報告に係る内部統制の不備」のことであり，金額的重要性または質的重要性を判断して決定される。また，開示すべき重要な不備が期末に存在する場合，上場会社が作成する内部統制報告書において，以下の事項を記載する必要がある。内部統制報告書は監査人（公認会計士・監査法人）の監査対象である（一定規模に達しない場合上場後3年以内は監査が免除される）。

図表Ⅰ－2－1　**開示すべき重要な不備が期末に存在する場合の内部統制報告書記載事項**

> 財務報告に係る内部統制は有効でない旨
> 開示すべき重要な不備の内容
> それが是正されない理由

　なお，内部統制の開示すべき重要な不備は，証券取引所の適時開示項目であり，より詳細に不備・不祥事の内容を確認することができる場合がある。

　我が国には約3,900社（TOKYO PRO Marketおよび外国会社を除く）の上場企業がある。その中から発生している開示すべき重要な不備は，不正を原因としたものが過半数となっている（下表参照）。この傾向は，2010年代中頃を対象とした日本公認会計士協会（以下「JICPA」という）の調査（財務報告内部統制監査基準報告書第1号研究文書第1号「内部統制報告制度の運用の実効

性の確保に係る研究文書」)(以下「JICPA内基研」という)等でも同様の傾向
である。社数については，2010年代後半以降50社前後で推移しており，2022年
度が47社であったのに対し，2023年度は66社が公表しており，増加傾向にある。
以下では財務報告に関する開示すべき重要な不備を見ていくこととする。

図表Ⅰ－2－2 2023年4月から2024年3月までに提出された内部統制報告書（訂正内部統制報告書を含む）における開示すべき重要な不備を報告した会社数の内訳

	不正	不正以外	合計
東証プライム上場会社	11 (4)	7 (3)	18 (7)
上記以外の上場会社	23 (14)	25 (9)	48 (23)
合計	34 (18)	32 (12)	66 (30)

※括弧内は有価証券報告書等の財務数値に訂正を伴った会社数
（出所）EDINET等をもとに集計

　東証プライム上場会社（約1,600社）の開示すべき重要な不備の発生率は年
間1％程度であり，それ以外の上場会社でも年間2％程度であるため，それほ
ど多くはなく，大多数の会社にとっては無縁ではないかと感じるかもしれない。
　しかし，上場会社の内部統制監査においては，毎年何らかの内部統制の不備
は少なからず発生している。期中に発覚した重要な内部統制の不備について，
期末までに改善ができたため，内部統制報告書の記載対象とならなかったもの
や，一定の重要性のある不備であるが，慎重な検討の末に，開示すべき重要な
不備には至らないと判断されるケースも少なからずある。内部統制報告書で報
告される開示すべき重要な不備は，氷山の一角である。
　また，開示すべき重要な不備のうち，半分近くの30件が有価証券報告書等の
財務数値に訂正を伴っている。残りの36件の中にも，虚偽記載の金額が訂正を
要するほどではなかったため訂正をしなかったと内部統制報告書に記載されて
いる場合や，決算短信の訂正を行った（有価証券報告書の発行前に気付いて修
正した）場合も散見される。開示すべき重要な不備には，何らかの誤りが顕在
化したものについて，後追いで内部統制に問題があったと認定しているものが

第Ⅰ章　改訂内部統制報告制度とリスクトーク　　11

少なからずあると考えられる。誤りが顕在化していないが内部統制に問題のあるケースが潜んでいる可能性は十分にあり，誤りを未然に防止できるような内部統制を構築・運用していくことに留意が必要である。

図表Ⅰ−2−3 2023年4月から2024年3月までに提出された内部統制報告書（訂正内部統制報告書を含む）における開示すべき重要な不備を指摘されるに至った不正，誤謬等の主な内容

不正関係	不正以外
✓ 海外子会社での着服，私的流用，不正融資等 ✓ 役員または従業員による着服，不適切支出 ✓ 法令違反（助成金不正受給等） ✓ 不正な会計操作（架空取引，循環取引，収益調整，原価付替え）	✓ 会計基準の適用誤り（収益認識，リース，企業結合，減損処理等） ✓ 決算経理体制の不備による遅延や誤り（本社，海外子会社，買収した子会社） ✓ システム更新の不備

（出所）EDINET等をもとに集計

　不正による開示すべき重要な不備では，着服・架空取引・不正融資といった手口による資産の流用関係の不備が多くみられるのが特徴である。海外子会社など親会社の目が届きにくく，かつ親会社側で十分な監視や職務分掌の対応ができていない場合にリスクが高まる。不正な会計操作も引き続き発生している。

　JICPA内基研では，東証1部上場会社では，「資産の流用を防止抑制するための内部統制は機能している企業が多い一方で，親会社の経営者から業績達成への期待やプレッシャーを受けた子会社の経営者・管理者等が不正な財務報告を行うことに対しては，内部統制が未だ脆弱な部分もある」とされていた。しかし，直近の東証プライム上場会社の状況からすると，資産の流用の防止抑制についても留意を要する状況となっている。

　不正な財務報告に関する不正の手口は，JICPA内基研では，「売上高の操作に関するものよりも，棚卸資産の数量操作，原価の付替え等による費用の繰延べ，工事進行基準における見積り原価の操作等，原価側での会計帳簿の操作により不正な財務報告が行われていた事例が多い。」とされていたが，直近では

原価側の不正も存在する一方，循環取引や収益の調整等の不正も見受けられる（循環取引の形態・特徴等やテクノロジーを活用した循環取引への対応については第Ⅲ章3（7）において述べている）。

不正による開示すべき重要な不備の原因は以下の表のとおりであるが，直近の内部統制報告書ではリスク評価の不足，形骸化を挙げている事例が散見されている。本書の目的とするリスクトークでは，事前にリスクを識別し対処方法を慎重に検討することを意図している。

不正以外による開示すべき重要な不備では，JICPA内基研では，東証1部上場会社では複雑な決算処理や新たな見積項目に対する検証体制が不十分であり，それ以外の上場会社では多数または重要な誤りを監査人から指摘される企業が多いとされていた。直近でも同様の傾向がみられるが，海外子会社や新規連結子会社の決算体制の不備が多い。また，新事業やシステム変更時の対応が不十分だった事例など，変化に対応できていないことが開示すべき重要な不備につながっている。

図表Ⅰ－2－4　開示すべき重要な不備の原因

不正関係	不正以外
✓ コンプライアンス意識の欠如 ✓ 内部通報の実効性 ✓ 風通しの悪い企業風土 ✓ 営業，ノルマ偏重 ✓ リスク評価の不足，形骸化 ✓ 権限集中，属人化，職務分掌が不十分 ✓ 不正への感度不足による発見の遅れ ✓ 内部監査等のモニタリングの体制不備または不十分な実施 ✓ 脆弱な子会社等管理体制	✓ 人材不足，教育の不足，退職者との引継不足 ✓ 会計・開示基準の理解不足 ✓ 会計処理検討体制の未整備 ✓ 変化への対応（情報共有，情報開示への意識の不足） ✓ 会計監査人等の指摘への不十分な対応 ✓ 新事業やシステム更新時の体制や手順の検討不足，運用開始後の人材不足

（出所）EDINET等をもとに集計

3 リスクトークにより何を解決するのか

(1) リスクトークの意義と対処すべき問題

　前項において，我が国における財務報告に係る内部統制の不備・不祥事の発生状況を見てきた。着服等は業務目的の内部統制の不備，助成金不正受給等はコンプライアンス目的の内部統制の不備である。不備の根本原因を把握し是正せず，対症療法にとどまれば，形を変えて不備・不祥事が発生する可能性が高い。逆に財務報告の不備の根本原因を把握し是正していくことが，他の分野での不備・不祥事の可能性を低減させ，根本原因を追究する姿勢が，強靭なコーポレート・ガバナンスの基礎となるのではないだろうか。

　そのためには，企業を取り巻くリスクを的確に把握するために，企業関係者により，他社で発生している不備や虚偽記載の現状について，自身に置き換え

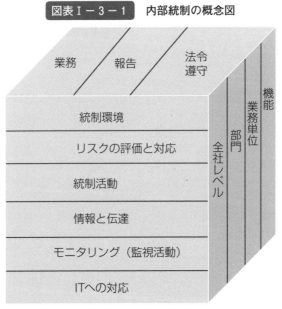

図表Ⅰ－3－1　内部統制の概念図

(出所) 実施基準およびCOSOフレームワークをもとに作成

14

て真摯に議論することにより，企業に関連のあるリスクを識別し評価すること
が重要である。これを本書ではリスクトークと呼ぶ。また，本書では，リスク
トークに基づきリスクシナリオを構築し，不祥事を起こさない内部統制を構築
し運用するためのプロセスを説明している。

　内部統制報告制度の適用時から上場企業だった場合は，15年以上，財務報告
に係る内部統制を構築・運用し続けている。また，コーポレートガバナンス・
コードに基づき，企業は内部統制や先を見越した全社的リスク管理体制を構
築・運用し続けてきている。その内容をすべて見直し，構築や文書化をし直す
ことまでは，本書のリスクトークでは想定していない。内部統制の枠組み自体
は構築されており，これ自体を修正するものではない。既存の内部統制の枠組
みを利用しながら，的確なリスク評価に基づき，内部統制を部分的に見直して
いくことを想定している。

　下表は，現状の財務報告に係る内部統制の全体的な問題を，意見書の主張と，
企業に見られる現実を対比列挙したものである。制度導入時やその後新規上場
した企業では，当初は相当の労力や人材を使用して文書化し不足する内部統制
についての対応を行っていたが，その後のメンテナンスが疎かになっている可
能性がある。改訂J-SOXを契機に，企業が内部統制に係る現実を直視し，見直
しを進めていくことが考えられる。

図表 I － 3 － 2 　現状の財務報告に係る内部統制の全体的な問題

意見書	企業に見られる現実
✓ 2008年の内部統制報告制度導入から年数が経過 ✓ 内部統制報告制度の実効性に関する懸念 ✓ 国際的な内部統制の枠組みの改訂への対応	✓ リスク評価の見直しが不十分で，低リスク分野が残存する一方，高リスクや新規分野の検討ができていない。 ✓ 文書化が膨大で見直しの労力が確保できず，見直し方法もわからない。 ✓ 毎期同じサンプルチェックの作業と化している。 ✓ 新しい指摘，改善提案がない。

（2） リスクトークの流れ

　内部統制の全体的な問題に対処するためには，現状の内部統制の見直しが必要になるが，上記のように，見直しをしようと思っても見直し方法がわからない，何から手を付けるのか，という問題がある。リスクトークは内部統制を見直すための方法論であり，内部統制の構成要素である「リスク評価」を基軸に，他の構成要素におけるリスク評価とリスク対応（内部統制の構築）の適切性を検討するとともに，他の構成要素で識別した問題点等をもとにリスク評価を修正するという，相互繰り返しのプロセスである（**図表Ⅰ－3－3**参照）。

　このうち，グレーの円で示している構成要素は主に全社的な内部統制において検討されるものであり，白の円で示している構成要素は主に決算・財務報告プロセス，業務プロセスおよびITに係る全般統制で検討されるものである。リスクの評価と対応については，その仕組み自体が機能しているかは全社的な内部統制で検討するが，リスクの評価と対応の検討の対象は，全社的な内部統制から業務プロセスまで幅広いものとなる。また，事業拠点が多い会社については，グループ共通的に検討するリスク・内部統制と，事業拠点ごとに検討すべきリスク・内部統制があるので，すべてを見直そうとすると検討すべき項目の範囲はかなり広くなる。

図表Ⅰ－3－3　リスクの評価と対応（リスクトーク）と他の構成要素との相互関係と事業拠点

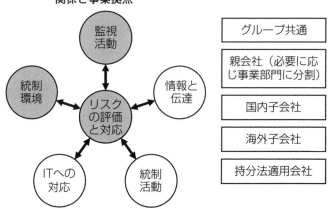

リスクトークの具体的流れであるが，プロセスオーナーと話し相手の相談の形式をとる。その際に既存の文書化だけを題材にして進めることもできるが，その相談を促進し気付きのポイントを与えるものとして，検討領域別のツールを利用する。ツールの内容については本書のこの後の章で具体的に説明する。

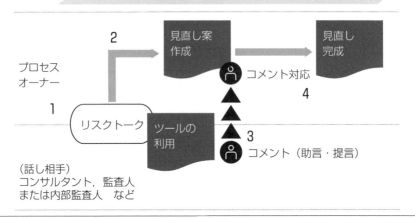

図表Ⅰ－3－4　リスクトークの具体的流れ

1. 検討領域別のツールを参考に，プロセスオーナーと話し相手（コンサルタント等）との間で，設定したリスクまたは内部統制に関する問題意識を協議し，考慮すべき課題をリストアップする。
2. ツールを参考に，プロセスオーナーがリスク評価および内部統制の見直し案を作成する。不明点は適宜話し相手に確認する。
3. 話し相手が見直し内容を確認してコメントする。
4. コメント対応を行い，見直しが完成する。

また，話し相手の主体としては，コンサルタント，監査人，内部監査人などを想定している。

第Ⅰ章　改訂内部統制報告制度とリスクトーク　　17

図表Ⅰ－3－5　話し相手の種類とその留意点

コンサルタント	一般的に内部統制の取組みに関する十分な経験を有している者であれば，適切な話し相手である。また，監査人のような独立性の確保の問題は生じない。一方，常に企業の内部統制の状況を把握している立場ではないため，新たに契約する場合は，企業の内部統制の取組みの理解のための時間が必要になる。なお，肩書がコンサルタントであったとしても，監査人と同じメンバーファームに所属していれば，倫理規則等によるコンサルティング業務の提供の制限の対象となる。
監査人（会計監査人）	監査先企業のJ-SOXを含む内部統制の取組みに関する理解を有し，リスクアプローチの概念を監査に取り入れて監査を実施しているため，リスクトークにおける話し相手としては最適であり，監査人の着眼点を把握しておくことは重要である。また，独立監査人として客観性を有しているため，会社に対して率直な指摘がしやすい立場にある。 　しかし，独立性については，監査人は倫理規則等により，いわゆるコンサルティング業務の提供の制限があり，監査対象となる財務報告に係る内部統制については，監査の過程で生じる情報または事項に関連する助言および提言に限って，一定の条件の下で提供可能とされている。あくまで独立監査人としての監査の一環で実施する必要があり，かつ経営上の意思決定，内部統制の構築・監視や内部監査などを実施することはできないことに留意する必要がある（形式上，監査とは別の非保証業務とすることはできるが，業務範囲は監査契約で実施できる内容と同じ）。
内部監査人	企業内部において内部統制について理解のある者と考えられる。リスクトークの考え方を十分理解し，対象業務に対する客観性の確保に留意することにより，リスクトークの話し相手にふさわしい者となりうる。なお，内部監査人は監視活動の実施者であるため，独立性・客観性に関する留意点を第Ⅲ章1に記載している。

　リスクトークは，改訂J-SOX対応のために企業の一定の裁量により進める取組みであるため，いつから始めてもよいし，どこから始めてもよい。一定範囲を区切って実施することもできる。もちろん時間をかけて幅広く実施したほうがよいのであるが，リスクトークを始めたばかりの頃は試行錯誤で時間もかかる可能性がある。通常は最初に企業の内部統制改善プロジェクトオーナーと話し相手が協議し，どの領域からリスクトークによる内部統制見直しを進めてい

くかを検討することが想定される。

第 II 章

全社的なリスクの評価，構築
および運用

1 | リスクトークとCOSOフレームワークの活用による全社的なリスクの評価

（1）　リスクトークとCOSOフレームワークの活用

　改訂J-SOXでは国際的な内部統制の枠組みの改訂への対応として，COSOフレームワークやCOSO-ERMの内容を反映している。リスクトークにおいてもCOSOの方法論を十分に考慮して実施することを想定している。

　実施基準では，「リスクを適切に識別することが必要である。このため，組織目標の達成に影響を与える可能性のある事象を把握し，そのうちにどのようなリスクがあるのかを特定する。リスクは，全社的なレベルから業務プロセスのレベルまで様々な段階で存在することから，各段階において適切にリスクを識別することが重要である。リスクを適切に分析及び評価するためには，識別したリスクを，全社的なリスクか業務プロセスのリスクか，過去に生じたリスクか未経験のリスクか等の観点から分類することが重要である。」（実施基準Ⅰ2（2）①イ，ロ）とされている（**図表Ⅱ－1－1**参照）。

　COSOフレームワークにおいても，全社レベルのリスクと取引レベルのリスクを識別し評価することとされている（COSOフレームワーク原則7）。リスク要因の分類はCOSOフレームワークにおいて示されたものであり，後掲（2）①の**図表Ⅱ－1－2【全社レベルのリスク要因の例示】**についてはCOSOフレームワークを参考に加筆している。取引レベルのリスク要因については，全社レベルのリスク要因を踏まえて，各プロセス（決算・財務報告プロセスや各業務プロセス）において個別具体的に当てはめたり，アレンジしたりして検討することが考えられる。

　有価証券報告書の事業等のリスクの記載において，企業はリスク要因の検討を実施している。報告目的の視点でリスク要因を今一度考慮して，リスク識別・評価の適切性を確認することが考えられる。

第Ⅱ章　全社的なリスクの評価，構築および運用　21

| 図表Ⅱ－1－1 | 全社的なリスク，業務プロセスのリスクおよび過去に存在したことのあるリスクかどうかの関係 |

全社的なリスク
組織全体の目標の達成を阻害するリスクをいう。例えば，財政状態，経営成績およびキャッシュ・フローの状況の異常な変動，特定の取引先・製品・技術等への依存，特有の法的規制・取引慣行・経営方針，重要な訴訟事件等の発生，経営者個人への依存等が挙げられる。
組織全体を対象とする内部統制を整備し，運用して対応することが必要となる。

過去に存在したことのあるリスク
リスクの影響を推定できるが，時の経過とともに状況等が変化し，影響の度合いが変化している可能性があることに留意する必要がある。

業務プロセスのリスク
組織の各業務プロセスにおける目標の達成を阻害するリスクをいう。
業務プロセスのリスクについては，通常，業務の中に組み込まれた統制活動等で対応することとなる。

未経験のリスク
どういう影響が生じるかということについて不透明であることが多いと考えられることから，その影響について，より慎重に検討する必要がある。

（出所）実施基準Ⅰ2（2）①ロをもとに作成

（2）　事業拠点，事業部門のリスク要因と不正の兆候

①　全社レベルのリスク要因

　全社的なリスクを識別するために，リスク要因と不正の兆候を検討するが，その検討は原則として事業拠点または事業部門単位で行う。まずは全社レベルのリスク要因の例示を確認し，事業拠点または事業部門にどのように関連するかについて考察する。

図表Ⅱ－1－2		全社レベルのリスク要因の例示
リスク要因の分類		具体例として考えられるもの
外的要因	経済	資金・資本調達，原材料調達，景気，政策，雇用，人口，市場（金利，為替，株式，商品等），競合関係
	自然環境	自然環境変化が事業に与える影響，原材料調達，自然災害
	規制	法規制，業界等の指針，報告基準
	海外事業	法規制，政権交代，政情不安
	社会	製品開発，生産販売プロセス，サービス，価格，品質保証，顧客期待・嗜好
	テクノロジー	データ利用可能性，インフラコスト，テクノロジーへの需要変化，技術開発
	その他	レピュテーション
内的要因	インフラ	オペレーション，設備，資源確保
	経営構造	経営者の責任，組織体制，職務分掌
	人員	人員確保，能力，教育，モチベーション，雇用条件，人員削減
	資産へのアクセス	資産へのアクセス制限，横領
	テクノロジー	システム障害，サイバーリスク
	その他	コンプライアンス
重大な変化	外部環境	報告およびコンプライアンスの失敗，汚染物質の流出，外部報告の透明性の不足
	物理的環境	自然災害，代替的供給源等確保の必要性
	ビジネスモデル	ビジネスモデルの変更等により従前の内部統制が適合しなくなる。
	重要な買収と売却	投資後の内部統制の再構築，事業売却により特定の全社統制が存在しなくなる。
	海外業務	慣習と実務慣行の違い，現地経済や規制環境に特有の要因

重大な変化	急成長	既存の組織構造，業務プロセス，情報システムに内部統制が機能しなくなるほどの負荷
	新しいテクノロジー	新技術の搭載による既存内部統制の変更
	経営者の交代・大幅な構成員の変更	収益やコスト削減の過度な追求，内部統制の軽視，人員の離反

(出所) COSOフレームワーク原則7および9をもとに作成

考察したリスク要因をもとにリスクを識別評価した後に，内部統制の検討過程で内部統制の脆弱性を識別した場合は，それが着目すべきリスクとなる可能性があり，リスク評価を再検討する必要性が生じる。リスク評価は一度実施したら終わりではなく，繰り返しのプロセスである。

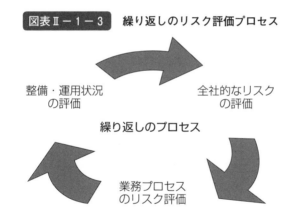

図表Ⅱ-1-3 繰り返しのリスク評価プロセス

② 不正・誤謬の兆候を示す状況の考慮

全社レベルのリスク要因は，どちらかというと顕在化していないが，内外の環境を踏まえて全社的なリスクまたは業務プロセスのリスクにつながるものとして考慮するものである。すでにリスクが顕在化しているまたは兆候が見えている状況も，当然のことながらリスクの識別が必要である。

以下は，不正・誤謬の兆候を示す状況を例示したものである。適宜参照して全社的なリスクまたは業務プロセスのリスクを検討する際に考慮することが適

24

切である。

| 図表Ⅱ－1－4 | 不正・誤謬の兆候を示す状況の例示 |

兆候の種類	不正・誤謬の兆候を示す状況の例示
会計記録の矛盾	• 網羅的もしくは適時に記録されていない取引等 • 根拠資料等による裏付けのないまたは未承認の取引等 • 期末日近くの通例でない修正 • 不適切なシステムまたは記録へのアクセス • 不正の可能性について従業員や取引先等からの監査人等への通報
証拠の矛盾または紛失	• 証拠となる文書等の紛失や変造 • 合理的な理由なく，重要な文書を入手できない • 勘定残高の通例でない変動や趨勢の変化，または売上の増加を上回る売上債権の増加といった重要な財務比率や相関関係の変動 • 経営者や従業員から入手した回答に矛盾が生じている，説明が曖昧または信憑性が疑われる。 • 証憑や記録等に矛盾する点の存在 • 売上債権勘定の多額の貸方記帳その他の修正 • 本来一致すべき数値が不一致で，その合理的な説明の不足 • 多数の棚卸資産または有形資産の紛失 • 企業の記録保存に関する手続に従っていない。 • 利用不可能なまたは消失した電子的証憑 • 重要なシステム開発・変更やプログラム設置・変更に関する証拠やテストの内容が入手できない。
外部監査，内部監査やその他社内外の調査手続に対する経営者の対応	• 合理的な理由がないにもかかわらず，記録，施設，特定の経営者，監査役等，従業員等と接することや手続の実施を拒否する，妨げる，または変更を主張する。 • 必要な情報の提供を著しく遅らせる。 • 重要な電子的ファイルへのアクセスを制限する。 • 重要なIT担当者と接することや設備に立ち入ることを拒否する。 • 重要な投資先や取引先，または重要な資産の保管先に関する十分な情報が提供されない。 • 財務諸表をより完全で理解しやすいものとするための注記の追加や修正に消極的

第Ⅱ章　全社的なリスクの評価，構築および運用　25

	• 識別された内部統制の不備に対して適時に対処することに消極的
通例でない取引等	1．不適切な売上計上の可能性 　企業の通常の取引過程から外れた重要取引または通例ではない重要な取引のうち，企業が関与する事業上の合理性が不明瞭な取引の存在 2．資金還流取引等のオフバランス取引の可能性 　企業の事業内容に直接関係のないまたは事業上の合理性が不明瞭な重要な資産の取得，企業の買収，出資，費用の計上が行われている。 3．その他 　関連当事者または企業との関係が不明な相手先（個人を含む）との間に，事業上の合理性が不明瞭な重要な資金の貸付・借入契約，担保提供または債務保証・被保証の契約がある。
その他	• 企業が属する産業における一般的な会計方針とは異なる会計方針を採用しようとしている。 • 経営環境の変化がないにもかかわらず，会計上の見積りを頻繁に変更する。 • 企業が合理的な理由がなく重要な会計方針を変更しようとしている。 • 行動規範に対する違反について寛容である。 • 専門家としての能力または客観性に疑念があると考えられる専門家を利用している。

（出所）JICPA監査基準報告書240「財務諸表監査における不正」（以下「JICPA監基報240」という）
　　　付録3をもとに作成

③　全社的なリスク評価の必要性

　全社レベルのリスク要因や不正・誤謬の兆候を識別して，企業の状況を踏まえてリスクを識別しその程度を評価することが，全社的なリスク評価である。実施基準には「全社的なリスク」が明示されているにもかかわらず，J-SOXの実務上は「全社的なリスク」を明確に識別している事例は多くはない。これは，「全社的なリスク」の識別・評価の方法が明示されていないことに加え，実務的には実施基準の中にいわゆる「42項目」の全社的な内部統制の例示があり，全社的なリスクを識別してそのリスク対応を考えるというステップを踏まなく

ても，この例示に従って全社的な内部統制を構築・運用することができたことも原因であると考えられる。

全社的な内部統制の「リスクの評価と対応」におけるリスク評価は，実務上は業務プロセスのリスクの識別・評価をしたことや，有価証券報告書の事業等のリスクの検討や，内部監査等において実施しているリスクアセスメントにより対応したという説明がされていることが多い。内部統制報告制度の中で全社的なリスクの識別・評価が，リスク対応である全社的な内部統制の構築・運用と対比する形で実施されているケースは多くはない。このことが，全社的な内部統制が総花的となり，全社的なリスクに対応した全社的な内部統制という形にならないという問題を生じさせている可能性がある。

ただし，現時点で全社的なリスクが識別・評価されていないからといって，全社的な内部統制に対応するようなリスクを考えて文書化しようとすると，全社的な内部統制の記載を少し手直ししてリスクのような体裁に仕立てることになってしまう可能性があるため，留意が必要である。

COSOフレームワークでは，リスク識別は包括的でなければならないとされており，様々なリスクマネジメントの解説書でも同様の主張がされている。ただし，1つひとつ丁寧に識別・評価するにはそれなりに時間がかかるであろう。それよりも，全社レベルのリスク要因を踏まえて，企業にとって対応が不十分と考えられる全社的なリスクを1つでも2つでも識別していくほうが，リスク対応を着実に進めていくという点では意味があると考える。

下記はリスクトークを進めていく際の基本的なツールのフォームである。全社的な内部統制は基本的には企業集団全体を対象とする内部統制を意味する（実施基準第Ⅱ3（2）①参照）が，リスクトークは事業拠点ごとの特色を検討・反映するために事業拠点ごとに実施することが効率的・効果的である。また，全社的なリスクに限らず，事業拠点に係わるリスクを含めて，領域を制限せずに幅広く自由闊達に話し合いをすることが望ましい。

全社的な内部統制は，全体で事業拠点の不正リスクや誤謬リスクを低減し，財務諸表の開示のレビューや，銀行勘定調整表のチェックなどの直接的な内部統制の効果を支える役割がある。そのために，様々な全社的な内部統制（倫理的な行動の浸透や内部監査活動の状況等）を総合的に評価する。

第Ⅱ章　全社的なリスクの評価，構築および運用　**27**

図表Ⅱ－1－5　**全社的なリスクおよび業務プロセスのリスクの識別ツール**

事業拠点名	

＜全社的なリスク（組織全体の目標の達成を阻害するリスク）として重要なもの＞

リスク	財務報告	資産の流用その他
不正	✓	✓
誤謬	✓	✓

＜話し相手との協議内容＞

＜業務プロセスのリスク（組織の各業務プロセスにおける目標の達成を阻害するリスク）として重要なもの＞

リスク	財務報告	資産の流用その他
不正	✓	✓
誤謬	✓	✓

＜話し相手との協議内容＞

　その際，企業集団で統一的・全社的な内部統制が適用されている場合が多いと考えられるが，事業拠点によっては同じ全社的な内部統制を構築・運用することができない場合がある。また，同じ全社的な内部統制を構築・運用したとしても，ある事業拠点の特有の状況にマッチしていない可能性もある。そこで重要になるのが，事業拠点における全社的なリスクの評価になる。なお，上図表を利用した全社的なリスク評価の例は，誤謬リスク等を含め後掲（3）で示している。

　以下は，事業拠点の全社的なリスクと全社的な内部統制の関係図である。仮に全社的なリスクの検討が不十分である場合，事業拠点のリスクが高い状況を放置することになる。J-SOX基準では全社的な内部統制を評価した後に，重要な事業拠点を識別するか，個々の業務プロセスを評価するトップダウン・アプローチを採用している。全社的なリスクとの関係で全社的な内部統制を評価しなければ，十分かつ適切なリスク対応とならない可能性がある。

図表Ⅱ-1-6 事業拠点の全社的なリスクと全社的な内部統制のバランス

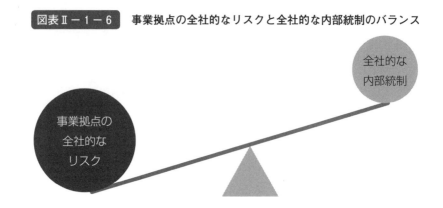

④ 全社的なリスク評価およびリスクトークを実施する単位

　事業拠点の全社的なリスク評価にあたっては，すべての事業拠点について1つひとつ丹念にリスクトークを実施することが望ましい。しかし，子会社が多い場合や，明らかに企業グループにおける重要性が低い場合などについて，1つひとつリスクトークをすることが難しい場合も考えられる。

　子会社が多い場合はビジネス，リスク・プロファイル，指揮命令系統，使用するシステムが共通する場合などは，グルーピングして実施することが考えられるし，全社的な内部統制にあわせて手始めに企業集団全体レベルで実施してみて，その後企業集団内の相違を踏まえてその部分を追加で実施することも考えられる。グルーピングを大きくしすぎてリスクトークの参加者が十分把握していないことが多すぎると，その効果が薄れてしまうことに留意する。

　これまでのJ-SOXにおける開示すべき重要な不備は，評価範囲外の子会社から発生している例もあるので，J-SOX上は重要性がないと考えられる子会社についても慎重に対応する。実施基準では，売上高で全体の95％に入らないような連結子会社を僅少として，全社的な内部統制の評価の対象から外す場合も，特定の比率を機械的に適用すべきものではないとしており（実施基準Ⅱ2（2）），開示すべき重要な不備が発生する可能性を検討することが極めて重要である。慎重に判断するために，以下のようなツールを使用することが考えられる。

第Ⅱ章　全社的なリスクの評価，構築および運用　29

図表Ⅱ－1－7　重要性が低い事業拠点の判定ツール

対象会社		検討結果
売上高（原則として内部取引消去後）　　　　　　　　百万円		
ア．子会社の事業と親会社の事業の類似性	親子間で事業の類似性が乏しい場合，親会社が子会社の事業を十分に理解できていないことがあり，親会社から子会社に役員・管理者を派遣していてもガバナンスが十分に機能しないことがある。また，親会社の事業環境・組織風土では不当なプレッシャーにならないような指示が，子会社では意図せず不当なプレッシャーとなり不正の動機となることもある。	
イ．子会社の事業における商習慣	売上債権を現金回収する慣行が残っている業界や売上債権の回収サイトが長い業界では，入金の付替えにより債権の滞留が顕在化しなかったり，不適切な会計処理が正常債権に仮装されたりするなど，不正の機会が存在する。	
ウ．子会社における決算・現地法定監査の遅延	子会社の経理能力が不足しているか，親会社が気付いていない問題が現地で発生している可能性がある。	
エ．財務・経理責任者の人事異動	子会社においては管理部門の人員数が限られていることも多く，定期的な人事異動を実施できない場合もある。在籍期間が長期にわたると業務や権限が当該人物に集中し，不正の機会となることがある。	
オ．親会社が派遣した人材の職能	子会社の規模・事業等によっては，親会社から営業や技術部門に人材派遣があっても管理部門には派遣がないことも多い。また，社長1名を派遣する場合等，管理・監督すべき業務範囲が営業から管理部門まで広範にわたる場合もある。特に海外子会社においては，言語や会計・税務の制度の違いに加えて，従業員による不正の態様も異なることから，現地の財務・経理スタッフとの意思疎	

	通，管理・監督が十分に機能せず，不正の機会となっていることもある。	
カ．その他	売上高以外の財務数値の重要性，財務数値の急激な変動，不祥事の発生履歴，ITやセキュリティのリスク等を考慮する。	
	懸念事項が認められる場合は，全社的な内部統制の評価対象に追加する。	

（3） リスクトークによる全社的なリスク評価

① 不正リスク，誤謬リスクと誤解のリスク

　全社的なリスクを識別・評価するにあたっては，不正リスクと誤謬（誤りによる）リスクを明確に区分することが重要である。同じ不祥事や報告の誤りであったとしても，発生のメカニズムがまったく異なるためである。一方で，不正リスクと誤謬リスクを防止または早期発見するための内部統制は，共通である場合も相当程度見られるものの，異なる場合もある。リスクへの対処方法が異なる可能性を考慮するために，不正リスクと誤謬リスクは分けて考える。

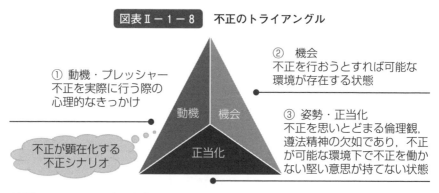

図表Ⅱ－1－8　不正のトライアングル

（出所）Albrecht, W. S. (1991) "Fraud in Government Entities: The Perpetrators and the Types of Fraud" をもとに作成

第Ⅱ章　全社的なリスクの評価，構築および運用　31

　不正リスクについては，前述（2）①で示した全社レベルのリスク要因の例示，不正・誤謬の兆候を示す状況の例示および下記に掲げる不正リスク要因の例示を参照するとともに，不正のトライアングルを確認しながら，内部者または外部者が，意図的に資産の流用，損害の発生，報告の誤り，システムの不具合等の不祥事を発生させる行動をとりうるか，ということについて，考えを巡らすことになる。特に最近の不正リスク要因の変化に着目して，こうすれば不正に入手できてしまう，隠蔽できてしまうという抜け道の存在や手口（機会，シナリオ）を考え，それらにはこういう動機や言い逃れ（正当化）がありうる，というようなアイディア出しをすることが考えられる。

図表Ⅱ－1－9　不正リスク要因の例示

不正な財務報告	動機・プレッシャー	✔ 財務的安定性または収益性が，企業の属する産業または企業の事業環境により脅かされている。 ✔ 経営者が，第三者からの期待または要求に応えなければならない過大なプレッシャーを受けている。 ✔ 企業の業績が，個人財産に悪影響を及ぼす可能性がある。 ✔ 売上や収益性等の財務目標を達成するために，過大なプレッシャーを受けている。
	機会	✔ 企業が属する産業や企業の事業特性が，不正な財務報告にかかわる機会をもたらしている。 ✔ 経営者の監視が有効でなくなっている。 ✔ 組織構造が複雑または不安定となっている。 ✔ 内部統制が不備を有している。
	姿勢・正当化	✔ 経営者が，経営理念や企業倫理の伝達・実践を効果的に行っていない，または不適切な経営理念や企業倫理が伝達されている。 ✔ 財務・経理担当以外の経営者が会計方針の選択または重要な見積りの決定に過度に介入している。 ✔ 過去において法令等に関する違反があった，または不正や法令等に関する違反により企業，経営者等が損害賠償請求を受けた事実がある。 ✔ 経営者が株価や利益傾向を維持すること，または増大させることに過剰な関心を示している。

		✓	経営者が投資家，債権者その他の第三者に積極的または非現実的な業績の達成を確約している。
		✓	経営者が内部統制における重要な不備を発見しても適時に是正しない。
		✓	経営者が不当に税金を最小限とすることに関心がある。
		✓	経営者のモラルが低い。
		✓	オーナー経営者が個人の取引と企業の取引を混同している。
		✓	株主間紛争が存在する。
		✓	経営者が重要性のないことを根拠に不適切な会計処理を頻繁に正当化する。
		✓	経営者と現任または前任の監査人との間に緊張関係がある。
資産の流用	動機・プレッシャー	✓	現金等の窃盗されやすい資産を取り扱う従業員が，会社と対立関係になっている。
		✓	経営者や従業員に個人的な債務がある。
	機会	✓	資産の特性や状況が，資産を流用する機会をもたらしている。
		✓	資産に対する内部統制が不備となっている。
	姿勢・正当化	✓	資産の流用に関するリスクを考慮した監視活動を行っていない，または当該リスクを低減する措置をとっていない。
		✓	資産の流用に関する内部統制を無効化する，または内部統制の不備を是正しない。
		✓	従業員の処遇や企業に対する不満が存在する。
		✓	行動や生活様式に資産の流用を示す変化が見られる。
		✓	少額な窃盗を容認している。

（出所）JICPA監基報240付録1をもとに作成

　誤謬リスクについては，本当は正しく行いたいのだが「何らかの問題」があり適切な行動がとれない，または本来対処すべきことが想定されていない，つまり「想定外」であることにより，誤謬が顕在化するというおおむね2つのパターンが考えられる。「何らかの問題」または「想定外」が，外的要因（外部環境の変化が激しい，適切な情報が入手できない等）によるものか，内的要因（適切な能力のある担当者がいない，システムが対応していない等）によるも

のかを判断し，誤謬リスクを識別することが考えられる。全社レベルのリスク要因を手掛かりに誤謬リスクを識別するのが原則である。また，実際に業務に携わっている人や，親会社でチェック・監視にあたっている人が，誤る可能性が高い状況や処理をくみ取ることにより，リスクを識別することも重要である。

不正リスクおよび誤謬リスクの両方に跨るリスクとして，誤解のリスクがある。意図的に誤解を生じさせるような紛らわしい表現を使用する行為は不正の正当化とつながる。誤謬による誤解のリスクは，意図せず誤解を招く表現を使い，報告の利用者（財務諸表の利用者の場合もあれば，社内の連絡等も含む）に誤解を与え，思わぬ結果を招くリスクであるといえる。

サイバーセキュリティリスクは財務報告にも関連する部分があり（適正な財務報告が実施できない可能性，情報セキュリティの脆弱性を露見させる，被害額の見積りを困難にする等），不正リスクの一形態ともいえるが，従来の不正リスクが内部者または内部者と通謀した外部者を主に想定していたことからすると，新たなリスク領域と考える余地がある。

不正リスクおよび誤謬リスクに共通していえることであるが，開示すべき重要な不備等の過去事例を参照することは，企業に同様のリスクや内部統制の脆弱性がないかを確認するために有用である。不正リスクについてはJICPAより毎年「上場会社等における会計不正の動向」が公表されており，会員以外でも閲覧可能である。不正の傾向や事例や原因分析が紹介されているため，参考になる。

なお，リスクトークを実施する際に，あるリスクについては内部統制（例えば本社経理部のチェック）により対処済だからリスクを認識しない，というのは適切ではない。内部統制が真にリスクに対応しており，適切に運用されているのかを評価することが目的であるからである。

② リスクトークによる全社的なリスク評価方法と実施例

リスクトークにより全社的なリスク評価を行う場合は，網羅的にというよりは，気になることをブレーンストーミング的にリストアップして，徐々に具体化・絞り込みをしていくことが考えられる。できれば話し合いの時間の節約のために，プロセスオーナーが気になることをある程度リストアップしておくこ

とが望ましい。

　話し相手（コンサルタント等）の役割としては，自身の知見によりリスクがありそうと考えることについて，プロセスオーナーに問いかけを行うことや，プロセスオーナーがリストアップした内容について明確化するための問いかけを行うことである。

図表Ⅱ－1－10　全社的なリスクの識別・評価の留意点
✓　不正のトライアングルを確認する。（不正） ✓　最近の不正リスク要因の変化に着目し，手口，動機を考える。（不正） ✓　「何らかの問題」または「想定外」による誤謬の顕在化を考える。（誤謬） ✓　業務従事者や監視担当者が誤る心配がある状況や処理をくみ取る。（誤謬） ✓　全社レベルのリスク要因の例示を参照する。（不正，誤謬） ✓　誤解のリスクや，サイバーなど外部者からもたらされるリスクについて考慮する。（不正，誤謬） ✓　不正・誤謬等の兆候が発生していないか例示を参照する。（不正，誤謬） ✓　気になることをブレーンストーミング的にリストアップ（不正，誤謬） ✓　開示すべき重要な不備等の過去事例を参照する。（不正，誤謬） ✓　話し相手（コンサルタント等）は，リスクがありそうと考えることについて問いかけを行い，プロセスオーナーの対応を検討する。（不正，誤謬）

　上記の留意点を踏まえてリスクトークを実施して，その内容を下図のような形で記載していく。

　例えば，ある海外子会社を事業拠点として選択した場合に，上記の留意点に従いリスクがありそうと考えることについてリストアップした上で，リスクトークを実施することを想定する。プロセスオーナーが気になったことや話し相手（コンサルタント等）の着眼点は様々なものであり，全社的なリスクの要因というよりは，決算・財務報告プロセス（以下，省略する場合「FCRP」（Financial Controls for the Reporting Process）という）や業務プロセスのリスク要因に関連するものや，財務報告や資産の流用に直接関連しないリスク（コンプライアンスリスク，品質リスク，相場変動等による損失リスク等）と思われるものがあるが，それで問題ない。

図表Ⅱ-1-11 様々なリスク要因や不正・誤謬の兆候からのリスク識別イメージ

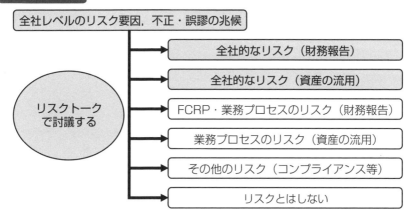

　様々な全社レベルのリスク要因，不正・誤謬の兆候を出してもらって，それを分類し絞り込みながら，当社の状況に応じて具体化するのがリスクトークの目的である。なお，全社的なリスクの識別のためのリスクトークを実施する中で，FCRP・業務プロセスのリスクにも気付くことがあるが，その内容も**図表Ⅱ-1-5【全社的なリスクおよび業務プロセスのリスクの識別ツール】**に記載しておくことが適切である。FCRP・業務プロセスのリスクの識別・評価については，リスクシナリオの設定および各業務プロセスにおいて，適切な財務情報を作成するための要件（実在性，網羅性，権利と義務の帰属，評価の妥当性，期間配分の適切性，表示の妥当性）をもとに再検討する（第Ⅲ章2（1）①参照）。

図表Ⅱ-1-12　FCRP・業務プロセスのリスク識別・評価の3つの流れ

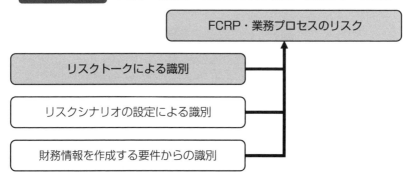

36

図表Ⅱ－1－13	全社的なリスクの識別ツールによるリスクトーク例

事業拠点名	XX. Inc.

関連する全社レベルのリスク要因：
外部環境：物価上昇，賃金上昇，技術革新による売れ筋の変化
内部環境：職務分掌の不足，成果主義の強化，現法独自の情報システム運用，現地管理の多額の運転資金や債権

最近の企業環境および内部統制の変化：
日本からの駐在員の減少，競合他社に合わせて新拠点を設置，システム管理者の退職

不正のトライアングルで考慮する点：
成果主義の強化や売れ筋の変化が，不正な財務報告への動機・プレッシャーや姿勢・正当化の余地となる。新拠点の設置や駐在員の減少が，不正な財務報告や資産の流用の機会を与える。

誤謬リスクの懸念点：
債権消込，在庫管理，販売商品に即した収益認識基準の適用，リース会計基準の適用，人員のひっ迫による処理の誤り

不正・誤謬の兆候：
特になし

関連する開示すべき重要な不備の事例：
能力のある人員不足・本社の支援の不足による決算処理の遅延・誤り，運転資金の私的流用

話し相手（コンサルタント等）の着眼点：
システム障害やサイバーリスクへの対処，新規販売拠点に絡む不正な収入や支出，移転価格やグローバルミニマム課税などの税務計算を誤るリスク

事業拠点名	

＜全社的なリスク（組織全体の目標の達成を阻害するリスク）として重要なもの＞

リスク	財務報告	資産の流用その他
不正	✓ 成果主義，駐在員減少による財務報告の粉飾	✓ 駐在員減少による監視の低下による資産流用等
誤謬	✓ 親会社の監視・コミュニケーション不足によるミス ✓ 会計基準複雑化と人材の不足によるミス	✓ システム障害やサイバーリスクへの対処が本社のポリシーや指示どおりにできていない

第Ⅱ章　全社的なリスクの評価，構築および運用　　37

<話し相手との協議内容>
駐在員の減少と，それに伴う親会社からの監視の不足やコミュニケーション不足が
懸念される。また，成果主義の強調，商品の売れ筋の変化，新拠点設立により，他
社の不備事例を踏まえると，事業拠点での不正の動機・プレッシャーが強くなり，
不正の機会も増える。システム人材の不足により脆弱性が増大している。他のリス
ク要因は業務プロセスのリスク識別において考慮する。

　本項では，全社的なリスクのうち，財務報告と資産の流用について識別を行
う過程を説明している。
　全社レベルのリスク要因は例示があるが，全社的なリスクはどう決定するの
か迷う可能性がある（後述（7）に例を示している）。全社レベルのリスク要
因のうち企業にとって重要と考えるものをそのまま全社的なリスクとして記述
することも考えられるが，どのような問題が生じうるのかをリスクとして書き
込むことにより，この後検討するリスクシナリオにつながりやすくなる。

（4）　内部統制の無視・無効化のリスク

　内部統制の無視・無効化のリスクは，JICPAの報告書や実施基準において，
以下のように定められている。

図表Ⅱ－1－14　**実施基準等における内部統制の無視・無効化のリスク**

✓　経営者は，有効に運用されている内部統制を無効化することによって，会計記
　録を改ざんし不正な財務諸表を作成することができる特別な立場にある。経営
　者による内部統制を無効化するリスクの程度は企業によって異なるが，全ての
　企業に存在する。（JICPA監基報240第30項参照）
✓　経営者以外の内部統制における業務プロセスに責任を有する者が，内部統制を
　無視又は無効ならしめることもある。（実施基準Ⅰ3）

　内部統制の無効化の例は以下のとおりである。

図表Ⅱ－1－15　内部統制の無効化の例

内部統制の無効化による不正行為の例	無効化された内部統制の例
経営成績の改ざん等の目的のために架空の仕訳入力（特に期末日直前）を行う。	仕訳起票プロセス 責任者による仕訳検証
会計上の見積りに使用される仮定や判断を不適切に変更する。	会計上の見積プロセス 責任者による検証
発生した取引や会計事象を認識しない，または認識を不適切に早めたり遅らせたりする。	仕訳起票プロセス 責任者による仕訳検証
必要な開示事項を省略したり，不明瞭に記載したり，または誤った表示をする。	開示作成プロセス 責任者による開示検証
事実を隠蔽する。 仕組まれた複雑な取引を行う。 重要かつ通例でない取引についての記録や契約条項を変造する。	仕訳起票プロセス 会計上の見積プロセス 営業取引プロセス 財務プロセス 責任者による取引・仕訳検証
プログラムの改ざん，不正操作 パラメータの不正な設定 アクセス権の悪用	ITに係る全般統制 ITに係る業務処理統制

（出所）JICPA監基報240第A4項およびJICPA315 ITガイダンスQ2をもとに作成

　「内部統制の無効化は予期せぬ手段により行われる」（JICPA監基報240第30項参照）ため，個々の処理に対しての内部統制のように対策が立てづらい。また，経営者により内部統制が無効化されてしまうのだから，内部統制を構築し運用する意味があるのか，という疑問を持つ声を聴くことがある。

　経営者や業務プロセスの責任者による内部統制の無視・無効化のリスクは，様々な業務プロセスにおいて存在するものであり，不正のトライアングル（**図表Ⅱ－1－8**）で見たような不正リスク要因が増大する場合に，既存の内部統制を無視・無効化することにより，不正な報告や資産の流用につながる取引や処理が実行される可能性が高まる。また，経営者や業務プロセスの責任者は，内部統制に対する理解が豊富で様々な情報を知りうる立場にあり，また内部統制や情報を操作することができる。不正を実行するためには，容易に露見しな

第Ⅱ章　全社的なリスクの評価，構築および運用　39

いように共謀や権力をも用いて人を操り（明確な不正指示を出さなくても部下が忖度することにより目的を達成することを含む），情報を制御し，裏をかくような周到な手段を用いることが想定される。

　この時，経営者や責任者の権力が強くても，実施基準Ⅰ3に示されているように，監査役会や内部監査人による監視と倫理観が確保されている場合や，従業員に内部通報制度が浸透し有効に機能している場合には，不正の露見の可能性が高いため，経営者や責任者は内部統制の無視・無効化による不正実行を躊躇するであろう。そのため，全社的な内部統制は重要なのである。

　全社的な内部統制の構築と見直しの手順は本章2で解説するが，内部統制は無効化されるリスクがあるという明確な認識を持たなければ，リスク識別・評価としても不十分となるし，リスク対応としての内部統制の構築・運用も不十分なものになることに留意する。

（5）　リスクシナリオの設定

　リスクシナリオの検討は，リスク評価や内部統制において最近特に重要視されている概念であるが，用語が先行して明確な定義が定まっていないと考えられる。

　不正リスクシナリオについては，リスクトークで検討した全社的なリスクを前提として，企業の経営者，責任者，従業員等にとって，不正行為の動機・プレッシャー，機会，正当化（不正のトライアングル）をもたらす可能性の高い出来事や状況，予想される不正行為の実行過程を具体的に検討し，メインシナリオを構築するものである。不正行為は内部統制の無視・無効化を伴うことが多く，ただちには露見しない可能性があるが，異常な端緒が識別されることがあるので，もし不正が実行されたらどのような端緒が発生する可能性があり，発見が遅れればどのような影響をもたらすかの検討も含まれる。

　全社的なリスクの識別と重複があるように聞こえるかもしれないが，全社的なリスクは全社レベルのリスク要因にある程度幅広く対応するように一定程度抽象化して識別されるのに対し，リスクシナリオの構築は，より具体性をもったメインシナリオという形になる。メインシナリオの構築はより業務プロセスのリスクや内部統制との関連性が深くなり，不正リスクへの対応が明確化され

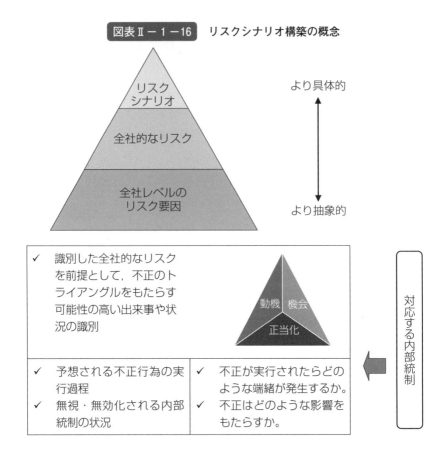

る効果が期待できる。シナリオ構築の次には，対応する内部統制を検討することになる。

上記（3）で識別した全社的なリスクについて，不正リスクシナリオを上記の手順により検討する例を以下**図表Ⅱ－1－17**に示す。不正リスクシナリオの設定に基づいてその後リスク対応の内部統制を構築・運用していくことになる。

第Ⅱ章　全社的なリスクの評価，構築および運用　41

図表Ⅱ－1－17　リスクシナリオの設定ツールとその例

<全社的なリスク（組織全体の目標の達成を阻害するリスク）として重要なもの>

リスク	設定されたリスクの概要	
	財務報告	資産の流用その他
不正	• 成果主義，駐在員減少による財務報告の粉飾	• 駐在員減少による監視の低下による資産流用等
リスクシナリオの設定　　　　　　↓　　　　　　　　　　　　　↓		
不正をもたらす可能性の高い事象等	• 既存商品の売上不振による業績悪化の可能性 • 新取引先の増加	• 新拠点の設立に関する諸支出の増加 • 新拠点での監視や牽制の低下
予想される実行過程	• 決算後値引，返品，貸倒処理を前提とした押込販売	• 新拠点関連工事等の水増し発注とバックリベート • 新拠点での現預金の横領
無視・無効化される内部統制	• 正当な取引条件の遵守および承認手続	• 工事費用見積りと承認 • 現預金出納に関する相互牽制
不正の端緒	• 期末後の返品，値引，貸倒れの増加 • 決済サイトの長い売掛金の発生	• 発注内容と成果の不一致 • 仮払金等の増加 • ある従業員の暮らしぶりの変化
不正の影響	• 翌期に損失を繰り越す	• 高額な支出 • 現預金の過不足 • 債権の回収長期化
識別された業務プロセスのリスク	• 売上プロセスにおける決算後値引，返品，貸倒処理を前提とした押込販売による売上の実在性および期間帰属のリスク	• 経費プロセスにおける水増し発注とバックリベートによる費用の実在性および資産流用のリスク • 財務プロセスにおける新拠点での現預金の横領による現預金の実在性および資産流用のリスク

　不正リスクシナリオは設定するが，誤謬リスクシナリオは設定しないのかという疑問が生じるかもしれない。誤謬リスクについては，うっかりミス，ルー

ルや記載例等の誤解や失念といったものが含まれるため，それに対し1つひとつリスクシナリオを考えるのは煩雑であり，対策としてもチェックをする，ルールや記載例を確認し検証するという帰結になるものも多い。不正リスクは不正の実行者が意図的に仕組むことにより発生するものであり，実行に至る要因も複雑であるし，実行方法も共謀や隠蔽を含むため，リスクシナリオの設定による備えが重要になる。

誤謬リスクでも，リスクが複合的で複雑な過程により重要な誤謬に至ることが想定される場合は，不正リスクシナリオの設定に準じて検討することが考えられる。誤謬リスクのすべてについて網羅的にリスクシナリオを設定することは，その手間に見合わない可能性がある。複雑かつ重要ではない誤謬リスクについては，業務プロセスのリスク識別により対応すれば問題ないと考える。

以下は，ある程度複雑性のある誤謬リスクが想定される状況において，リスクシナリオを検討する場合の例である。

図表Ⅱ－1－18 複雑性のある誤謬リスクのある場合のリスクシナリオ検討例

＜全社的なリスク（組織全体の目標の達成を阻害するリスク）として重要なもの＞		
リスク	設定されたリスクの概要	
	財務報告	資産の流用その他
誤謬	• 親会社の監視・コミュニケーション不足によるミス • 会計基準複雑化と人材の不足によるミス	• システム障害やサイバーリスクへの対処が本社のポリシーや指示どおりにできていない。
リスクシナリオの設定　　　↓		↓
誤謬をもたらす可能性の高い事象等	• 新規または複雑な会計処理や開示要求に関する連結パッケージの作成・集計・報告	• 保守点検作業，設定変更，停電やサイバー攻撃を受けた場合
予想される誤謬発生過程	• 事業拠点における経理スタッフが会計処理や開示要求を理解できていない，または本社による処理・集計等の指示が適切でない。	• 現地のセキュリティ対策が担当者やベンダーの理解不足でポリシーや指示どおりとなっておらず，不備による脆弱性により，侵入を許すまたは復旧に時間がかかる。

防止・発見が期待される内部統制	・事業拠点経理部門における連結パッケージの上席者の検証と本社上席者の検証	・現地がポリシーや指示に従った対策となっているが，変更作業を指示する場合の確認，および定期的な検証
内部統制により防止・発見ができなくなる場合の原因	・内部統制実施者の不注意，情報の不足，会計基準等の知識の不足	・現地の設定不備が多くかつ想定外のものがあり，本社担当者が点検しきれない。現地とのコミュニケーションの行き違い。
誤謬の影響	・収益認識，リース会計等新規または複雑な会計処理や開示要求による連結パッケージの情報の誤りによる企業開示の誤り	・誤操作，操作の遅れ・失念，復旧計画の不十分さによるシステム障害の発生，復旧の遅れ
識別された業務プロセスのリスク	・売上プロセスおよび決算・財務報告プロセスにおける連結パッケージの誤りによる会計処理・開示の正確性のリスク	・現地の理解不足や本社の確認不足により，現地のセキュリティ設定がポリシーや指示どおりとなっておらず，脆弱性により，侵入を許すまたは復旧に時間がかかるリスク

　前述の（3）②で説明したように，リスクシナリオの検討の結果，次の表のようにFCRP・業務プロセスのリスクが識別される場合がある（**図表Ⅱ－1－19**参照）。リスクシナリオは具体的にどうリスクが顕在化するかを検討するものなので，FCRP・業務プロセスのリスクに関連する内容が検討されることが多い。必ずFCRP・業務プロセスのリスクが識別されるということではないが，なるべくFCRP・業務プロセスのリスクを識別するように意識してリスクシナリオを検討し，識別された場合は適切に上表のように文書化しておいて，内部統制の構築または見直しに役立てる。

　図表Ⅱ－1－18の例では防止・発見が期待される内部統制を識別しているため，この内部統制が不正または誤謬を防止または早期に発見できるかどうかを「内部統制により防止・発見できなくなる場合の原因」の欄で検討することになる。適切な内部統制が構築されていない場合もありうるので，無理やり内部統制と関連付けて表の作成を取り繕うのは，内部統制の適切な構築の面からは

適切ではない。適切な内部統制が構築されていないと判断された箇所は，最優先で対応する内部統制の構築を進める。

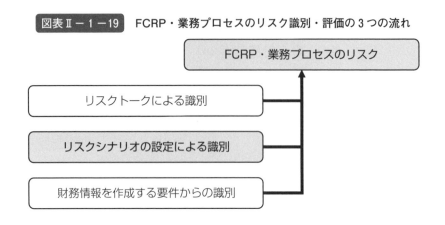

図表Ⅱ－1－19　FCRP・業務プロセスのリスク識別・評価の3つの流れ

（6）　リスクトークで取り上げるリスクの網目（重要性と網羅性）

　上記のリスクトークの手順を展開するにあたり，どの程度のリスクまで捕捉するのか，という点は重要である。

　例えば，連結税引前利益の5％を企業が金額的重要性として用いた場合，この連結税引前利益の5％の目線でリスクトークをしてしまうと，網目としては粗すぎる可能性がある。なぜならば，他の事業拠点を含む識別された同種の複数の不備を総合的に検討して開示すべき重要な不備かどうかを判断するには，網目をある程度細かくしておく必要があるためである。また，リスクに対して想定される内部統制の不備の影響額をリスクトーク時点で見積ることは難しく，ある程度余裕のある網目が適切である。そのため，不備が顕在化した場合の影響額としては，連結税引前利益の1％程度を目安とした網目により，リスクトークで取り上げていくことが望ましいと考える。

　金額的重要性だけでなく，質的重要性を考慮することも重要である。開示すべき重要な不備の判断における質的な重要性の程度を示す例として，「上場廃止基準や財務制限条項に関わる記載事項などが投資判断に与える影響の程度や，

関連当事者との取引や大株主の状況に関する記載事項などが財務報告の信頼性に与える影響の程度」（実施基準Ⅱ1②ロb）が示されているが，不正による内部統制の不備は重く見られる傾向があるため，質的重要性の判断としても重要であり，リスクトークで取り上げていくことが望ましい。

なお，経営管理目的も考慮してリスクトークをする場合には，その目的を考慮してよりきめ細かい網目を適用することが考えられる。

<table>
<tr><td>図表Ⅱ－1－20</td><td>リスクトークで取り上げるリスクの網目の例</td></tr>
</table>

J-SOXの金額的重要性基準：（例示）　連結税引前利益の5％	他の事業拠点を含む同種の不備や，リスクトーク時点での不備影響の見積りの難しさを考慮
	リスクトークの網目の目安：連結税引前利益の1％程度加えてリスクの質的重要性を考慮して追加対象とする。

また，網羅性に関しては，COSOフレームワークではリスクの識別は包括的でなければならず，事業体の内部，ならびに関連するビジネスパートナーおよび外部委託先と事業体との間における，商品，サービスおよび情報に関するすべての重要な相互作用について検討すべき，とされている。多くのコンサルティング会社の資料等でも同様の主張が見られるところである。最終的に目指すべきゴールは包括的なリスク識別であるが，そこには重要性の判断があり，最初から包括性，網羅性を意識しすぎると，そこまで到達していないリスク識別には意味がないというような誤解が生ずることを懸念する。

我が国では内部統制報告制度を15年以上運用しており，上場会社において基本的な全社的な内部統制の理解があり，多くは備わっているものと考えられる。多くの場合において，全社的な内部統制は全社的なリスクへの対応として一定の効果はあるものと考えられる。リスクトークは金商法の内部統制報告制度であるJ-SOXの枠組みの中で実施されることを主に想定しているが，方法論としては企業の一定の裁量により進めるものであるので，どこからどのような形で

開始してもよい。多くの企業での問題は，全社的な内部統制の構築・運用が内外の環境の変化に適応できていない可能性があること，全社的な内部統制の意義がリスクとの対応で可視化されていないことである。現状において，まずはリスクトークにより，優先順位の高いものから対応して，着実にその範囲を拡大していくことが重要であると考える。

（7）　全社的なリスクの例

　優先度の高いものから時間をかけて全社的なリスクを追加して識別する場合，基本的要素によっては全社的なリスクが識別されていないなど，中途半端ではないかと気にする場合もあるかもしれない。また，ある程度標準的な全社的なリスクを把握しておきたいという要望もあると思われる。

　以下に全社的なリスクの例を掲載している。例示なので網羅的なものではなく，また企業固有の事情を反映したものではないので，企業において適宜全社レベルのリスク要因を検討して追加・具体化が必要であるし，企業によっては該当しない，または重要ではないためリスクとして識別不要なものが含まれている。

　一覧すると，多くのリスクは，不正リスクでも誤謬リスクでも，財務報告リスクでも資産流用リスクでも，その要因は共通しているものが多い。企業が独自に全社レベルのリスク要因を検討しリスクを識別する際には，同じ全社レベルのリスク要因が不正リスクにも誤謬リスクにもなる可能性があるということに留意する。

図表Ⅱ－1－21　全社的な不正リスクの例

リスクの内容	基本的要素
以下の内部要因により，不正な財務報告または資産の流用を発生させるリスク ・問題があっても指摘しにくい風土・慣行や，規定違反が黙認され，内部統制の不備等が適時に是正されない。 ・過度の利益追求やコスト・人員削減等	統制環境

・経営者や構成員の交代による経営方針や運営の大幅な変更 ・業務運営および財務報告に必要な能力・経験のある人材の不足 ・権限の集中,取締役会等の機能不全 ・不満や士気の低下(不適切な雇用環境,人材育成,ダイバーシティへの対応,法規制・コンプライアンス違反,業績の低迷)	
以下の内部要因により,不正な財務報告または資産の流用を発生させるリスク ・適切な階層の経営者,管理者を関与させ,内外の諸要因を考慮し,状況の変化の都度再評価する仕組みの欠如または不足 ・ビジネスモデルの変化への対応	リスク評価
以下の内部要因により,不正な財務報告または資産の流用を発生させるリスク ・不十分または不適切な職務分掌や業務手順の方針・手続 ・恣意的な判断要素のある会計処理の選択や見積りの決定(**誤謬リスクの場合は,複雑性のある会計処理の選択や見積りの決定**) ・急成長や新地域,新分野の進出,事業買収に伴う管理不行届き ・発生した不正,誤謬等を適切に調査せず是正がされていない。 ・統制活動の有効性の評価がされていない。	統制活動
以下の内部要因により,不正な財務報告または資産の流用を発生させるリスク ・方針・指示が,企業内の関連する者に伝達し理解されていない。 ・財務報告を含む企業活動に必要な内外の情報を入手し,報告・調査・利用するための仕組みが不十分である。 ・業務プロセスの情報が適切に情報システムに伝達されていない。 ・不適切な内部通報,外部通報,外部からの問い合わせの処理	情報と伝達
以下の内部要因により,不正な財務報告または資産の流用を発生させるリスク ・必要な日常的モニタリングや独立的評価(内部監査)が備わっていない,もしくは適切に運用されていない。 ・モニタリングの実施者の能力や実施方法が適切でない。 ・発見事項が経営者や取締役会等に報告されていない。 ・発見事項が適切に対応されていない。	モニタリング
以下の内部要因により,不正な財務報告または資産の流用を発生させるリスク ・ITに関する適切な戦略,計画を定めていない。 ・ITを利用することにより生じるリスクを適切に考慮していない。	ITへの対応

• ITに係る全般統制およびITに係る業務処理統制についての方針および手続を適切に定めていない。	
以下の要因により，不正な財務報告または資産の流用を発生させるリスク（**誤謬リスクは該当しない**） • 財務的安定性または収益性が脅かされている。 • 業績が個人財産に悪影響を及ぼす可能性がある。 • 目標に対する過大なプレッシャーを受けている。 • 経営者の監視が適切でなく不正の機会が存在する。 • 過去に法令違反や不正が存在した。 • 税金を最小限にすることに関心がある。 • 経営者のモラルが低い。 • 経営者個人の取引と企業の取引を混同している。	統制環境
以下のような取引が計画または実行され，それが不正な財務報告や資産の流用を意図したものであるリスク（**誤謬リスクは該当しない**） • 企業の通常の取引過程から外れた重要な取引または通例ではない重要な取引 • 企業の事業内容に直接関係のないまたは事業上の合理性が不明瞭な重要な資産の取得，買収，出資，費用の計上 • 事業上の合理性が不明瞭な重要な資金の貸付・借入契約，担保提供または債務保証・被保証の契約	• 統制環境 • 統制活動
経営者や業務プロセスの責任者が，共謀・隠蔽等を伴う内部統制の無視・無効化により，自己の実現したい不正な財務報告または資産の流用を発生させるリスク（**誤謬リスクは該当しない**）	• 統制環境 • 統制活動
事業運営や財政状態および経営成績等の大きな変動につながる外的要因について，それを隠蔽，不当に回避または利用するため，適正な財務報告を歪めるリスク • 資金，資本，原材料，雇用調達の困難性 • 災害，気候変動 • 景気，市場変動 • 競合関係，業界地位，企業の評判とその変化 • 政策・規制の変更，政権交代，政情不安 • 製品開発や技術革新 • 顧客嗜好・期待の変化	• 統制環境 • リスク評価 • 情報と伝達 • 統制活動
以下を含む不適切なIT運営・管理により増大する，ITが不正な財務報告に利用されるリスクおよび不正なアクセスのリスク	ITへの対応

- ITのブラックボックス化
- テクノロジーへの対応の遅れ
- 不十分なIT技術者や外部委託先管理
- 親会社のITに関する方針や指示が事業拠点に浸透していない。

図表Ⅱ－1－22　全社的な誤謬リスクの例

リスクの内容	基本的要素
以下の内部要因により，誤謬を発生させるリスク • 問題があっても指摘しにくい風土・慣行や，規定違反が黙認され，内部統制の不備等が適時に是正されない。 • 過度の利益追求やコスト・人員削減等 • 経営者や構成員の交代による経営方針や運営の大幅な変更 • 業務運営および財務報告に必要な能力・経験のある人材の不足 • 権限の集中，取締役会等の機能不全 • 不満や士気の低下（不適切な雇用環境，人材育成，ダイバーシティへの対応，法規制・コンプライアンス違反，業績の低迷）	統制環境
以下の内部要因により，誤謬を発生させるリスク • 適切な階層の経営者，管理者を関与させ，内外の諸要因を考慮し，状況の変化の都度再評価する仕組みの欠如または不足 • ビジネスモデルの変化への対応	リスク評価
以下の内部要因により，誤謬を発生させるリスク • 不十分または不適切な職務分掌や業務手順の方針・手続 • 複雑な会計処理の選択や見積りの決定 • 急成長や新地域，新分野の進出，事業買収に伴う管理不行届き • 発生した不正，誤謬等を適切に調査せず是正がされていない。 • 統制活動の有効性の評価がされていない。	統制活動
以下の内部要因により，誤謬を発生させるリスク • 方針・指示が，企業内の関連する者に伝達し理解されていない。 • 財務報告を含む企業活動に必要な内外の情報を入手し，報告・調査・利用するための仕組みが不十分である。 • 業務プロセスの情報が適切に情報システムに伝達されていない。 • 不適切な内部通報，外部通報，外部からの問い合わせの処理	情報と伝達
以下の内部要因により，誤謬を発生させるリスク	モニタ

• 必要な日常的モニタリングや独立的評価（内部監査）が備わっていない，もしくは適切に運用されていない。 • モニタリングの実施者の能力や実施方法が適切でない。 • 発見事項が経営者や取締役会等報告されていない。 • 発見事項が適切に対応されていない。	リング
以下の内部要因により，誤謬を発生させるリスク • ITに関する適切な戦略，計画を定めていない。 • ITを利用することにより生じるリスクを適切に考慮していない。 • ITに係る全般統制およびITに係る業務処理統制についての方針および手続を適切に定めていない。 • 親会社のITに関する方針や指示が事業拠点に浸透していない。	• ITへの対応 • 情報と伝達
事業運営や財政状態および経営成績等の大きな変動につながる外的要因について，適切に情報を入手し検討することができず，誤謬を発生させるリスク • 資金，資本，原材料，雇用調達の困難性 • 災害，気候変動 • 景気，市場変動 • 競合関係，業界地位，企業の評判とその変化 • 政策・規制の変更，政権交代，政情不安 • 製品開発や技術革新 • 顧客嗜好・期待の変化	• 統制環境 • リスク評価 • 情報と伝達 • 統制活動
以下を含む不適切なIT運営・管理により誤謬を発生させるリスク • ITのブラックボックス化 • テクノロジーへの対応の遅れ • 不十分なIT技術者や外部委託先管理	ITへの対応

2 全社的な内部統制の構築・見直しと例示

（1） COSOフレームワークの利用による内部統制の構築

① 全社的な内部統制の重要性

本章1において全社的なリスクの識別方法を解説した。識別した全社的なリスクについて，全社的な内部統制を適切に構築・運用し，リスクの顕在化（不

正または誤謬）を防止・発見することが期待される。

業務プロセスにおいて不正や誤謬を直接防止・発見するような統制活動を中心とする内部統制（例えば，自動処理，照合，再計算，承認）が，有効に機能するための基盤となるのが全社的な内部統制である。全社的なリスクから生じうる不正や誤謬は，どの業務プロセスでどういう形で生じ，それを防止・発見する内部統制をどうすべきなのかは，業務プロセスレベルで再検討が必要となる。

一方で，直接的な内部統制だけ構築・運用をして，リスク対応が完璧にこなせるわけではない。これまでの多くの開示すべき不備事例においては，その根本原因を，全社的な内部統制の不備およびリスク評価で想定していなかったことを挙げている。直接的な内部統制を構築・運用したつもりであっても，基礎となる全社的な内部統制がしっかりしていなければ，直接的な内部統制は形骸化し，内部統制の無効化の対象となる可能性が高まる。全社的な内部統制と統制活動を中心とした業務プロセスの内部統制は，いずれも欠くべからざるものである。

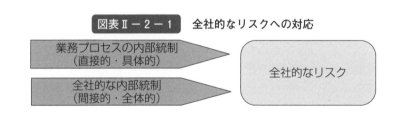

2008年のJ-SOX導入以来，企業における全社的な内部統制の内容や記述を見直していないとすれば，前述のとおりその間，企業環境の変化に伴うリスクの変化やCOSOフレームワークやコーポレートガバナンス・コードを含む内部統制の枠組みの進展があったことも考慮すると，陳腐化・形骸化の懸念がある可能性が高い。

JICPAが2023年9月に会員である監査人向けに公表した「「財務報告に係る内部統制の評価及び監査の基準並びに財務報告に係る内部統制の評価及び監査に関する実施基準の改訂について（意見書）」（2023年4月）等を受けた内部統

制監査上の留意事項に関する周知文書（財務報告内部統制監査基準報告書第1号周知文書第1号）」（以下「JICPA周知文書」という）においても，以下の点が示されており，監査人の視点から適切な見直しが行われているか確認し，実態を把握することが重要とされている。

図表Ⅱ-2-2　JICPA周知文書における全社的な内部統制の強調内容

✓　全社的な内部統制の評価にあたっては，内部統制の基本的な要素ごとに例示されている42項目が広く実務に利用されているが，監査人は，これらの評価項目が今回の改訂を踏まえ，必要に応じて，適切に見直しが行われているかについて確認することが重要である。
✓　監査人は，全社的な内部統制が，被監査会社の連結集団の規模に応じて十分かつ適切に整備および運用されているか，その実態の把握に努めることに留意する。
✓　特に，連結集団を構成する個々の会社単位で全社的な内部統制を評価することのみではなく，企業集団全体の観点から全社的な内部統制の整備および運用状況の評価を適切に実施しているかという点についても留意する。

（出所）JICPA周知文書2をもとに作成

　また，重要な事業拠点の決定において，実施基準では「全社的な内部統制のうち，良好でない項目がある場合には，それに関連する事業拠点を評価範囲に含める必要がある。」（実施基準Ⅱ2（2）①注2）という点が追加されている。「良好でない項目がある」という判断は，金融庁の意見書の改訂に係るパブリックコメントへの考え方の中で，「全社的な内部統制は，企業の置かれた環境や事業の特性等により異なるため，これが良好でないことを一概に示すことは困難ですが，全社的な内部統制に良好でない項目がある場合には，全社的な内部統制に不備がありうると考えられます。」とされている。これを逆読みすれば，全社的な内部統制が良好でないという判断は，必ずしもルールへの準拠に対する不備の有無だけで判断されるものではなく，明確に不備が識別されていなくても体制面や能力面に懸念がある場合なども含めての検討が適切と考えられる。従来の全社的な内部統制の評価は，規程や書類の充足の確認にとどまるケースも散見されたところであるが，今後は実質的な運用がなされているか，

全社的なリスクを軽減しうるものであるか，質的な判断が必要とされるものと考えられる。

② グループの内部統制システムの構築

改訂J-SOX基準においても，全社的な内部統制は基本的には企業集団全体を対象とする（実施基準Ⅱ3（2）①参照）が，企業集団内の子会社や事業部等の特性等に鑑み，個々の子会社や事業部等のみを対象とする全社的な内部統制の評価が行われた場合には，その評価結果を踏まえて，当該子会社や事業部等に係る業務プロセスにつき，評価の範囲，方法等を調整することがありうることに留意する（実施基準Ⅱ3（2）③）とされており，変更はされていない。

一方，企業集団を取り巻く環境は複雑化し，コーポレートガバナンス改革の流れからグループガバナンスのあり方が注目されている。経済産業省は2019年に「グループ・ガバナンス・システムに関する実務指針」を公表し，グループガバナンスの実効性を確保するためにベストプラクティスや重要な視点を取りまとめており，事業戦略の確実な執行の仕組みとしての内部統制システムのあり方についても説明がされている。内部統制システムのあり方については，特にグループ各社の多様性が高まる中，「子会社による迅速な意思決定」と「グループ全体でのガバナンス（子会社管理）の実効性確保」の間のジレンマを感じつつ，グループガバナンスのあり方について模索している企業が多いとされている現状認識のもと，内部統制システムの構築・運用の具体的設計にあたっては，各社の経営方針や各子会社の体制等に応じ，監視・監督型や一体運用型の選択や組み合わせが検討されるべきである，としている。グループ本社においては，権限配分等の基本的な枠組（共通プラットフォーム）を構築した上で，子会社の規模・特性等に応じてリスクベースでの子会社管理・監督，権限委譲を進めた場合の子会社経営に対する結果責任を問える仕組みの構築，業務プロセスの明確化やグループ共通ポリシーの明文化等について検討されるべき，としている。また，親会社の取締役会によるグループ全体および子会社の内部統制システムの監視・監督の責務や，監査役等による内部統制システムの有効性の監査にあたっての，子会社監査役等や内部監査人との連携，3線ディフェンスの活用などについて述べられている。内部統制システムの高度化にあたって

は，ITの活用等により効率性とのバランスを図ることも重要であるとされている。

　このように，改訂J-SOXの内容は，グループ・ガバナンス・システムに関する実務指針の内容と整合する点が多く，経営・ガバナンス目線での内部統制システムの構築・運用の観点から，コーポレートガバナンスを強化していくために，参考にしていくことが考えられる。本書では，本章1（2）③において事業拠点の全社的なリスクの評価について述べ，下記③のCOSOフレームワーク等の利用による全社的な内部統制の構築方法とその例示において企業集団についての取扱いを解説するとともに，後掲の**図表Ⅱ－2－7**において海外子会社を想定した日常的モニタリングについて解説している。また，第Ⅲ章4にて海外事業拠点の対応，同章5にて買収先での対応を解説している。

③　COSOフレームワーク等の利用による全社的な内部統制の構築方法とその例示

　上場企業にとっては，全社的な内部統制の評価方法に関して，上記を踏まえ，どのように42項目に基づく評価項目を見直すのかが課題となる。本書では，事業拠点におけるリスクの評価との関係を考慮しながら，全社的な内部統制の評価方法を見直すために，COSOフレームワークおよびCOSO-ERMの原則や着眼点を参考にした内容に関する列を設けている（**図表Ⅱ－2－3**）。さらに，その他の欄には，2018年に公表されたJICPA内基研，ITへの対応については経済産業省の「サイバーセキュリティ経営ガイドライン」，JICPAから2024年5月に公表されたテクノロジー委員会研究文書第10号「サイバーセキュリティリスクへの監査人の対応（研究文書）」（以下「JICPAサイバー研究文書」という）の内容等を踏まえ，全社的な内部統制の評価項目について，追加することが考えられる項目を例示した検討ツールを提案する。

第Ⅱ章　全社的なリスクの評価，構築および運用　　55

図表Ⅱ－2－3		全社的な内部統制の評価表の追加修正すべき項目の検討ツール				

全社的な リスク	実施基準 等に基づ く評価項 目	追加項目の例		現状の企 業の項目 （対応）	追加修正 後の項目 （対応）	項目（対 応）によ り見込ま れる効果
		COSOフレー ムワーク， COSO-ERM	その他			
統制環境などの基本的要素						

　上表のうち一番左側の「全社的なリスク」は前項①において検討した全社的なリスクを記入する。左から2番目から4番目までは，**図表Ⅱ－2－4**に掲げた【全社的な内部統制の追加項目の例】の表の3列に対応している。右から3番目の列には，現状の企業の全社的な内部統制の評価表の記載内容を入れる。右から2番目の列には，企業固有の全社的なリスクへの対応を考慮し，左から2番目から4番目までの内容を踏まえて，追加修正が必要な点を記載する。

　さらに一番右側に「項目（対応）により見込まれる効果」の欄を設けている。全社的な内部統制の項目（対応）は抽象的なものがあり，どのように項目（対応）を適用するかによりその効果は大きく異なると予想されるためである。これまでの全社的な内部統制が形骸化しているのは，42項目への対応のアリバイ作りになっている面があり，全社的なリスクへの対応度合やガバナンスの強化の効果を求めるような利用がされていなかったことが原因である可能性があると考える。もし現状および追加項目（対応）の内容について効果が見込みづらいのであれば，効果が見込めるような追加の項目（対応）を考えるために，「項目（対応）により見込まれる効果」を使用する。なお，上記②で述べた理由により，全社的な内部統制の評価表は，企業集団統一のものを作成した上で，対応欄に事業拠点の経営者・管理者がそれぞれの状況を記載し，その内容を内部監査等で検証する方式が一般的であるが，個々の子会社や事業部等のみを対象とする全社的な内部統制の評価が行われる場合もあるため，事業拠点における全社的なリスクに対応するために，リスクトークの内容を踏まえるなどしてあらかじめカスタマイズしたほうが適切な場合もあることに留意する。

| 図表Ⅱ-2-4 | 全社的な内部統制の追加項目の例 |

実施基準等に基づく 評価項目	追加項目の例	
	COSOフレームワーク, COSO-ERM	その他
統制環境		
経営者は，信頼性のある財務報告を重視し，財務報告に係る内部統制の役割を含め，財務報告の基本方針を明確に示しているか。	原則1：誠実性と倫理観に対するコミットメントを表明する • トップの気風の設定	• 企業風土やコンプライアンスの評価は，経営者のメッセージの発信頻度，従業員へのアンケート等による意識調査等により，企業がその浸透度合いを確認しているか。
適切な経営理念や倫理規程に基づき，社内の制度が設計・運用され，原則を逸脱した行動が発見された場合には，適切に是正が行われるようになっているか。		• 不正の誘因となるようなプレッシャーがかからないような企業風土を構築しているか。 • 行動規範，倫理プログラム，不正防止プログラムなどのグループ全体または事業拠点において必要なプログラムを構築し，毎年継続的に適合性を評価し改訂しているか。 • 望ましい行動や内部統制を奨励し功績を評価しているか。
経営者は，適切な会計処理の原則を選択し，会計上の見積り等を決定する際の客観的な実施過程を保持しているか。	原則2：取締役会は，経営者から独立していることを表明し，かつ，内部統制の整備および運用状況について監督を行う（我が国の場合は監査委員会，監査等委員会，監査役等）。 • 監督責任の確立 • 関連する専門知識の活用 • 独立性の保持 • 外部の見解の入手	• 取締役会はすでに実質的に意思決定されている事項を追認するだけになっていないか。 • 監査役等による経営者との討議において，経営者によるリスク評価やその対応について深度ある協議が行われているか。 • 審議するのに必要十分な情報と資料が提供されているか。 • 取締役会は定期的に会社の目的および内部統制に関して議論しているか。 • 会計処理の適切性に関する審議
取締役会および監査役等は，財務報告とその内部統制に関し経営者を適切に監督・監視する責任を理解し，実行しているか。		

第Ⅱ章　全社的なリスクの評価，構築および運用　57

監査役等は内部監査人および監査人と適切な連携を図っているか。	• 財務諸表の誤謬および不正に関する内部通報者からの情報の検討	がなされているか。 • 監査人の指摘事項に対して，経営者が適時，適切に検討，対応を行っているか。
経営者は，問題があっても指摘しにくい等の組織構造や慣行があると認められる事実が存在する場合に，適切な改善を図っているか。	原則3：経営者は，取締役会の監督のもと，内部統制の目的を達成するにあたり，組織構造，報告経路および適切な権限と責任を確立する。 • 役割および報告経路を明確化しそれらの適合性を評価する。 • 様々な経営階層における権限を明確化する。 • 内部監査人の役割を明確化する。	• 短期的な観点だけで目標設定がされており，不正の動機が強まっていないか。 • グループ全体または事業拠点において，売上至上主義のような企業風土はないか。
経営者は，企業内の個々の職能（生産，販売，情報，会計等）および活動単位に対して，適切な役割分担を定めているか。		• 在任期間の長い子会社の社長や管理職による不正の事例を踏まえ，ジョブ・ローテーションが適切に実施されているか。
経営者は，信頼性のある財務報告の作成を支えるのに必要な能力を識別し，所要の能力を有する人材を確保・配置しているか。	原則4：組織は，内部統制の目的に合わせて，有能な個人を惹きつけ，育成し，かつ，維持することに対するコミットメントを表明する。 • 方針と実務の確立 • 能力の評価と能力不足への対応 • 人材や委託先の獲得，育成と維持 • 後継計画	• 税務や企業結合会計等の複雑な会計処理が必要な場合に，事業拠点において知識・経験不足や外部専門家を利用していない状況がないか。 • 人材不足による経理体制・決算体制が不十分な事業拠点でないか。 • 企業は，会計，財務報告，リスク管理，内部統制の構築運用に必要な継続的な能力開発を奨励・評価し，プログラムを提供しているか。
経営者は，従業員等に職務の遂行に必要となる手段や訓練等を提供し，従業員等の能力を引き出すことを支援しているか。		
信頼性のある財務報告の作成に必要とされる能力の内容は，定期的に見直され，		

常に適切なものとなっているか。		
責任の割当てと権限の委任がすべての従業員に対して明確になされているか。	原則5：組織は，内部統制の目的を達成するにあたり，内部統制に対する責任を個々人に持たせる。 • 説明責任の履行 • 責任を明確化し承認する。 • 公平な業績尺度，動機付けおよび報奨制度を構築する。 • 期待された成果と対比して業績尺度を評価する。 • 過度なプレッシャーの検討 • 個人への賞罰	• 子会社の経営者に対する権限と責任を適切に付与しているか。 • 職務分掌に関する社内規程の整備 • 職務分掌の例外的な取扱い，社内規程に基づく決裁手続を遵守しない取引の防止 • 特定の部署や特定の従業員に過度な負担がかからないような人員配備
従業員等に対する権限と責任の委任は，無制限ではなく，適切な範囲に限定されているか。		
従業員等の勤務評価は，公平で適切なものとなっているか。		• 経営者の報酬プログラムとインセンティブの適切性が取締役会等により承認されているか。 • 経営者の職務遂行，誠実性，倫理観，内部統制に対する責任を果たしていることを評価しているか。 • 各部門長は毎年度末に，部門の全従業員の職務遂行について，設定された従業員の目標に照らして評価しているか。 • 内部統制に関する従業員の能力や業務遂行を適切に評価しているか。

（上記以外の統制環境に関連する追加項目として考えられるもの）
• 社外取締役の増員，会計の知見を有する者の追加
• 取締役会上程基準および取締役会の役割と責任の明確化（取締役の恣意的な決裁を防止）
• 取締役の経営責任の明確化
• 監査役等と社長との定期的な情報交換，三様監査の充実
• 取締役会の付議事項に，担当以外の取締役や監査役も議論に参加し，活発な審議が行われているか。
• コンプライアンスに対する役員および従業員の意識向上を図られているか。
• 役員および従業員に対する不正防止教育（倫理・コンプライアンス・企業会計）
• 売上を過度に重視する経営方針の見直し

第Ⅱ章　全社的なリスクの評価，構築および運用　59

実施基準等に基づく 評価項目	追加項目の例	
	COSOフレームワーク， COSO-ERM	その他
リスクの評価と対応		
信頼性のある財務報告の作成のため，適切な階層の経営者，管理者を関与させる有効なリスク評価の仕組みが存在しているか。	原則6：組織は，内部統制の目的に関連するリスクの識別と評価ができるように，十分な明確さを備えた内部統制の目的を明示する。 • 勘定科目，開示およびアサーション（実在性などの適切な財務情報を作成するための要件）を識別する。 • 重要性を評価する。 • 基準の理解をレビューし更新する。 • リスクを識別する。 • リスク識別プロセスの統一・明確化 • リスク一覧表の作成によるリスクの可視化 • リスクの重大度を評価する。 • 最適なリスク評価のアプローチの選択 • リスクシナリオを議論しレビューする。	• リスク評価・内部統制担当役員を設置し，その下でリスク識別評価，不備の評価，内部統制の見直しに関する定期的な協議・管理と年次更新を実施しているか（IT，与信管理，気候変動の影響等を含む。業務目的およびコンプライアンス目的で実施することや，プラスの影響の検討を実施することが考えられる）。 • 親子間で事業の類似性が乏しい場合，人事派遣していてもガバナンスが十分に機能しないリスクや，親会社からの指示がプレッシャーとなり不正の動機となるリスクに対処しているか。 • 子会社の歴史や慣習，組織構造等の観点から，全社的な内部統制の評価単位を適切に設定しているか（分権型の場合，子会社ごとに，または，共通の方針や手続で運営されているグループごとに評価が必要となる可能性もある）。 • 小規模な子会社やノンコア事業に対して，それぞれ事業およびリスクの特性に適合した内部統制が構築できているか。 • 過去に生じたリスクか未経験のリスクか等の観点から分類する。

リスクを識別する作業において，企業の内外の諸要因および当該要因が信頼性のある財務報告の作成に及ぼす影響が適切に考慮されているか。	原則7：組織は，自らの目的の達成に関連する事業体全体にわたるリスクを識別し，当該リスクの管理の仕方を決定するための基礎としてリスクを分析する。 • 内部要因と外部要因の分析 • 適切な階層の経営者の関与 • 識別したリスクの重大性の見積り • リスクへの対応方法の決定・評価 • 重要な勘定科目に関するリスクを評価する。 • 識別したリスクの発生可能性と影響度を評価する。	• リスク識別評価の基礎となる重要性を適切に決定しているか。 • 会計方針や会計プロセスが文書化され，CFOにレビューされ，監査役等に提示されているか。 • リスク評価に必要な情報を収集しているか，リスク評価を適切に見直す仕組みがあるか。 • 現金回収する慣行や売上債権の回収サイトが長い業界において，入金の付替えや不適切な処理により正常債権に仮装されるような不正の機会について，対処できているか。 • 子会社の決算数値に対して異常点を識別するという視点でリスクを識別しているか。 • 不正事例や不正の機会を考慮し，循環取引や，企業内部の決算操作だけで実行しやすい棚卸資産や原価計算の可能性を考慮しているか。
経営者は，組織の変更やITの開発など，信頼性のある財務報告の作成に重要な影響を及ぼす可能性のある変化が発生する都度，リスクを再評価する仕組みを設定し，適切な対応を図っているか。	原則9：組織は，内部統制のシステムに重大な影響を及ぼしうる変化を識別し評価する。 • 外部環境の変化に対する評価 • ビジネスモデルの変化に対する評価 • 上級経営者の変化に対する評価	• 事業の状況変化についての検討や，環境変化や事業戦略等による潜在的な影響が織り込まれているか。 • リスク評価の記載内容が毎期同じではないか。 • リスク評価の結果をリスク対応（内部統制の構築や評価）に活かしているか。 • 業務プロセスの選定や評価手続が，前期を踏襲しているだけではないか。
経営者は，不正に関するリスクを検討する際に，単に不正に	原則8：組織は，内部統制の目的の達成に対するリスクの評価において，	• リスク評価にあたって，不正リスクも十分に評価しているか。 • 不正リスクを含む事業上のリス

関する表面的な事実だけでなく，不正を犯させるに至る動機，原因，背景等を踏まえ，適切にリスクを評価し，対応しているか。	不正の可能性について検討する。 • 様々な種類の不正行為の検討 • 動機とプレッシャー，不正を犯す機会，姿勢と正当性の評価 • 統制の回避と無効化の手段の検討 • 内部監査計画において不正リスクを検討 • 報酬制度に関連した動機とプレッシャーのレビュー	クを識別，分析および管理するリスク評価を実施しているか。 • 新興国において，親族企業との取引を会社に行わせる事例や取引の大半が架空取引であった事例等に留意しているか。 • 非連結子会社等に対しても適切な管理をしているか。

実施基準等に基づく評価項目	追加項目の例	
	COSOフレームワーク，COSO-ERM	その他
統制活動		
信頼性のある財務報告の作成に対するリスクに対処して，これを十分に軽減する統制活動を確保するための方針と手続を定めているか。	原則10：組織は，内部統制の目的に対するリスクを許容可能な水準まで低減するのに役立つ統制活動を選択し，整備する。 • リスクを統制活動へマッピング • 事業体特有の要因の検討 • 統制活動の種類の組み合わせ（手作業と自動化，予防的と発見的など）の評価 • 第三者の業務委託にあたり統制活動を適用またはモニタリング • 職務分掌が難しい領域に対する代替的な統制活動を検討	
経営者は，信頼性のある財務報告の作成に関し，職務の分掌を明確化し，権限や職責を担当者に適切に分担させているか。		
統制活動に係る責任と説明義務を，リスクが存在する業務単位または業務プロセスの管理		

者に適切に帰属させているか。		
全社的な職務規程や，個々の業務手順を適切に作成しているか。	原則12：組織は，期待されていることを明確にした方針および方針を実行するための手続を通じて，統制活動を展開する。 • 方針および手続を明確に文書化する。 • 行為責任と説明責任を明確にする。 • 業務遂行能力を有した構成員による実施 • 方針および手続を再評価する。	
統制活動は業務全体にわたって誠実に実施されているか。		
統制活動を実施することにより検出された誤謬等は適切に調査され，必要な対応が取られているか。		

実施基準等に基づく評価項目	追加項目の例	
	COSOフレームワーク，COSO-ERM	その他
情報と伝達		
信頼性のある財務報告の作成に関する経営者の方針や指示が，企業内のすべての者，特に財務報告の作成に関連する者に適切に伝達される体制が整備されているか。	原則14：組織は，内部統制が機能することを支援するために必要な，内部統制の目的と内部統制に対する責任を含む情報を組織内部に伝達する。 • 取締役会への伝達指針を作成する。 • 財務および内部統制情報を取締役会とともにレビューする。 • 横断的および多方向の内部統制の伝達および討論の場を確立する。	• 取締役会に，一定金額以上の損失がもたらされるリスクについての情報や，不正または法令に違反するリスクに関する情報など，定量的または定性的に重要な情報が適時に遺漏なく報告される体制になっているか。
内部統制に関する重要な情報が円滑に経営者および組織内の適切な管理者に伝達される体制が整備されているか。		• グループ全体または事業拠点で必要となる財務報告の手続マニュアルなどの一貫した方針および手続が適用，周知，理解されているか。 • RCMなどの内部統制評価の文書化が毎期適切にレビュー・見直しされ，内部統制に関連する

第Ⅱ章　全社的なリスクの評価，構築および運用　**63**

		従業員に共有され，業務に適用されていることを確かめているか。
経営者，取締役会，監査役等およびその他の関係者の間で，情報が適切に伝達・共有されているか。		• 取締役会への報告にあたっては，十分な情報が提供されているか。
内部通報の仕組みなど，通常の報告経路から独立した伝達経路が利用できるように設定されているか。		• 内部通報制度の利用状況が極端に少ない場合，内部通報制度が周知されているかを確認する。 • 親会社だけでなく子会社でも整備され，親会社と連携されているか。 • 匿名による通報の導入 • 通報者に不利益が生じない仕組みづくり • もみ消しを防止するため，外部の通報窓口（弁護士事務所）の設置 • セクハラやパワハラ等だけではなく，経営者からの不当なプレッシャーや，不正の疑われる取引や会計処理も対象であることを強調しているか。 • 外部通報，内部通報で識別された規範への違反行為は，適時に評価および解決され，監査役等に報告されているか。
会計および財務に関する情報が，関連する業務プロセスから適切に情報システムに伝達され，適切に利用可能となるような体制が整備されて	原則13：組織は，内部統制が機能することを支援する，関連性のある質の高い情報を入手または作成して利用する。 • 必要な情報を識別し情報の信頼性を評価する。	

いるか。	• データ処理過程における品質を維持する。 • 情報の保管場所の整備し維持する。 • データガバナンスプログラム（セキュリティ・プライバシーを含むデータの効果的かつ適正な利活用態勢）の適用	
内部統制に関する企業外部からの情報を適切に利用し，経営者，取締役会，監査役等に適切に伝達する仕組みとなっているか。	原則15：組織は，内部統制が機能することに影響を及ぼす事項に関して，外部の関係者との間での情報伝達を行う。 • 外部からの情報伝達を入手し利用する。 • 通報制度について外部関係者へ周知する。 • 外部監査人の報告をレビューする。	

実施基準等に基づく評価項目	追加項目の例	
	COSOフレームワーク，COSO-ERM	その他
モニタリング		
日常的モニタリングが，企業の業務活動に適切に組み込まれているか。	原則16：組織は，内部統制の構成要素が存在し，機能していることを確かめるために，日常的評価および／または独立的評価を選択し，整備および運用する。 • 評価基準（指標とその変動幅）の適用 • テクノロジーを用いた	• 管理部門による事業拠点の日常的なモニタリングを，リスクに応じて適切に設定し，実施しているか。 • 予算・目標の作成・承認過程だけでなく，その達成状況も含めた進捗管理方法は適切か。 • 右肩上がりになっている事業計画については，具体的な達成行動計画に裏付けられているか。

	管理ツール（ダッシュボード）の適用 ・継続的モニタリングの適用 ・（日常的評価の）ビジネスプロセスとの統合 ・被監査対象による自己レビュー ・内部監査による不正による重要な虚偽表示のリスクの検討 ・外部委託先の統制の検討（保証報告書の入手を含む）	・子会社の経営者の支出内容についてモニタリングを行っているか。 ・業務委託先（受託会社）に関する内部統制を評価（報告書の入手・検討または往査等）する態勢となっているか。
経営者は，独立的評価の範囲と頻度を，リスクの重要性，内部統制の重要性および日常的モニタリングの有効性に応じて適切に調整しているか。		・内部監査計画は，監査役等に適切にレビューされ承認されているか。 ・子会社の特性に応じた内部監査を実施しているか。 ・財務・経理責任者の異動が長期間ない子会社について，当該責任者が実施した業務に対する上長の承認が形骸化していないかどうか検討しているか。 ・子会社の事業状況と経営成績に対して，子会社の業績を予算と対比させて，モニタリングを実施しているか。 ・全社的な内部統制や決算・財務報告プロセスの評価が表面的なチェックリストのチェックとなっていないか。
モニタリングの実施責任者には，業務遂行を行うに足る十分な知識や能力を有する者が指名されているか。		・内部監査部門を社長または取締役会等直轄とし，強い権限を付与しているか。 ・内部監査部門において，財務・経理・ITに関する知識または経験が著しく不足していないか。 ・内部監査部門の対象拠点の選定やローテーションの考え方等は妥当か。
経営者は，モニタリングの結果を適時に受領し，適切な検討を行っているか。		・親会社の内部監査部門が，子会社等への往査を行っているか。

企業の内外から伝達された内部統制に関する重要な情報は適切に検討され、必要な是正措置が取られているか。	原則17：組織は、適時に内部統制の不備を評価し、必要に応じて、それを適時に上級経営者および取締役会を含む、是正措置を講じる責任を負う者に対して伝達する。 • 是正措置をモニタリングする。 • 不備の報告に関する指針を作成する。	• 内部監査部門は指摘事項の顛末確認をしているか。 • 内部監査の強化をしているか。
モニタリングによって得られた内部統制の不備に関する情報は、当該実施過程に係る上位の管理者ならびに当該実施過程および関連する内部統制を管理し是正措置を実施すべき地位にある者に適切に報告されているか。		• 内部監査部門の独立性を確保するため、監査結果を社外取締役や監査役等にも報告する体制としているか。
内部統制に係る開示すべき重要な不備等に関する情報は、経営者、取締役会、監査役等に適切に伝達されているか。		

実施基準等に基づく評価項目	追加項目の例	
	COSOフレームワーク，COSO-ERM	その他
ITへの対応		
経営者は、ITに関する適切な戦略、計画等を定めているか。	原則11：組織は、内部統制の目的の達成を支援するテクノロジーに関する全般的統制活動を選択し、整備する。 • テクノロジー基盤に係る統制活動の確立 • セキュリティ管理プロ	• サイバーセキュリティリスクに関する対応方針があるか（海外含む子会社／グループ会社、ビジネスパートナーや委託先等を含めたサプライチェーン全体に係るリスクも含む）。 • 適切な資源（予算、人材、組織体制等）を割り当てているか。

	セスに関する統制活動の確立 • 関連性のあるテクノロジーの取得，開発および保守プロセスに係る統制活動の確立 • エンドユーザーコンピューティング（EUC）を評価 • IT機能を第三者に業務委託するにあたり統制活動を適用またはモニタリングする。 • アクセス制限と職務分掌をサポートするIT基盤を設定する。	• サイバーセキュリティ・インシデントを想定した事業継続計画（BCP）を策定しているか。
経営者は，内部統制を整備する際に，IT環境を適切に理解し，これを踏まえた方針を明確に示しているか。	• セキュリティとアクセスを管理する。 • システム開発ライフサイクルを適用する（自社開発とパッケージウェア両方）。 • 新たなテクノロジーを開発，導入しようとする際に，新たなテクノロジーの開発・導入により発生する新たなリスク，コストなどの検討を行っているか。 • 情報を有効に活用できるように，事業環境の変化，事業構造の変化等に対応して，必要な情報システムの変更を行っているか。	• クラウドサービスの種別（SaaS，PaaS，IaaSなど）に応じたリスク管理方針を定め，全社的に適用しているか。 • 個人情報や，企業機密，顧客情報等の機密情報の保管に関する統制があるか。 • 定期的な情報資産の見直しをしているか。 • セキュリティに関する教育を実施しているか。 • 標的型メールに関する注意喚起または訓練を実施しているか。 • サイバーセキュリティリスクやインシデントを開示・報告する仕組みがあるか。
経営者は，信頼性のある財務報告の作成という目的の達成に対するリスクを低減するため，手作業及		• IT担当役員は，リスク・内部統制担当役員と連携し，ITの利用から生じるリスクとIT統制を識別し，適切な文書化を実施し，定期的にレビューと見直しを実

びITを用いた統制の利用領域について，適切に判断しているか。		施しているか。 • IT方針や指示が浸透しにくい海外事業拠点などについて，逸脱が発生していないか確かめる仕組みを適切に運用しているか。 • 不正なアクセスやインシデントを監視・発見する仕組みがあるか。 • セキュリティの脆弱性に関する情報を収集する仕組みがあるか。 • ITの文書化は，内部統制に関連する従業員に共有され，業務に適用されていることを確かめているか。
ITを用いて統制活動を整備する際には，ITを利用することにより生じる新たなリスクが考慮されているか。		• 財務報告に関連するITリスクを定期的に評価するとともに関連する内部統制（ITに係る全般統制，ITに係る業務処理統制，手作業によるITに関わる業務処理統制など）やその評価方法の見直しを行っているか。
経営者は，ITに係る全般統制およびITに係る業務処理統制についての方針および手続を適切に定めているか。		• 経営者は，ITに係る外部委託（開発，運用，保守）の増加やクラウドサービスの進展によるリスク管理のブラックボックス化に適切に対応するため，外部委託に係るリスク管理方針（選定基準，契約，管理・監督など）を定めているか。 • 財務報告に係る内部統制を評価する方策（受託会社の内部統制評価や，委託元としての相補的内部統制の評価の方針を含む）を有しているか。

第Ⅱ章　全社的なリスクの評価，構築および運用　　**69**

　全社的な内部統制の評価表の追加修正すべき項目の検討を例示すると，以下のような記載となる。

図表Ⅱ－2－5　全社的な内部統制の評価表の追加修正すべき項目の検討ツールの記載例

全社的なリスク	実施基準等に基づく評価項目	追加項目の例		現状の企業の項目（対応）	追加修正後の項目（対応）	項目（対応）により見込まれる効果
		COSOフレームワーク，COSO-ERM	その他			
統制環境などの基本的要素						
問題があっても指摘しにくい風土・慣行や，規定違反が黙認され，内部統制の不備等が適時に是正されないといった内部要因により，不正な財務報告または資産の流用を発生させるリスク	経営者は，信頼性のある財務報告を重視し，財務報告に係る内部統制の役割を含め，財務報告の基本方針を明確に示しているか。	原則1：誠実性と倫理観に対するコミットメントを表明する。	企業風土やコンプライアンスの評価は，経営者のメッセージの発信頻度，従業員へのアンケート等による意識調査等により，企業がその浸透度合いを確認しているかどうか。	経営者は，信頼性のある財務報告を重視し，財務報告に係る内部統制の役割を含め，財務報告の基本方針を経理規程により示している。	適正な財務報告に対するコミットメントをCFOからの年頭訓示に含める。従業員に対しアンケートを実施して改善に役立てる。	経理規程は従業員全員が参照するものではないため，CFOの訓示やアンケートは誠実性および倫理観の浸透に貢献する合理的方法である。

　このように，**図表Ⅱ－2－4**【全社的な内部統制の追加項目の例】を参考に，追加修正後の評価項目を決定し，内部統制が構築されていないと判断された場

合は，適切な内部統制を構築していくことになる。次項以降で特に重要な日常的モニタリング，職務分掌，ガバナンスと全組織的なリスク管理について個別に説明している。これらの項目について，企業で使用している全社的な内部統制の評価表で具体的に書ききれない場合は，補助評価表を作成・適用することが考えられる。

（2） 日常的モニタリングの整備・運用と例示

従来，日常的モニタリングは実施基準の中で全社的な内部統制の1項目として存在し，独立的評価と対比する形で以下のように意義付けられてきた。

図表Ⅱ－2－6　日常的モニタリングと独立的評価の比較

日常的モニタリング	内部統制の有効性を監視するために，経営管理や業務改善等の通常の業務に組み込まれて行われる活動	例えば，各業務部門において帳簿記録と実際の製造・在庫または販売数量等との照合を行うことや，定期的に実施される棚卸手続において在庫の残高の正確性および網羅性を関連業務担当者が監視することなどが挙げられる。
独立的評価	通常の業務から独立した視点で，定期的または随時に行われる内部統制の評価	例えば，企業内での監視機関である内部監査部門および監査役等が，財務報告の一部または全体の信頼性を検証するために行う会計監査などが挙げられる。

（出所）基準Ⅰ2（5）をもとに作成

日常的モニタリングは，業務を担当する部門または第2線のリスク管理部門がその業務内容を振り返り評価するCSA（Control Self-assessment，コントロール・セルフアセスメント）として実施されることもある。実施基準では，「3線モデルにおいては，第1線を業務部門内での日常的モニタリングを通じたリスク管理，第2線をリスク管理部門などによる部門横断的なリスク管理，そして第3線を内部監査部門による独立的評価として，組織内の権限と責任を明確化しつつ，これらの機能を取締役会または監査役等による監督・監視と適切に連携させることが重要である。」（実施基準Ⅰ5）とされている。業務に精

通する第1線または第2線において日常的モニタリングで何をするかを検討していくことが重要となる。

　日常的モニタリングは統制活動の事後チェックとして実施されることもあるので，統制活動とモニタリングとの境界は曖昧になっているところもあるが，それ自体は問題なく，内部統制実施者に内部統制の役割を理解してもらい，不正やミスが生じているかもしれないという気持ちで，緊張感をもって対応してもらうことも重要である。また，日常的モニタリングの項目も，不正やミスを発見できるように，発見できなかったとしても何らかの異常が捕捉できるように，創意工夫が重要である。なお，後述（4）③にて3線モデルにおける日常的モニタリング適用のメリットと留意点を，第Ⅲ章3（8）にてDXを利用したデータドリブンの日常的モニタリングの対応を紹介している。

　これまでも日常的モニタリングとして毎日の現預金有高や銀行勘定調整，定期的な在庫棚卸とテストカウントなど実施してきており，十分日常的モニタリングは備わっているので，これ以上何をするのか？という気持ちにもなるかもしれない。今回本項で取り上げたいのは，リスクシナリオ構築の結果，そのリスクシナリオの発現を早期に発見するための方策としての日常的モニタリングを構築していく仕組みづくりである。どのような日常的モニタリングが有効なのか，日常的モニタリングが無視・無効化されないための方策は何かを，全社的な内部統制の「リスク評価と対応」の中で検討していく流れを構築することである。

　以下は，リスクシナリオの構築につなげて，有効と考えられる日常的モニタリングを検討した事例となる。特に不正の場合は隠蔽や内部統制の無効化を伴うため，不正の端緒となる異常をどのように捉えるのかが重要になる。そのためにも，リスクシナリオの構築の際に，不正の端緒や誤謬の発生過程の考察が重要になる。一般的な方法ではあるが，きめ細かな第2線による予算のモニタリングは重要な対策となり，予算差異についても説明を鵜呑みにせず，証拠により確かめ，その後も識別した異常をフォローしていくことが重要である。

72

| 図表Ⅱ－2－7 | 有効と考えられる日常的モニタリングを検討した事例 |

<全社的なリスク（組織全体の目標の達成を阻害するリスク）として重要なもの>

リスク	設定されたリスクの概要	
	財務報告	資産の流用その他
不正	• 成果主義，駐在員減少による財務報告の粉飾	• 駐在員減少による監視の低下による資産流用等
リスクシナリオの設定　　　　↓		↓
不正をもたらす可能性の高い事象等	• 既存商品の売上不振による業績悪化の可能性 • 新取引先の増加	• 新拠点の設立に関する諸支出の増加 • 新拠点での監視や牽制の低下
予想される実行過程	• 決算後値引，返品，貸倒処理を前提とした押込販売	• 新拠点関連工事等の水増し発注とバックリベート • 新拠点での現預金の横領
無視・無効化される内部統制	• 正当な取引条件の遵守および承認手続	• 工事費用見積りと承認 • 現預金出納に関する相互牽制
不正の端緒	• 期末後の返品，値引，貸倒れの増加 • 決済サイトの長い売掛金の発生	• 発注内容と成果の不一致 • 仮払金等の増加 • ある従業員の暮らしぶりの変化
不正の影響	• 翌期に損失を繰り越す	• 高額な支出 • 現預金の過不足 • 債権の回収長期化
識別された業務プロセスのリスク	• 売上プロセスにおける決算後値引，返品，貸倒処理を前提とした押込販売による売上の実在性および期間帰属のリスク	• 経費プロセスにおける水増し発注とバックリベートによる費用の実在性および資産流用のリスク • 財務プロセスにおける新拠点での現預金の横領による現預金の実在性および資産流用のリスク
有効と考えられる日常的モニタリング	✓　不正の端緒となる期末前の異常な売上の増加，期末後の返品，値引，貸倒れの増	✓　経費予算査定と臨時費用に対する第2線によるモニタリング

第Ⅱ章　全社的なリスクの評価，構築および運用　73

加，長期決済サイト等の異例取引のモニタリング ✓　月次・週次予算管理 ✓　第2線，第3線への報告	✓　資金予算と資金繰りの第2線によるモニタリング

<全社的なリスク（組織全体の目標の達成を阻害するリスク）として重要なもの>

リスク	設定されたリスクの概要	
	財務報告	資産の流用その他
誤謬	• 親会社の監視・コミュニケーション不足によるミス • 会計基準複雑化と人材の不足によるミス	• システム障害やサイバーリスクへの対処が本社のポリシーや指示どおりにできていない。
リスクシナリオの設定	↓	↓
誤謬をもたらす可能性の高い事象等	• 新規または複雑な会計処理や開示要求に関する連結パッケージの作成・集計・報告	• 保守点検作業，設定変更，停電やサイバー攻撃を受けた場合
予想される誤謬発生過程	• 事業拠点における経理スタッフが会計処理や開示要求を理解できていない，または本社による処理・集計等の指示が適切でない。	• 現地のセキュリティ対策が担当者やベンダーの理解不足によりポリシーや指示どおりとなっておらず，不備による脆弱性により，侵入を許すまたは復旧に時間がかかる。
防止・発見が期待される内部統制	• 事業拠点経理部門における連結パッケージの上席者の検証と本社上席者の検証	• 現地がポリシーや指示に従った対策となっているか，変更作業を指示する場合の確認，および定期的な検証
内部統制により防止・発見ができなくなる場合の原因	• 内部統制実施者の不注意，情報の不足，会計基準等の知識の不足	• 現地の設定不備が多くかつ想定外のものがあり，本社担当者が点検しきれない。現地とのコミュニケーションの行き違い。
誤謬の影響	• 収益認識，リース会計等新規または複雑な会計処理や開示要求による連結パッケージの情報の誤りによる企業開示の誤り	• 誤操作，操作の遅れ・失念，復旧計画の不十分さによるシステム障害の発生，復旧の遅れ

識別された業務プロセスのリスク	• 売上プロセスおよび決算・財務報告プロセスにおける連結パッケージの誤りによる会計処理・開示の正確性のリスク	• 現地の理解不足や本社の確認不足により，現地のセキュリティ設定がポリシーや指示どおりとなっておらず，脆弱性により，侵入を許すまたは復旧に時間がかかるリスク
有効と考えられる日常的モニタリング	✓ データ間の整合性チェック ✓ 増減分析 ✓ チェックリストの適用とそのレビュー	✓ チェックリストによる指針，指示事項の定期点検項目の追加，明確化と本社情報システム部による再確認 ✓ システム稼働状況の監視の自動化等の高度化 ✓ IT全般統制支援ツールの適用範囲の拡大

（3） 職務分掌の確保とジョブ・ローテーション

　実施基準では，内部統制の無視・無効化への対策として，「適切な経営理念等に基づく社内の制度の設計・運用，適切な職務の分掌，組織全体を含めた経営者の内部統制の整備及び運用に対する取締役会による監督，監査役等による監査及び内部監査人による取締役会及び監査役等への直接的な報告に係る体制等」（実施基準Ⅰ3）を挙げている。権限および職責の分担や職務分掌を明確に定めることは，内部統制を可視化させ，不正または誤謬等の発生をより困難にさせるものと考えられる（実施基準Ⅰ2（3）参照）。職務分掌の確保に関しては，全社的に対応が必要でありその範囲は広く，かつ状況に合わせた適切な対応が必要であり，不適切な職務分掌は内部牽制が期待できないばかりか，業務の効率性を阻害し，不正や誤謬のきっかけとなる可能性もある。

　組織において同じ部門または担当者がその機能を担当するなど，不十分な権限および職責の分担および職務分掌により，内部牽制が効かず，不正または誤謬の発生の可能性が高まると考えられる機能を，下記の表により把握し対応を検討することを提案する。リスクトークで事業拠点における全社的なリスクの内部要因を検討するにあたっては，下記をチェックリストとして用いることが考えられる。企業や事業拠点の規模によっては，ここまでの組織区分を設ける

第Ⅱ章　全社的なリスクの評価，構築および運用　　**75**

ことができないこともあると考えられるが，実態を明らかにして，内部牽制の弱さを確認することが重要である。その上で，組織区分を設けるのか，代替的な内部統制を構築するのか，検討していく。

| 図表Ⅱ－2－8 | 不十分な権限，職責の分担および職務分掌の把握 | |

権限，職責の分担および職務分掌	事業拠点での対応
資金出納部門，経理（記帳）部門	
会計仕訳入力者，仕訳承認者	
取引の実行者，取引の承認者	
営業部門，契約管理部門	
購買部門，販売部門，資産管理（倉庫・管財）部門，仕入先・外注先管理部門，得意先管理部門	
金融商品等運用部門，運用監視・リスク管理部門，資金決済部門，経理（記帳）および有高管理部門	
ITユーザー部門，情報処理部門	
ユーザー，アクセス権限付与者	
情報システム部門のプログラミング担当者，オペレーター，データ保管（ライブラリ）担当者	

　事業規模が小規模で比較的簡素な組織構造を有している組織等の場合に，職務分掌に代わる代替的な統制や企業外部の専門家の利用等の可能性も含め，その特性等に応じた工夫が行われるべき（意見書前文）とされており，代替的な内部統制としては，経営者や他部署の者による適切なモニタリングや社外の専門家の活用が例示されている（内部統制報告制度に関するQ＆A　問20）。

　職務分掌とともに，重視しなければならないのが，ジョブ・ローテーションである。当該組織の同一職務の経歴が長いほど，経験を生かした効率的な業務が期待できるものの，取引先との癒着や不正や誤謬の隠蔽リスク，他の構成員が気付かない誤りや不効率が解消されないリスクが高まる。ジョブ・ローテーションを適切に適用しないと，他の構成員が業務の内容を経験することができないので，業務がますますブラックボックス化する可能性がある。ブラック

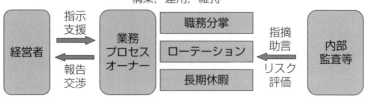

図表Ⅱ－2－9　職務分掌等に対するガバナンス

　ボックス化させないためには，長期休暇制度と組み合わせて実施し，主担当者の休暇中に他の役職者を含む構成員が業務を担当し，異常なく業務を遂行できるかを確かめることも重要である。

　現地採用者の転勤が難しい遠隔事業拠点や，専門性・熟練が必要な経理業務，金融商品運用業務，IT業務は担当者が固定化しやすく，ジョブ・ローテーションや長期休暇制度の実施に課題があるため，要員の確保が難しい場合には，モニタリングを強化するなど代替的な内部統制の適用の必要性を検討する。

　経営者は，職務分掌，ジョブ・ローテーション，長期休暇制度も実施するようにと，各部門に指示を出すだけでは不十分な対応になる可能性がある。職務分掌は組織のありようを定義するものであり，経営者は業務プロセスオーナーと協力して主体的にデザインする。ジョブ・ローテーションは人事部門と各部門が協力して運営し，長期休暇制度も実施が可能なだけの余裕（人員数やスキル）が必要となる。

　職務分掌の構築において，ITにより実装されるほうが，目視による監視や紙の伝票や稟議書よりも実効的であり，人数が少ない場合でも効果的な手段となりうる。ITの利用により業務は標準化されるので，ジョブ・ローテーションや長期休暇の実施にとってもメリットがある。最近のアプリケーション等には多くの場合，必要な権限設定やユーザーID・パスワードの機能が具備されているが，事務効率性を優先し機能を本来の姿で利用していないケースも見られるので，アプリケーションの機能が適切に利用できているかを確認することが考えられる。

　内部監査部門は，この３つの制度の組み合わせが，内部牽制として十分なも

第Ⅱ章　全社的なリスクの評価，構築および運用　77

のであり，かつ実効性があり現状の要員の状況を勘案しながら，実現可能なものであるか，リスク評価と対応の観点から検討し，事業拠点の全社的なリスクや全社的な内部統制の評価を見直す。

　もし，要員不足があれば採用をかける，あるいはよりハイレベルな判断として業務運営そのものを見直す必要性についても考慮する場合がある。

（4）　ガバナンスと全組織的なリスク管理との一体的整備・運用

①　実施基準におけるガバナンスと全組織的なリスク管理

　第Ⅰ章1（6）で説明したとおり，改訂J-SOXでは，ガバナンスおよび全組織的なリスク管理の重要性が強調されている。ここでのガバナンスは，「組織が，顧客・従業員・地域社会等の立場を踏まえた上で，透明・公正かつ迅速・果断な意思決定を行うための仕組み」（基準Ⅰ5）と定義されており，コーポレートガバナンス・コードにおけるコーポレート・ガバナンスの定義とほぼ同一であり，日本再興戦略改訂2014における「攻めのガバナンス」を志向しているものと考えられる。また，全組織的なリスク管理は，「適切なリスクとリターンのバランスの下，全組織のリスクを経営戦略と一体で統合的に管理すること」（基準Ⅰ5）と定義されている。内部統制は，組織の持続的な成長のために必要不可欠なものであり，ガバナンスと全組織的なリスク管理と一体的に整備運用することの重要性を強調している。両者は，組織および組織を取り巻く環境に対応して運用されていく中で，常に見直されるものとしている。また，例示としてリスク選好や3線モデルの考え方が提示されている。そこで，ガバナンスと全組織的なリスク管理の具体的内容，および一体的として整備運用すべき内部統制の在り方と，実践に向けた取組方法を説明する。

②　COSO 全社的リスクマネジメントの活用と実施基準との対比

　内部統制とガバナンスおよび全組織的なリスク管理の体系は，「COSO 全社的リスクマネジメント」（以下「COSO-ERM」という）の中で示されており，そのフレームワークの説明（5つの構成要素と20の原則）は**図表Ⅱ-2-11**のとおりである。5つの構成要素はITへの対応を除く実施基準の基本的要素と

類似していることがわかる。

| 図表Ⅱ－2－10 | 実施基準の基本的要素（ITへの対応を除く） |

統制環境	リスクの評価と対応	統制活動	モニタリング	情報と伝達

（出所）実施基準Ⅰ2

| 図表Ⅱ－2－11 | COSO-ERMの5つの構成要素と20の原則 |

ガバナンスとカルチャー	戦略と目標設定	パフォーマンス	レビューと修正	情報，伝達および報告
取締役会によるリスク監視	事業環境の分類	リスクの識別	重大な変化の識別	情報とテクノロジーの有効活用
業務構造の確立	リスク選好の定義	リスクの重大度の評価	リスクとパフォーマンスのレビュー	リスク情報の伝達
望ましいカルチャーの定義づけ	代替戦略の評価	リスクの優先順位づけ	全社的なリスクマネジメントの改善の追求	リスク，カルチャーおよびパフォーマンスの報告
コアバリューに対するコミットメントの表明	事業目標の組立	リスク対応の実施		
有能な人材を惹きつけ，育成，保持する		ポートフォリオの視点の策定		

（出所）COSO, 'Enterprise Risk Management: Integrating with Strategy and Performance'

　COSO-ERMを参考に内部統制をガバナンスと全組織的なリスク管理と一体的に整備・運用するということに関し，実施基準の全社的な内部統制との相違点について下表で示している。COSO-ERMを本格的に導入し運用するには，相応の理解と体制が必要であるが，たとえ内部統制の対応が実施基準の範囲内

第Ⅱ章　全社的なリスクの評価，構築および運用　　79

にとどまるとしても，以下の違いを把握した上で，攻めのガバナンス・リスク管理を意識して，内部統制を構築・運用する意義はあると考えられる。

図表Ⅱ－2－12　COSO-ERMの特徴と実施基準との比較

COSO-ERM	実施基準
内部統制以外に，戦略策定，ガバナンス，ステークホルダーとのコミュニケーション，パフォーマンス測定など他の事項も対象とする。	内部統制報告制度は，財務報告の信頼性に係る内部統制を対象とする。
組織の全リスクの一覧化にとどまらず，戦略やリスク選好を踏まえ，より先見的にリスクに取り組み，幅広く積極的にリスクを管理するために実施する経営者の行動を含む。また，事業のすべての分野と統合される。	全社的な内部統制を評価し，財務報告に対する金額的および質的影響の重要性を考慮し，<u>期末に存在する</u>事業拠点や業務プロセス等を対象（期末に存在しない事業拠点等は評価対象外）とする。
リスクは目的の達成に影響を及ぼす潜在的事象であり，リスクを識別することは，機会を識別することが組み込まれている。	リスクとは，組織目標の達成を阻害する要因をいう。ここでのリスクは，組織に負の影響，すなわち損失を与えるリスクのみを指し，組織に正の影響，すなわち利益をもたらす可能性は，ここにいうリスクには含まない。

（出所）COSO, 'Enterprise Risk Management: Integrating with Strategy and Performance' および実施基準

　COSO-ERMにおいては，パフォーマンス（目標への達成度）とリスクが一定の相関がある場合に，様々な側面から，リスク選好による許容度の設定が経営者の判断により行われる。リスク選好は，後述の3線モデルと同様に，実施基準において全組織的なリスク管理における手法の例示とされている。目標とリスク選好を柔軟に合理的判断により決定できる対象に適したフレームワークであり，迅速かつ果断な意思決定を行う仕組みとしてのガバナンスの機能として重要となる。また，事業活動では自然災害，気候変動，雇用人口減少，相場変動など発生自体を抑えることができないリスクが多く，リスク選好ではその

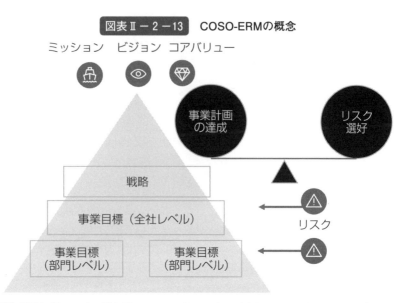

(出所) COSO, 'Enterprise Risk Management: Integrating with Strategy and Performance'

ようなリスクに対して,経営者がどのように被害を抑えるなどの対処を実施するのか対応内容が求められていることが多い。

一方,財務報告の信頼性に係る内部統制においては,顕在化した不正や誤りが比較的小額であっても,潜在的影響額は多額になる場合もあり,質的重要性も考慮するため許容度が比較的狭く,法定開示であり最終の開示責任は企業にある性質上,リスクの他者への移転や回避は難しい。また,自然災害等があったとしても,その影響を踏まえて財務報告を適正に行うことはほとんどの場合可能であり,主に人が起こす不備(不正の意図,知識不足,不注意等)により虚偽記載が発生するリスクを取り扱っている。このため,リスクへの対応としては主に低減により対応され,受容は不正または誤謬リスクが低いと合理的に判断される場合において適用される。財務報告には重要性の原則が適用されるが,リスク選好をどのように財務報告の信頼性に対して適用するかについては慎重な検討が必要になる。

第Ⅱ章　全社的なリスクの評価，構築および運用　81

図表Ⅱ－2－14　リスクへの対応

COSO-ERM	実施基準	対応内容
回避	回避	リスクの原因となる活動を行わない。
低減	低減	リスクの重大度を引き下げるための対策（内部統制等）を講じる。
共有	移転	リスクの一部を他者に移転または共有してリスクの重大度を引き下げる。
受容	受容	追加の対策を行わない（リスクがリスク選好・許容度の範囲内，対策費用が便益を上回る等）。
活用	－	さらに高いパフォーマンスを達成するために，リスクを受け入れるための対策を講じる。

　COSO-ERMを参考にして，財務報告の信頼性に関する事業目標について，部門レベルに細分化した場合に，部門レベルのリスク，目標値と許容範囲，リスク重大度，レビューと修正を文書化する場合の様式と記載例は以下のようになると考えられる。すでに事業拠点におけるリスクトークを実施しているのであれば，その検討内容を活かすことができる。

図表Ⅱ－2－15　事業拠点における拠点財務報告，連結パッケージ作成に関するCOSO-ERMの考え方を用いた目標設定，リスクの重大度の見積りとレビューと修正の例

事業目標	重要な虚偽記載がなく，企業の財政状態等の理解に資する拠点財務報告，連結パッケージを作成する（部門であれば部門決算報告）。
識別されたリスク	売上プロセスおよび決算・財務報告プロセスにおける連結パッケージ（部門決算報告）の誤りによる会計処理・開示の正確性のリスク
目標値と許容範囲	目標値：ミスゼロ 許容範囲：本社経理部等からの指摘：3件以内，ミスの事後発覚ゼロ（内部監査・監査人等からの指摘を含む）

リスクの重大度の見積り	リスクの影響度	中～高：誤った処理により金額的重要性を超える財務諸表の誤りが想定される。
	発生可能性	中～高：能力のある人員や日本人担当者が不足する中での複雑な処理が含まれている。
目標値と許容範囲のレビューと修正	結果	ミスは2件で，これまで事後発覚はない。
	対策（目標値等の設定，リスクへの対応等）	能力・人員不足の懸念のため親会社経理部とコンタクトを密にし，改正点や集計手順等の確認や事前レビューの打ち合わせを複数回実施した。今後も同様の対応を実施する。

③ 3線モデルと日常的モニタリングにおける適用

実施基準で全社的なリスク管理の例としてもう1つ挙げられている「3線モデル」については，意見書における金融庁のパブリックコメントの回答において，「3線モデル等は，例示として参考にしつつ，企業等を取り巻く環境や事業の特性，規模等に応じて，内部統制を整備し，運用していただきたい」「財

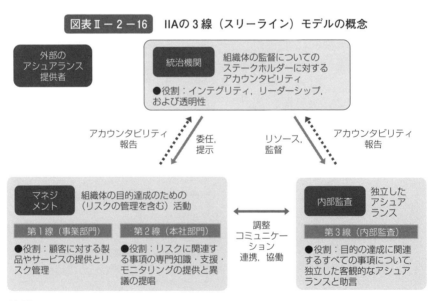

図表Ⅱ-2-16 IIAの3線（スリーライン）モデルの概念

（出所）THE IIA'S THREE LINES MODEL

第Ⅱ章　全社的なリスクの評価，構築および運用　　83

務報告に係る内部統制に関する部分であれば，金融商品取引法上の内部統制報
告制度の対象になる」とされている。このため，例えば，貸倒引当金の算定や
注記開示の妥当性を確保するために3線モデル等が有用と判断し，財務報告に
係る内部統制として利用しているのであれば，J-SOXの評価および監査が必要
になるものと考えられる。

　3線モデルは，内部監査人協会（以下「IIA」という）が，2020年に組織の
リスク管理・統制活動のモデルである3つのディフェンスラインについての
アップデートを行い，'THE IIA'S THREE LINES MODEL'として公表した
ものである。この翻訳が一般社団法人日本内部監査協会のホームページより入
手可能である。第1線を事業部門，第2線を本社部門，第3線を内部監査部門
として，その上に統治機関が監督をすることにより，組織体の監督についてス
テークホルダーへのアカウンタビリティを確保する構図となる。このモデルに
は6つの原則と主な役割等の解説がある。

　すでに上場会社であれば本社財務部門と内部監査部門は存在しているであろ
うが，6つの原則等に従って機能していなければ，3線モデルを導入している
ということにはならないと考えられる。

図表Ⅱ－2－17　**3線モデルにおける6つの原則の要約**

原則1：ガバナンス	組織体のガバナンスには，以下を可能にする適切な構造とプロセスが必要である。 ✓ ステークホルダーに対するアカウンタビリティ ✓ 経営管理者によるリスクの管理を含む活動 ✓ 独立した内部監査機能によるアシュアランスと助言
原則2：統治機関の役割	✓ 有効なガバナンスのための，適切な構造とプロセスの整備 ✓ ステークホルダーが優先する利益と，組織体の目標と活動との整合 ✓ 統治機関の組織目標の達成に向けての役割（責任の委譲，資源の提供，法規制や倫理的期待の遵守，内部監査機能の確立と監督等）

原則3：経営管理者と第1・第2ラインの役割	第1ライン： ✓ 組織体の顧客への製品やサービスの提供と最も直接的につながっており，これには支援機能（人事，総務，設備等）も含まれる。 ✓ リスクを管理する責任も役割の一部である。 第2ライン： ✓ リスクの管理を支援する。 ✓ 第1ラインの担当者に対して，補完的な専門知識，支援，モニタリングを提供し，また，異議を唱える。
原則4：第3ラインの役割	✓ ガバナンスとリスク・マネジメントの妥当性と有効性に関する独立にして客観的なアシュアランスと助言を提供する。 ✓ 発見事項を経営管理者と統治機関に報告して，継続的な改善を奨励し促進する。
原則5：第3ラインの独立性	独立性は以下によって確立される。 ✓ 統治機関に対するアカウンタビリティ ✓ 内部監査業務の遂行上必要な人員 ✓ 資源およびデータへの自由なアクセス ✓ 内部監査を計画し実施する上で偏見や干渉がない。
原則6：価値の創造と保全	価値の創造と保全は以下により達成される。 ✓ ステークホルダーが優先する利益との整合 ✓ すべての役割が全体としてともに働くこと ✓ コミュニケーション，協力，および協働

(出所) THE IIA'S THREE LINES MODEL

　3線モデルを本格的に構築するには，COSO-ERMやリスク選好と同様に深い趣旨の理解と相当の資源が必要になる。3線モデルを今後段階的に導入する，あるいは形式的には，営業，管理，内部監査というような体制は整えているが，内部牽制の実効性の面で不安がある場合には，まずは日常的モニタリングのあり方を検討し，3線それぞれが必要とする情報について協議・合意し，当該情報を使用して日常的モニタリングを実施していくことが有用と考えられる。

　日常的モニタリングの重要性と構築方法については前述（2）でも触れており，3線モデルの中で運用することを述べている。3線モデルの中で情報を使用して日常的モニタリングを運用することは，以下のメリットがある。

第Ⅱ章　全社的なリスクの評価，構築および運用　85

図表Ⅱ－2－18 日常的モニタリングの運用のメリット

- ✓ 実施基準Ⅰ5においても3線管理と日常的モニタリングを組み合わせて実施することを例示しており，実施基準に沿った対応である。
- ✓ 情報は目標（KPI，KGI）と関連付けることにより，COSO-ERMの全組織的なリスク管理の方向性に合致する。
- ✓ 情報の種類や時期にあらかじめ合意することにより，第1線による情報の準備や第2，3線による情報の取得が容易になり，各ラインの活動が円滑に進むことが期待できる。
- ✓ ITを活用することにより，情報の精度，作成の効率化，分析の頻度や高度化（自動照合，図表化，アラート等）が期待できる。
- ✓ 客観性の高い数値または指標を情報としてモニタリング対象とすることにより，関係者間の理解が得やすくなる。

　一方，留意すべき点としては以下のとおりであり，右列に対応策を記載している。

図表Ⅱ－2－19 日常的モニタリングの運用の留意点と対応策

留意点	対応策
✓ 必ずしもモニタリングしたい内容に即した情報が見つかるとは限らない。 ✓ 取得する情報の種類を増やしすぎてしまい，情報の作成管理の負担が多くなる。 ✓ 許容範囲を超えた数値や指標についての検証が，第1線の回答を確認するだけにとどまっている。	✓ モニタリングは情報分析に，実地調査やヒアリングを適切に組み合わせて実施する。 ✓ リスクシナリオ構築などで日常的モニタリングにおける有効性を確かめた情報を優先する。 ✓ 第2線，第3線で何を異常とすべきかの目線構築，第1線の回答が合理的で追加の証拠が必要かの判断について，能力および経験も踏まえた真摯な検討が必要となる。

　特に，第2線，第3線で何を異常とすべきかの目線構築，第1線の回答が合理的で追加の証拠が必要かの判断について，経験も踏まえた真摯な検討は，日常的モニタリングを有効なものとするための要である。また，モニタリング実

施者は，能力および経験があり，第1線に対して臆することなく疑問を提示し，合理的な説明・証拠であるかを判断できる人材・立場であることが求められる。経営者はそのような人材を第2線，第3線に配し，第1線と第2，3線は対等ではあるが，第1線が第2，3線の検討に協力することを保証することが期待される。

前掲の**図表Ⅱ－2－7**【有効と考えられる日常的モニタリングを検討した事例】における日常的モニタリングの対象の例を左側に，対応上の留意点を右側に記載している。

図表Ⅱ－2－20 日常的モニタリングの対象の例と対応上の留意点

日常的モニタリングの対象（一部）	頻度	留意点		当社での対応
期末前の異常な売上の増加	週次～月次	✓	会計システムまたは業務システムから出力されたデータを利用する。過去同期間，予算との比較，得意先別等の分析により，異常となる状況や内容の目線構築と批判的な分析・検討が重要。	
期末後の返品，値引，貸倒れ				
長期決済サイト等の異例取引				
経費予算と使用状況				
資金予算と資金繰り	月次	✓	資金予算は表計算ソフト等で作成されていることが多く作成も分析も熟練を要する。過去同期間や予算との比較や，突発的な収支の内容の把握により，批判的に異常を検討する。	
連結パッケージとシステム等のデータ間の整合性	四半期	✓	親会社経理部門は事業拠点・親会社各部署の経理を管理する第2線機能と，親会社での決算・開示処理を行う第1線機能を有している。親会社での決算・開示処理の誤りも多い傾向にあり，第1線機能を管理する第2線機能の構築が重要であ	
決算数値の増減分析				

開示に関するチェックリストの適用	四半期	る（親会社の別部門が第2線の役割を果たすことが考えられる）。 ✓ どのような箇所に不整合が発生し，それがミスの原因となるかを事前に検討しておくことが重要である。 ✓ 増減分析は桁違いの入力ミス，重複や漏れなどの発見に役立つ。 ✓ JICPAが公表する有価証券報告書や計算書類の表示のチェックリストや，監査法人が作成するIFRS会計基準等のチェックリスト，証券印刷会社等の記載例等を利用することが考えられる。 ✓ 企業独自の間違えやすいポイントをリスト化してチェックリストにすることが重要である。 ✓ チェックリストのチェックの形骸化は発生しやすいので，テーマを設定し，現実の開示や集計・処理との齟齬を追及することが重要である。	
セキュリティ設定に関するチェックリストによる指針，指示事項の定期点検項目の追加，明確化	月次	✓ ITに関する指針，指示事項が，事業拠点において適切に適用されているかを確認するため，第2線がチェックする。 ✓ 項目によって適切なチェック頻度を決定する。 ✓ 単にチェックするだけでなく，データや現物を確認し，未達や懸念事項を継続的に第2線がフォローアップし，第3線がその実施状況をレビューする。	
システム稼働状況の監視の自動化等の高度化	常時	✓ 情報システム部門はシステム面のサポートや監視を行っており，ユーザー部門も情報システム部門の監視に依拠していることが多く，実質的に第1線であるといえる。 ✓ システムの支援を受けた手動もしくは自動の監視を行い，異常が発生した際に必要な対応を行っているが，必要な状況分	

			析と対応が迅速に行われているかの検証が必要である。	
IT全般統制支援ツールの適用範囲の拡大	日次	✓ ✓	システムの変更管理やアクセス権限の付与・削除・監視などを支援するIT全般統制支援ツールを，事業拠点にも展開する。 当該ツールの適用範囲や使用方法が適切かどうかの検証が必要であり，情報システム部門内に検証機能を置くか，第3線が定期的に監視することが考えられる。	

第Ⅲ章

情報の信頼性に着目した
業務プロセス等のリスク評価と
信頼性の確保

1 ｜ 情報の信頼性の確保の重要性

（1） 信頼性のない情報がもたらすリスク

　本書第Ⅰ章1（4）に記載したように，J-SOX基準の改訂点において，情報の信頼性が重要というメッセージ自体は理解可能であるが，この問題の所在や対処方法がイメージしづらい内容である。本書では，昨今の内部統制の不備事例の多くは情報の信頼性の確保に問題があったものと分析し，リスクトークによる対応を意図している。

図表Ⅲ－1－1　情報と伝達

「情報と伝達」の重要性	✓ 大量の情報を扱い，業務が高度に自動化されたシステムに依存している状況においては，情報の信頼性が重要 ✓ 信頼性のない情報は経営者の誤った判断につながる可能性がある。 ✓ 情報の処理プロセスにおいてシステムが有効に機能していることが求められる。

（出所）意見書二，実施基準Ⅰ2をもとに作成

　近年のIT化の進展や会計基準の複雑化により，多くの資料，システム帳票やスプレッドシートに記載された情報に基づいて事務処理が行われ，内部統制として実施する照合，再計算，承認の手続にもそれらの情報が使用されている。また，信頼性が確かめられていない重要な情報が増加している可能性がある。特にシステムからアウトプットされ別の目的に使用されるデータや，会計処理や内部統制のインプットとして必要となる別の情報源やシステムに由来するデータについて，情報の信頼性の評価が漏れがちとなっている。

第Ⅲ章 情報の信頼性に着目した業務プロセス等のリスク評価と信頼性の確保　91

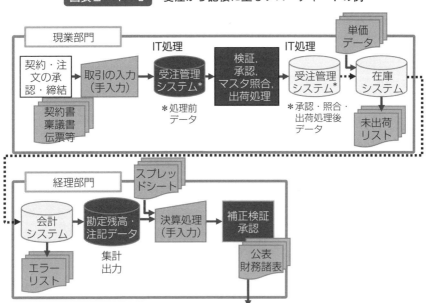

図表Ⅲ－1－2　受注から記帳に至るフローチャートの例

上図において，未出荷リストは売上計上の補正や出荷管理に利用され，エラーリストはインターフェースの処理異常の把握と是正に使用され，単価データは販売・振替処理や在庫評価に使用され，スプレッドシートは決算処理に使用される。いずれも情報の信頼性が確保されなかった場合には，会計処理を誤る可能性があるので，情報の信頼性を確保するための内部統制を整備・運用し，評価対象とすることを検討する。

信頼性を評価すべき情報は，業務プロセスや決算・財務報告プロセスだけではなく，ITに係る全般統制にも存在する（アクセスログやIDリストなど）。

（2） 信頼性を確保すべき情報の識別方法

　情報は無数にあり，情報の種類を挙げるだけでも相当の労力となり，内部統制に関連するすべての情報について信頼性が確保されているかを確かめ，対応方法を検討することは困難なため，対象とする情報の選択が重要となる。

　これまでも，情報の信頼性を確保するために構築・運用された内部統制が存在し，評価が行われてきたことは確かであるが，企業の利用する情報の量および処理手続はITの支援により各段に増大している。監査人による財務諸表監査の過程でも，信頼性が確かめられていない情報について，信頼性を確認するための対応が必要となる状況が増加しており，信頼性の確認の不足により監査の不備を指摘されている事例もある。

　COSOフレームワークでは，情報の信頼性の評価に関し下記のような対応が示されており，システム処理が高度化する中で，ブラックボックスになるリスクを低減することの重要性が高まっている。

図表Ⅲ－1－3　　ブラックボックス化のリスクの低減
✓　原則13では「内部統制が機能することを支援する，関連性のある質の高い情報を入手又は作成して利用する。」とされている。 ✓　外部財務報告篇の適用事例として，データ品質の改善とプロセスの見える化の促進のために導入したERPについて，自動化された作業のリスクと統制の有効性を把握するために，ERPモジュールの性能のレビューの例を掲載している。

　実施基準の文言を見ると，内部のITによる情報処理の信頼性を評価することが重要とされているようにも読めるが，財務報告その他に利用するIT以外により作成された情報や，外部からの情報が信頼できるものかどうか判断するまたは確かめるプロセスも，内部統制としては重要と考えられる。

　例えば，下図のように店舗資産の減損判定検証が統制上の要点である場合に，統制上の要点に係る内部統制の運用に用いる情報／帳票は主に2つあったとする。これらが何らかの手段で信頼性が確かめられていればよいのだか，そうでない場合には追加手続が必要となる可能性がある。店舗別損益計算書（実績）

について配賦計算が不適切な場合や決算締め前のものをダウンロードしてしまい妥当でない可能性や，設備投資・退店計画はキャッシュ・フローに見込む必要があるが，店舗別事業計画書に適切に反映されていないため，事業計画書自体は適切であったとしても，店舗資産の減損判定にはそのままでは使えないなどの問題がある可能性がある。

図表Ⅲ－1－4　店舗資産の減損判定の統制上の要点に必要な情報／帳票

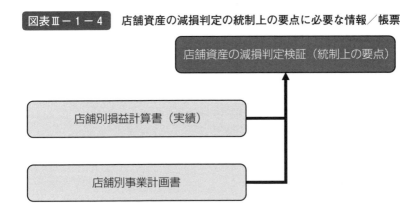

このように，情報の信頼性を確保する対象としてリストアップすべきものは，「統制上の要点に係る内部統制の運用に用いる情報／帳票」のうち，情報の信頼性が確かめられていない重要なものを探すことが中心となる。

このため，信頼性確保の対象となる情報のリストアップ作業が重要であるが，膨大な情報から抽出するのは容易ではない。そこで，どの情報／帳票をリストアップするかの検討手続の例を紹介する。

図表Ⅲ－1－5　情報や帳票のリストアップ手続の例

情報や帳票のリストアップ手続	リストアップ候補
リスクトークやリスクシナリオの検討内容において，情報の改ざん，不正確な情報の入手，情報処理の誤りに係るリスクを識別した場合は，信頼性に懸念が生じる情報／帳票をリストアップする。	

リスクトークを実施した話し相手（コンサルタント等）に対し，信頼性について懸念がある，または信頼性の評価の必要性が高いと考えられる情報／帳票をヒアリングする。	
会計監査人は「情報の信頼性」に留意して監査手続を実施しており，会計監査人（ITの専門家を含む）に対し，信頼性について懸念がある，または信頼性の評価の必要性が高いと考えられる情報／帳票をヒアリングする。	
３点セットの再確認やウォーク・スルー（※）の実施において，「統制上の要点に係る内部統制の運用に用いる情報／帳票」のうち，情報の信頼性が確かめられていないものをリストアップする。	

※ウォーク・スルーは取引の開始から取引記録が財務諸表に計上されるまでの流れを内部統制の記録等により追跡する手続のことであり，前項（1）の図表Ⅲ－1－2のようなフローチャートを用意して，システムや処理から出力される帳票やデータ，そのインプットデータを記録として追跡し，想定どおりの流れとなっているかを確認する検証方法である。

　図表Ⅲ－1－5の【情報や帳票のリストアップ手続の例】などを経てリストアップされた情報につき，情報の信頼性の確保のための対応を具体的かつ効率的・効果的に検討するための方法として，以下の表を使用することが考えられる。なお，横長ワークシートを紙面の都合上，左・中・右に3分割して説明している。

図表Ⅲ－1－6　信頼性を確保すべき情報一覧表①：左側

拠点名	プロセス	信頼性の確保・評価が不十分と思われる情報／帳票名称	情報の用途（その情報は何に使われるのか）	情報の作成方法の整備状況	
				作成マニュアル名	使用するアプリケーション／スプレッドシート
A拠点	決算・財務報告プロセス	店舗別損益計算書（固定資産減損会計用）	固定資産の減損判定	固定資産減損会計要領	財務会計システム／スプレッドシート
B拠点	販売プロセス	延滞債権リスト	滞留債権の把握と貸倒引当金の計上	決算処理事務要領	販売管理システム

国内拠点共通	ITプロセス（アクセス管理）	アクセスログモニタリングシート	OS/DBに係る特権IDの利用状況をモニタリング	セキュリティ管理要領	アクセスログ収集システム

　リストアップされた情報／帳票について，「情報の用途」（その情報は何に使われるのか），作成マニュアル名，使用するアプリケーション／スプレッドシート名を記載する。これは，情報作成に関するマニュアル等がないまたは不十分という状況の把握に役立つとともに，情報処理を行う対象物を明確にし，ITであればITに係る全般統制および業務処理統制との紐付けを行うために実施する。

　なお，企業は情報セキュリティマネジメントシステムの観点から，情報資産管理台帳の整備を推進している。これは情報資産をリストアップし，情報セキュリティの3大要素の機密性・完全性・可用性の観点から，リスク特定，リスク分析，リスク評価を行い，適切な対策を講じるものである。J-SOXの情報に関する改訂も，情報セキュリティマネジメントの重要性が増していることを受けてのものと推察される。内部統制として機密性・完全性・可用性はそれぞれ重要であるが，特に財務報告の観点では完全性（インテグリティ）が重要であり，一般的に網羅性，正確性，正当性から構成される。情報資産管理台帳を活用して情報の信頼性が確保されているかを確かめることは有用と考えられるが，財務報告を中心とした内部統制に適用するにあたっては，完全性に着目するため，情報資産管理台帳を整備しただけでは，情報の信頼性確保としては不十分となる可能性がある。一方で，情報システムの完全性が確かめられている場合には，企業の作成する情報の信頼性が高まるとともに，手作業の内部統制を縮小することも見込まれる。

　続いては，情報の作成方法の整備状況を評価する部分を説明する。リストアップした情報について，作成するマニュアル等の具備状況を把握し，元データ，ロジック，パラメータの観点から情報の信頼性を評価することとしている。この方法は，JICPAの監査基準報告書315実務ガイダンス第1号「ITの利用の理解並びにITの利用から生じるリスクの識別及び対応に関する監査人の手続

に係るQ&A（実務ガイダンス）」（以下「JICPA315 ITガイダンス」という）において「企業が作成した情報は，元データ・ロジック・パラメータによって生成されており，利用目的の如何を問わず，情報のインテグリティの担保が重要となります。」（JICPA315 ITガイダンスQ20）とされていることを踏まえ，参考になるものとして検討項目に追加している。財務諸表監査の実務でも，情報の信頼性を評価するための要素として把握し評価することが近年特に求められている。

図表Ⅲ－1－7 信頼性を確保すべき情報一覧表②：中央

情報／帳票名称	情報の用途	情報の作成方法の整備状況			
		元データ	ロジック	パラメータ	識別した要改善事項
店舗別損益計算書（固定資産減損会計用）	固定資産の減損判定	決算締め後の財務会計データ，業務システム内部計算，人員数等の本社費配賦指標	業務システムの内部振替計算ロジック，人員数等による本社費配賦	期間指定，科目指定	業務システムの内部計算に関する内部統制および本社費の配賦計算のチェックの内部統制が未整備
延滞債権リスト	滞留債権の把握と貸倒引当金の計上	売上データ，請求データ，回収データ，残高データ等をデータベース保存	回収期日からの経過期間を算定し記録，所定順序による消込に基づく債権残高を集計	期間指定，フラグ（クレーム等）	クレーム等のフラグがあった場合の特殊な延滞期間の計算に関する信頼性を確保する内部統制が未整備
アクセスログモニタリングシート	OS/DBに係る特権IDの利用状況をモニタリング	特権IDの使用ログを日次バッチ収集し，アクセスログ収集システムに蓄積	特権IDの使用ログの形式を統一するように加工	期間指定，IDの種類	左記の作成方法に関する内部統制は整備されており，特に問題点は識別されなかった。

第Ⅲ章　情報の信頼性に着目した業務プロセス等のリスク評価と信頼性の確保　　**97**

　右側の領域は，情報の信頼性の確保を確かめる手段を記載する欄である。
（1）情報の信頼性を確かめる内部統制を整備・運用する方法と，（2）直接的
に情報の信頼性を検証する手続があり，（1）は所管部署の統制活動（ITに係
る業務処理統制を含む）または日常的モニタリングで実施されることが多く，
（2）は独立的評価として内部監査により実施されることが多いものと考えら
れる。情報の信頼性を確保する手段という観点では（1）と（2）は通常どち
らかを構築すればよいと考えられるが，（1）の情報の信頼性を確かめる内部
統制を整備・運用する方法を適用し，それに対してJ-SOXにおける評価として
の独立的評価を実施することにより強固な体制となるため，望ましい対応であ
るといえる。なお，情報量が多いまたは計算・集計が複雑な場合には，（2）
のように情報を再計算により確かめるような内部統制は，負担が増すもしくは
実施が困難になる可能性があることに留意する。

図表Ⅲ－1－8　　信頼性を確保すべき情報一覧表③：右側

情報／帳票名称	情報の用途	情報の信頼性の確保を確かめる手段		アプリケーションが運用されるIT環境のITに係る全般統制の状況
		3点セットに記載する対応も可		
		（1）情報の信頼性を確かめる内部統制	（2）直接的に情報の信頼性を検証する手続を実施	
店舗別損益計算書（固定資産減損会計用）	固定資産の減損判定	業務システムの内部計算に関するITに係る業務処理，本社費の配賦計算におけるデータおよび計算式の妥当性チェック手続	期末の店舗別損益計算書のデータの信頼性に関する，再計算を含むウォーク・スルー検証	財務会計システムおよび業務システムはいずれもITに係る全般統制の評価対象となっており，不備は発生していない。
延滞債権リスト	滞留債権の把握と貸倒引当金の計上	データに関して売上データ，回収データ，債権管理データとの	ロジックに関して，パターンを考えての複数のウォーク・ス	関連するIT環境のITに係る全般統制は評価対象となっており，不備は発生して

		連携状況，クレーム等フラグについて，日常的モニタリングを設定	ルール検証	いない。
アクセスログモニタリングシート	OS/DB に係る特権IDの利用状況をモニタリング	アクセスログ収集システムの設定確認等について所管部の日常的モニタリングを設定	アクセスログ収集システムの設定確認等についてサンプルベースで独立的評価を実施	ITに係る全般統制は評価対象となっており不備は発生していない。

　上記の「情報の信頼性の確保を確かめる手段」を実施の結果，識別された懸念事項については，適切に文書化し対策を検討する。その際に，元データ・ロジック・パラメータの別をしっかり把握しておくことにより，どの側面で対策を講じればよいのかが明確になる。

図表Ⅲ－1－9 情報の信頼性の確認手続により識別した課題と対策の例

情報	信頼性の確認手続により識別した課題と対策
店舗別損益計算書（固定資産減損会計用）	整備状況で識別した課題を踏まえ，信頼性確保の確認手続の結果，業務システムの内部計算が締め前の数値データで計算・出力されている事例があり，データ入力に関し，ジョブスケジュールの組み方に問題があることが判明した。このためジョブスケジュールを見直すとともに，締め後の最終数値による計算であるかどうかの確認手続を内部統制として追加した。
延滞債権リスト	整備状況で識別した課題を踏まえ，信頼性確保の確認手続の結果，クレームが入り延滞月数が修正された場合に，延滞が継続しても延滞月数が加算されない場合があることが判明し，ロジックに問題があることが判明した。ロジックの不備を修正した。
アクセスログモニタリングシート	信頼性確保の確認手続の結果，特に問題点は識別されなかった。

　情報の信頼性の確認の範囲や信頼性確保の確認方法の決定についても，リスクトークの手順で検討していくことが望ましい。

第Ⅲ章　情報の信頼性に着目した業務プロセス等のリスク評価と信頼性の確保　　99

図表Ⅲ－1－10	情報の信頼性の確認の範囲・確認方法に関するリスクトークの例

話し相手（コンサルタント等）との協議に基づき，【情報や帳票のリストアップ手続】の表を使用し，「店舗別損益計算書（固定資産減損会計用）」「延滞債権リスト」「アクセスログモニタリングシート」……についてリストアップした。話し相手（コンサルタント等）からは，他社事例では……についても情報の信頼性を評価しているが，貴社では重要性が高くないとのことであるので，その根拠が明確であれば問題ないとのことであった。
＜対応方針，情報の信頼性評価表，3点セットへの反映＞
図表Ⅲ－1－8【信頼性を確保すべき情報一覧表の右側】の（1）（2）について確実に整備・運用状況の評価手続を実施するために，3点セットへの記載を実施した。なおいずれの関連するアプリケーションもITに係る全般統制の評価対象であり，不備は発生していない。

　第2節以降では，各プロセス・領域における情報の信頼性に着目した内部統制の構築・運用を見ていくことになるが，「信頼性を評価すべき情報は何か」ということを心がけておかないと，情報との関連が曖昧になり，内部統制の実効性が薄れてしまうおそれがあることに留意する。

（3）　フローチャートの作成

　フローチャートの作成については，信頼性を確保すべき情報と統制上の要点を中心に配置することが重要になる。これまで作成したフローチャートの中には業務の段取りを1つひとつ漏らさないように記載した結果，かなり冗長となったものが散見される。

　下記のフローチャートは，統制上の要点（キー・コントロール：濃いグレー）を中心に関連するデータ（処理）や帳票に絞って作成されており，かつ統制上の要点間のつながりも把握できるようになっている。統制上の要点と信頼性を確かめるべき情報がある程度整理できたところでフローチャートを作成したほうが，冗長にならない。もし統制上の要点間のつながりが不明確である場合や，統制上の要点となる内部統制の実施に必要な重要な情報（それが信頼性を確かめるべき情報となる）が識別できない場合は，フローチャートを見直すとともに，RCMや信頼性を確保すべき情報一覧表を再確認する。

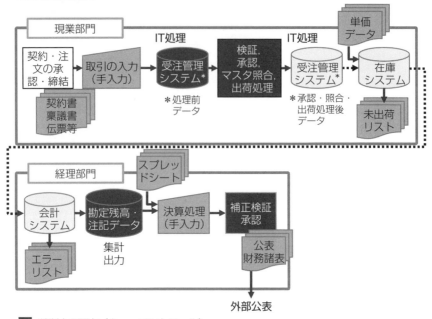

図表Ⅲ-1-11 受注から記帳に至るフローチャートの例(図表Ⅲ-1-2の再掲)

■ 統制上の要点(キー・コントロール)
╌▶ インターフェース(処理やシステム間の接続)

　フローチャートの作成は義務ではなく，業務の段取りを示すために作成したフローチャートを活用するという方針が否定されるものではない。ただし，J-SOXの評価目的は，財務報告に係る統制上の要点と信頼性を確かめるべき情報の流れを把握し，不十分な点がないか検証することにある。業務の段取りを示すフローチャートには，内部統制評価に必要な情報が記載されていない可能性もあるので，適宜補足することにより対応することが考えられる。

　業務の段取りを示すフローチャートに示されているチェック手続を統制上の要点として拾っていくと，統制上の要点が多くなる可能性がある。業務の段取りを示すフローチャートは，財務報告目的以外の目的で作成されている場合もあり，リスクアプローチの概念で作成されていない可能性もあるので，詳細になりすぎる場合もある。そのような課題があることを理解して，業務の段取りを示すフローチャートを利用することに留意する。

2 リスクトークによる情報の信頼性に着目した内部統制の構築・運用

(1) 財務情報を作成する要件からのリスク識別・評価と内部統制構築上の留意点

① 財務情報を作成する要件からのリスク識別および評価

　第Ⅱ章1（3）②において，FCRP・業務プロセスのリスクの識別・評価については，リスクシナリオの設定および各業務プロセスにおいて，適切な財務情報を作成するための要件（実在性，網羅性，権利と義務の帰属，評価の妥当性，期間配分の適切性，表示の妥当性）をもとに再検討する，と説明した。本項はこの「財務情報を作成する要件からの識別」について，「リスク要因」と組み合わせながらリスクを識別し評価する手順について説明する。この「リスク要因」は業務プロセスレベルの虚偽記載リスクの要因であり，**図表Ⅲ－2－2【財務情報を作成する要件と要件に影響を及ぼすリスク要因】**の右側のとおり定型的な分類であり，出所のとおりJICPA監査基準報告書315「重要な虚偽表示リスクの識別と評価」（以下「JICPA監基報315」という）の「固有リスク要因」に由来する。第Ⅱ章1（2）①で示した「全社レベルのリスク要因」はCOSOフレームワークに由来しており，企業を取り巻くリスクの様々な外的要

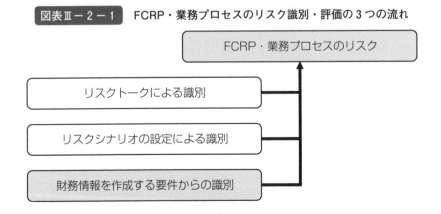

図表Ⅲ－2－1　FCRP・業務プロセスのリスク識別・評価の3つの流れ

102

因と内的要因を表現したものである。

| 図表Ⅲ－2－2 | 財務情報を作成する要件と要件に影響を及ぼすリスク要因 |

財務情報を作成する要件 （リスクの種類・発生態様）	要件に影響を及ぼすリスク要因 （虚偽記載の生じやすさに影響を及ぼす 状況等の特徴）
a．　実在性－資産および負債が実際に存在し，取引や会計事象が実際に発生していること b．　網羅性－計上すべき資産，負債，取引や会計事象をすべて記録していること c．　権利と義務の帰属－計上されている資産に対する権利および負債に対する義務が企業に帰属していること d．　評価の妥当性－資産および負債を適切な価額で計上していること e．　期間配分の適切性－取引や会計事象を適切な金額で記録し，収益および費用を適切な期間に配分していること f．　表示の妥当性－取引や会計事象を適切に表示していること	1．　複雑性－報告に必要な情報や作成過程における手順の多さや困難さ・難解さから生じる。 2．　主観性－利用可能な知識や情報に制約があり，客観的な方法での財務情報作成に限界がある。 3．　変化－時の経過により事象や状況に対してもたらされる影響 4．　不確実性－将来予測を伴うなど，必要な情報が，直接的な観察によって検証可能な十分に正確かつ包括的なデータのみによって作成することができない。 5．　経営者の偏向（バイアス）またはその他の不正リスク要因－経営者の偏向は，意図的であるか否かを問わず，経営者が中立性を保つことが難しい状況を指す。

（出所）財務情報を作成する要件は実施基準Ⅱ3（3）②イ，リスク要因はJICPA監基報315付録2をもとに作成

　従来の業務プロセスの3点セットではRCMに財務情報を作成する要件が記載されており，左側にリスクが記載されていることが多かったと考えられる。ただし，そのリスクや要件も，内部統制を先に決めた上で，それに関連する要件を探し，かつリスクも内部統制の裏返しのようなものを後決めしていたような実務があった。それは本来のリスクアプローチとはいえない可能性がある。

　本項では，財務情報を作成する要件（期間配分の妥当性等）は，リスクの種類・発生態様であると位置付けている。売上に関する期間配分の妥当性が損な

第Ⅲ章　情報の信頼性に着目した業務プロセス等のリスク評価と信頼性の確保　　103

われていれば，売上計上に期ズレが生じ修正すべきとなる。これに対して，リスク要因は虚偽記載の生じやすさに影響を及ぼす状況等の特徴であると位置付けている。以下の事例では，進捗度に基づく売上の計上というサブプロセスについて，リスクシナリオを検討したものである。

　なお，財務情報を作成する要件とリスク要因の数は相当数に上るため，1つひとつリスクトークを実施することは時間的に難しい可能性がある。また，第Ⅱ章1（3）②において全社的なリスクからのリスクの識別・評価も行っているので，それ以上リスクトークからの気付きがない可能性もある。そのため，勘定科目の検討段階でのリスクトークは，重要な虚偽記載リスクに絞って実施する対応で問題ないと考える。

| 図表Ⅲ－2－3 | 進捗度に基づく売上の計上とリスクトークの例 |

当社は空調等の設備の設置・修理工事を業としている。設備自体の設計や製造は実施しない。
顧客からの注文依頼があった場合業務管理システムに入力し，工期や注文書と注文請書が出力され顧客に注文書送付し，顧客署名済の返信を受領確認後，承認を受けた注文請書を送付する。
作業にあたり外注費，人件費，現場費，間接部門費，部材費，設備購入費等が発生し，業務管理システムで実行予算を作成し，日次で費用計上，月次で配賦調整など原価計算を行うとともに，業務管理システムに内蔵された計算プログラムに基づき，インプット法に基づき月次収益計上を行う。

＜設備設置工事業務プロセスについての協議＞
当社からは，設備設置工事業務プロセスにおいて，進捗度の見積りについて収益認識に関する会計基準の適用指針（企業会計基準適用指針第30号）の設例9を参考に，設備調達原価に関する調整に関してリスクを識別し，内部統制を強化することを提案した。
話し相手（コンサルタント等）からは，工事原価の見積りは一般的に客観性の問題や偏向の可能性があり，かつ近年の不備事例では原価の不正な振替があることから，これらにも対応すべきとの意見であった。
＜対応方針，3点セットへの反映＞
協議内容を踏まえ，収益先行計上を意図した工事原価の過少な見積りと，原価の不正な振替についてリスクシナリオを追加し，対応する内部統制を検討した。

FCRP・業務プロセスにおいて作成されているRCMをリスクベースのものにするために，財務情報を作成する要件等と，実施したリスクトークの内容を反映する。そのために，以下のような一覧表をサブプロセスごとに作成する，またはRCMに補足することが有効と考えられる。

図表Ⅲ－2－4 財務情報を作成する要件に基づくリスク評価と対応する内部統制の例

財務情報を作成する要件	リスク要因	リスクシナリオ	リスク評価	対応する内部統制の概要
実在性，権利と義務の帰属	その他の不正リスク	架空注文による収益計上	中	（1） 工事部署と業務管理部署の分離と承認手続
網羅性	重要なリスク要因はない	原価計上漏れによる収益計上漏れ	低	（2） 月次の費用精算の督促 （3） 予実分析による原価計上漏れ把握
評価の妥当性，期間配分の適切性	複雑性	前渡金や設備調達など進捗度に比例しない支出についての調整を誤る	高	（4） リスクの高い調整項目に着目した検証と承認
	客観性偏向	工事総原価を過少に見積り，収益先行計上	高	（5） 工事部署と分離した業務管理部署による予算査定と承認
	その他の不正リスク	収益調整のための業務間の原価の付替え	高	（6） 付替えの可能性のある処理について不正の可能性に着目した業務管理部署による検証と承認

② 内部統制構築（整備）上の着眼点

図表Ⅲ－2－4で記載した「対応する内部統制の概要」であるが，この内部統制の記載レベルは文字どおり概要レベルであり，実際はより詳細な内部統制を構築して記載することに留意する（マニュアル等を別途用意するか，3点

第Ⅲ章　情報の信頼性に着目した業務プロセス等のリスク評価と信頼性の確保　105

セットに記載する対応も可）。実施基準では，もともと統制上の要点の整備に
あたって，以下のような事項に留意するとされている。整備状況の評価におけ
る着眼点の明確化（後掲第Ⅳ章3）の観点でも説明するが，内部統制の構築段
階から意識して対応することに留意する。

図表Ⅲ－2－5　実施基準における整備状況評価の着眼点
✓　内部統制は，不正または誤謬を防止または適時に発見できるよう適切に実施されているか。 ✓　適切な職務の分掌が導入されているか。 ✓　担当者は，内部統制の実施に必要な知識および経験を有しているか。 ✓　内部統制に関する情報が，適切に伝達され，分析・利用されているか。 ✓　内部統制によって発見された不正または誤謬に適時に対処する手続が設定されているか。

（出所）実施基準Ⅱ3（3）③をもとに作成

　実施基準における整備状況評価の着眼点も踏まえ，リスクに対応した個々の
内部統制について，真にリスクを軽減することが可能かどうかの着眼点を具体
化するために，以下の項目を検討することが考えられる。

図表Ⅲ－2－6　内部統制によりリスクを軽減することが可能かどうかの着眼点

軽減	内部統制がリスクをどのように軽減するのか（実在性，評価の妥当性などの「要件」との関連で説明する）。
能力・時間	内部統制実施者は，誤りを防止・発見できるだけの十分な能力と検討する時間を確保しているか。
一貫性	誤りを発見するため，内部統制の実施頻度は妥当であり，検討方法が理解され，一貫した運用（再現性）ができるものか。
詳細度	内部統制の手続の詳細度は妥当であり，誤りの発見が合理的に見込めるものか。
異常対応	異常の判断基準や異常項目の調査プロセスが適切であり，誤りの内容が適切に確定できるか。

上記項目は，すべての内部統制について同じように重要であるというわけではない。例えば，いわゆるスリー・ウェイマッチと呼ばれる購買における注文データおよび納品データを，請求書等のエビデンスと照合しそれを承認するというような内部統制は単純であり，内部統制実施者に高度なスキルや多くの時間は必要ない。ただし，何を点検するか，相違や異常があった場合の手順は何かを適切に決めておかないと，担当者によって内部統制の水準にばらつきが出る可能性がある。一方で，会計上の見積り，会計基準の適用，重要性や異常性の判断など，判断を伴う内部統制については上記項目が重要になる。

進捗度に基づく売上計上の内部統制について，構築することを予定する内部統制に関し上記5項目を意識した形で詳細化した例は以下のとおりである。以下の例では一貫性・詳細度・異常対応を担保するものとしてマニュアルや会計処理に関するポジションペーパー（後述（2）にて解説）が整備され適用されていることが前提となっている。

| 図表Ⅲ－2－7 | 5つの着眼点を意識した内部統制の詳細化の例 |

（1）　工事部門と業務管理部門の分離と承認手続
工事部門における架空注文防止のために，注文承認と確定について，承認権限を業務管理部門に分離している。業務管理部門は不正注文の兆候となる異例な契約条件や得意先など，留意事項をマニュアルにしている。また，業務管理部門の承認権者は業務に精通した主任以上が，注文の都度これを承認する。得意先別の月次与信限度額の80%以上となる場合は，注文増加の理由を工事部門が記載し，システム上課長以上承認となるように設定する。
（2）　月次の費用精算の督促 （3）　予実分析による原価計上漏れ把握
経理部から毎月末5営業日前に経費精算の督促，業務管理部から工事日報入力と工事予算および引当費用見直しの督促を実施。業務管理部は月初仮締段階で業務管理システムの工事実行予算の予実分析メニューにより，手順や基準値等が示された予実分析マニュアルに従い工事監理状況とも比較し，原価計上漏れがないか検討する。予実分析作業は業務管理システムを利用して一般職員が実施するが，予実差異が一定以上の業務については課長が確認し，対策の妥当性を予実分析マニュアルにより検討する。
（4）　リスクの高い調整項目に着目した検証と承認

進捗度に比例しない支出についての調整は，業務管理システムが対応していないため，ポジションペーパーでの検討に基づき調整により一定の影響が生じうる工事種類について，業務管理部が前渡金や設備調達等の調整が必要な支出を収益補正マニュアルに従い四半期ごとに集計し，調整表を作成する。対象工事や費目を網羅的に抽出したかなどについて，同マニュアルに従い，経理部門が検証の上，補正仕訳を計上する。

（5）　工事部門と分離した業務管理部門による予算査定と承認
工事原価の見積りは原価見積マニュアルに詳細に規定され，業務管理システムによりサポートされている。工事部門は受注前に作成した見積書を，受注後に見直して業務管理システムを修正し，業務管理部門が査定・承認した上で実行予算として確定する。一定の大規模工事やその他原価見積マニュアルに定める要件に該当した場合は，マニュアル補正の必要性を検討し，より高位の承認権限の職位が定められている。

（6）　付替えの可能性のある処理について不正の可能性に着目した業務管理部門による検証と承認
原価見積マニュアルに予実差異の異常が工数付替等の不正の兆候であること，振替処理による不正の可能性について明記し，業務管理部門が予実分析および振替の検証を実施することを定めている。

（2）　決算・財務報告プロセス

　2008年のJ-SOX導入時と比べ，会計基準は複雑化し，IFRS会計基準適用企業は増加し，注記開示項目は増加している。また，経理の状況以外の箇所で財務諸表の表示等を用いた記載が増加しており，記述情報と一体として開示の重要性が高まっている。

　また，誤謬による決算・財務報告プロセスの開示すべき重要な不備が増加し，有価証券報告書等の訂正につながる可能性のある会計処理や注記の誤りが比較的多く発生している状況にある。その原因は様々考えられるが，決算・財務報告プロセスにおける情報の作成プロセスの構築が不十分となっている可能性や，検証承認体制といった内部統制，それらの文書化が不十分となっている可能性は相応にあるものと考えられる。

　現状の決算・財務報告プロセスの３点セットを確認しながら，話し相手（コンサルタント等）と虚偽記載のリスクの所在およびその程度，内部統制の改善すべき方向性について協議（リスクトーク）する。下記は（1）全社的なリス

クのリスクトークやリスクシナリオの検討により識別した会計処理や開示に関するリスク、（2）誤りの発生しやすい会計処理、（3）誤りの発生しやすい開示の別にリスクトークをすることを想定したものである。これらは原則として事業拠点単位で実施することが効果的と考えるが、親会社でまず全社を見渡す形で実施した上で、どの事業拠点で展開するか、必要に応じて適宜グルーピングして実施するなどの対応が考えられる。

図表Ⅲ－2－8　会計処理や開示に関するリスクについてのリスクトークの例

A事業拠点における連結パッケージの誤りによる会計処理・開示の正確性のリスクに対応する連結パッケージの上席者の検証

＜協議内容＞
収益認識、リース会計等新規または複雑な会計処理や開示要求があり、事業拠点における経理スタッフが会計処理や開示要求を理解できていない、または本社による処理・集計等の指示が適切でない可能性がある。また、内部統制実施者の不注意、情報の不足、会計基準等の知識の不足により内部統制が機能しない可能性がある。追加の内部統制によりリスクを低減する必要はないか。

＜対応方針、3点セットへの反映＞
本社の経理担当が事業拠点の元帳をレビューして、収益認識に必要な措置やリース資産の計上漏れがないかなど、必要な対応を指示し、事業拠点での経理マニュアルおよび連結パッケージを改正し実態に即したものにする。改正後のマニュアルを3点セットに反映する。

図表Ⅲ－2－9　誤りの発生しやすい会計処理についてのリスクトーク例

（例：連結範囲の決定、連結処理、複雑な税金計算、企業結合・分離、為替換算、税効果会計、収益認識、退職給付、金融商品取引、固定資産・のれん減損、リース）

法人税等の計算についてグローバルミニマム課税の影響を反映して適正な金額を見積計上する必要があり、リスクを識別する必要があるが、各国の事業拠点における税法を理解し、それを反映した見積りに必要な情報を収集する体制が整っていない。

第Ⅲ章　情報の信頼性に着目した業務プロセス等のリスク評価と信頼性の確保　109

＜協議内容＞
国別実効税率を適正に計算するとともに，会計数値以外を含む個別計算所得や調整等に必要な情報を収集し，正確を期す必要がある。海外税務は本社でも事業拠点でも税務顧問に委託しているので，税務顧問に検討を依頼しその指示のもとに必要なデータを揃えるとともに，本社経理でも会計基準および税務の理解を進め，税務顧問の検討内容について説明を受けチェックを行う必要がある。

＜対応方針，３点セットへの反映＞
上記協議内容のとおりの対応方針とする。グローバルミニマム課税対応のポジションペーパーと手順書を作成し，税務顧問および監査人にレビューを依頼する。３点セットに反映する。

図表Ⅲ－２－10　誤りの発生しやすい開示についてのリスクトーク例

（例：収益認識，セグメント，金融商品，企業結合・分離，退職給付（年金資産含む），税効果会計，固定資産・のれん減損，リース，関連当事者取引，コミットメント，保証債務，有価証券報告書前半の財務報告に関連する開示）

残存履行義務に配分した取引価格の注記について，注記作成時に会計処理との不整合が発生し，注記または会計処理を訂正するリスクが高い状況にある。

＜協議内容＞
収益認識の会計処理と注記作成のプロセスが連動していないため，不整合が発生するリスクがある。収益認識のポジションペーパーおよび手順書を作成した際に，注記の作成手順を十分考慮せず，都度対応になっていることが原因と考えられる。

＜対応方針，３点セットへの反映＞
収益認識のポジションペーパーと手順書を改正し，注記の作成手順と整合させ，会計処理と注記作成を一体で実施する。当該内容を３点セットに反映する。

　ポジションペーパーと手順書については，複雑な会計処理や開示について前提条件，判断過程，重要性の判断，他の会計処理や開示への影響，作成手順等を詳細に決めておかないと，見落としや漏れが生じる可能性に対応するものである。従来ベースの規程やマニュアルに同等のものが書き込まれていれば重複して作成する必要はないが，規程やマニュアルに会計処理の前提条件や判断過程については書き込まれていないことが多く，３点セットにも詳細を書ききれ

るものではない。IFRS会計基準の適用や，我が国の会計基準でも収益認識に関する会計基準など一定の複雑性のある会計基準の適用については，ポジションペーパーと手順書の作成がある程度浸透してきているが，一般化しているとまではいえない現状である。

　上記を踏まえたリスクトークに基づく見直し時の留意点は以下のとおりである。

図表Ⅲ－2－11	決算・財務報告プロセスにおけるリスクトークの留意点

- ✓ 親会社における決算・開示関係が中心となるが，事業拠点で検討すべきものがないかも考慮する。
- ✓ 話し相手（コンサルタント等）と，すべての拠点の決算・財務報告プロセスについて協議することは難しい可能性があるので，協議すべき拠点の範囲やグルーピングして協議することについて調整する。
- ✓ 話し相手（コンサルタント等）との協議に基づく見直しの前後において，監査人とも協議し，監査人の問題意識や検討内容に関するコメントを確認する。
- ✓ 複雑な会計処理や開示や新しい取引・事象については，ポジションペーパーを作成し，それをもとに計数集計のための手順書を作成することが望ましい。
- ✓ 新しい会計基準でなくても，定期的に同業他社と当社の開示を比較し，相違点（会計方針記載や，開示数値の規模感の相違等）を把握し，ポジションペーパーを作成する，または更新すべき点がないか確認する。

　ポジションペーパーについては，以下のようなポジションペーパー等の管理表を作成し，ポジションペーパーの要否について，リスクトークの観点から話し相手（コンサルタント等）との討議を実施し，その内容の十分性についてもレビューを依頼することも考えられる。この点は後掲の重要な会計上の見積りにおいても触れることになる。企業独力でポジションペーパー等を作成する能力や余裕がない場合には，コンサルタント等の協力を得て，当社の実態に即したポジションペーパー等を作成しそれを適用することが望まれる。

第Ⅲ章　情報の信頼性に着目した業務プロセス等のリスク評価と信頼性の確保　　111

図表Ⅲ－2－12　ポジションペーパー等管理表例

複雑な会計・開示論点	ポジションペーパー等の具備状況			
	ポジションペーパー	手順書	3点セット	備考
固定資産の減損				
のれんの減損				
海外税金計算				
繰延税金資産				
収益認識A				
収益認識B				
海外リース会計（IFRS16）				
・・・・				

図表Ⅲ－2－13　ポジションペーパー等の基本様式例

企業／事業拠点			
取引・処理概要・金額規模			
勘定科目，関連開示			
適用する会計基準，開示基準			
想定される現行処理との差異			
会計処理・開示過程	基準等適合性	具体的な確認手順	使用情報
1			
2			
3			

（3） 業務プロセスの見直しと収益認識ステップに沿った　内部統制構築の必要性

① 業務プロセスの見直し方法

ITの変化に伴い，業務プロセスにおけるITに係る業務処理統制だけでなく，その前後に実施する手作業の統制についても，リスクや実施内容や位置付けが変化している可能性があり，必要な内部統制が整備運用されていない，または統制上の要点としての評価が漏れている可能性も考えられる。

J-SOX評価が形骸化しているという批判については，業務プロセスにおいて，以下のような問題点と根本原因の可能性があると考えられる。J-SOX導入時にコンサルタントを利用して詳細な3点セットを作成したが，その後J-SOXを担当する要員が入れ替わり人数や時間も減少し，更新が困難になっている企業も多いと見受けられる。また，（1）②で示したような着眼点が内部統制に反映されていない可能性もある。

図表Ⅲ－2－14 業務プロセス評価の形骸化とその原因

問題点	可能性のある根本原因
✓ 毎期同じサンプルチェックの作業と化している。 ✓ サンプルチェックの負担が重い。 ✓ 新しい発見，指摘，改善提案がない。	✓ 評価手続にメリハリを利かせていない（複数の取引・検証パターンの考慮，ローテーション検証の実施等が不十分）。 ✓ 統制上の要点（キー・コントロール）が冗長（重複）であり，多すぎて，メンテナンスできていない。 ✓ リスク評価の見直しが不十分で，低リスク分野が残存する一方，高リスクや新規分野の検討ができていない。

J-SOXの改訂はこれらを見直すチャンスである。リスクアプローチの本来の姿になるように，以下のリスクトークを適用することが考えられる。見直しの検討は，決算・財務報告プロセスと同様事業拠点単位で実施することが効果的

第Ⅲ章　情報の信頼性に着目した業務プロセス等のリスク評価と信頼性の確保　113

と考えるが，親会社でまず全社を見渡す形で実施した上で，どの事業拠点で展開するか，必要に応じて適宜グルーピングして実施するなどの対応が考えられる。

図表Ⅲ－2－15　業務プロセスにおけるリスクトークの例①：全社的なリスクのリスクトークやリスクシナリオにより識別されたリスクへの対応

海外事業拠点における，経費プロセスにおける水増し発注とバックリベートによる費用の実在性および資産流用のリスク
＜協議内容＞
現状，海外事業拠点の経費プロセスは，事業目的に大きく関わる勘定科目に至る業務プロセスとはされておらず，個別に評価対象に追加する業務プロセスにもされていない。また，経費支出の内部統制についても，リスクのある海外事業拠点であっても，特別なチェックや監視は行われていないのは問題があるのではないか。
＜対応方針，3点セットへの反映＞
リスクシナリオの検討に基づき，海外事業拠点の重要性と不正等の発生するリスクを識別し，個別に評価対象に追加する業務プロセスとし，リスクに応じた職務分掌の強化，支出と購入物品サービスの事前事後のチェック手続等の内部統制，本社からの監視を追加する。

図表Ⅲ－2－16　業務プロセスにおけるリスクトークの例②：新規ビジネスに関して，リスクの高い業務プロセスとして識別した場合の対応

新規サービス提供のために自社利用ソフトウェアを構築しており，機能改善を続けている。一部はAIを組み込んだプログラムとして高度化するための研究投資と並行して実施されており，ベンダー等への支払について作業内容を把握し，費用または資産に計上する必要がある。当該業務プロセスについて費用または資産に計上する際の判断や手順は整備途上であり，個別に評価対象に追加する業務プロセスともされていない。
＜協議内容＞
当該自社利用ソフトウェアやAIを組み込んだプログラムの構築の重要性を考慮し，早急に会計処理について検討し，業務プロセスを構築した上で，個別に評価対象に追加する必要があるのではないか。
＜対応方針，3点セットへの反映＞
ソフトウェア，AI組込みのプログラム構築に関連する会計処理に関し，業務部門と経理部門で協議の上，ポジションペーパーおよび手順書を作成し，業務部門に周知浸透させる。これらに基づき3点セットを作成した上で個別に評価対象に追加する。

| 図表Ⅲ-2-17 | 業務プロセスにおけるリスクトークの例③：業務プロセスの変更等があったが，未対応の統制上の要点を識別した場合の対応 |

販売プロセスについて得意先の信用調査は従来自社で信用調査会社等から情報を取得して管理していた。現状は信用情報管理を一元で実施する会社のサービスを受けているが，3点セットに未反映である。

＜協議内容＞

未反映事項は修正する必要がある。また，他の事業拠点でも情報の質や業務効率化の観点から，当該会社のサービスを利用することが可能な場合は利用し，業務プロセスを見直したほうがよいのではないか。

＜対応方針，3点セットへの反映＞

信用情報管理会社を利用している実態に合わせて3点セットを修正する。他の事業拠点での当該会社のサービス利用を検討する。

| 図表Ⅲ-2-18 | 業務プロセスにおけるリスクトークの例④：冗長な業務プロセス，統制上の要点，文書化を識別した場合の対応 |

販売プロセスや仕入プロセスには，現金販売・仕入のプロセスが記載されているが，現金販売や仕入を取り扱う事業拠点や品種は絞られており，限度額も定めている。

また，従来業務手順書の整備が進んでおらず，3点セットに業務手順書の役割を持たせRCMも業務手順に沿った記載になっていたが，現状では業務手順書は別途整備されているものが多く，整合性を取るのが煩雑となっている。

＜協議内容＞

現金仕入・売上のように重要性が低下したプロセスは，事業目的に大きく関わる重要な勘定科目に至る業務プロセスであっても，重要な事業または業務との関連性が低く，財務報告に対する影響の重要性も僅少なもの（おおむね合算しても5％程度以下）としてJ-SOXの評価の対象から外すことは可能である。他にも同様の取引がないか検討したほうがよい。

RCM等に業務手順書の機能を担わせると，統制上の要点（キー・コントロール）でない内部統制が大量に記載される。また，RCMを手順書代わりとすることは，手順書に本来記載すべき詳細度が損なわれる可能性もある。

＜対応方針，3点セットへの反映＞

現金仕入・売上は重要性を適切に判定し評価対象から外す方向であり，他の取引種類で同様のものがないか引き続き検討する。手順書代わりとしたようなRCMについては段階的に整理して見直していく。

第Ⅲ章　情報の信頼性に着目した業務プロセス等のリスク評価と信頼性の確保　　115

②　収益認識ステップに沿った内部統制の構築の必要性

　売上については本章２（１）①において，進捗度に基づく売上の計上というサブプロセスを題材に，リスクシナリオを検討し必要な内部統制について検討を行う例を示した。また，本章２（２）において，複雑な会計処理や開示についてはポジションペーパーの必要性を説明した。売上については，収益認識に関する会計基準が適用され，一定の複雑性が認められることが多く，ポジションペーパーの作成対象になることがあることを説明した。基準等適合性に関する具体的な確認手順の妥当性や，使用する情報の信頼性の確保については，経理部だけで完結するものではなく，業務プロセスにおいて適切に処理されることを確保する内部統制が必要となる可能性がある。

　特に収益認識に関する会計基準では，収益を認識するための５つのステップによる検討が求められている。以下はその例である。

図表Ⅲ－２－19　収益認識の５ステップ

収益認識に関する会計基準		補足説明
ステップ1	顧客との契約を識別する。	
ステップ2	契約における履行義務を識別する。	商品の販売と保守サービス
ステップ3	取引価格を算定する。	変動対価または現金以外の対価の存在や金利相当分の影響を考慮し，商品の販売と保守サービスの取引価格総額を決定する。
ステップ4	契約における履行義務に取引価格を配分する。	独立販売価格またはそれが直接観察できない場合にはその見積りにより，商品の販売と保守サービスに配分する。
ステップ5	履行義務を充足した時にまたは充足するにつれて収益を認識する。	商品の販売は一時点で履行義務を充足するので，商品の引渡時に収益を認識する。また，保守サービスの提供は一定の期間にわたり履行義務を充足すると判断し，当期および翌期の２年間にわたり収益を認識する。

（出所）企業会計基準第29号「収益認識に関する会計基準」第17項をもとに作成

すでに収益認識に関する会計基準は適用されており，企業は上記の例のような対応をするために，会計プロセスの見直しを実施し，業務プロセスを含む必要な内部統制の構築を行い，マニュアルや３点セットなども見直され，内部統制の評価手続を実施しているか，についても確認したはずである。例えばステップ３で変動対価がある場合の調整プロセス，ステップ４の履行義務ごとの独立販売価格の算定・配分プロセス，ステップ５の認識方法の適用は，３点セット等のどこにその妥当性を確かめる内部統制が記載され，それが適切に整備され，運用状況も評価しているのか，ということである。もし，適切に文書化されていない，あるいは文書化をした結果本会計基準との適合性に疑問を持ったということがあれば，早期の対応が必要となる可能性がある。

（4）　監査人の特別な検討を必要とするリスクに対応する内部統制

監査人は財務諸表監査の過程で，「評価した重要な虚偽表示リスクが，特別な検討を必要とするリスクであるかどうかを決定」し，「特別な検討を必要とするリスクに対応する内部統制を理解する」（JICPA監基報315第25，31項）こととされている。特別な検討を必要とするリスクは，虚偽記載の発生可能性と影響度合いが最も高い領域にあるリスクであるか，不正に関連する虚偽記載のリスクである。また，監査人は，「特別な検討を必要とするリスクを有する勘定科目が，重要な事業拠点における企業の事業目的に大きく関わる勘定科目に至るプロセスか，または個別に評価対象に追加するプロセスに関連しているかどうかを確認する。」（JICPA内基報第112項）こととされている。

監査人が特別な検討を必要とするリスクを有すると判断した勘定科目に関連するプロセスが，企業の評価対象となっていない場合が問題となる。監査人の特別な検討を必要とするリスクを有する勘定科目は，毎期の監査におけるリスク評価の見直しにより変更される場合があり，その概要については，企業側は，監査人が監査役等に提出する監査計画説明資料等で把握することが可能である。

監査人が特別な検討を必要とするリスクと考える勘定科目についての企業側のリスク認識や対応する内部統制については，これまでの内部統制監査実務でも評価範囲の決定に際して何らかの協議が行われてきたと考えられるが，改訂

第Ⅲ章　情報の信頼性に着目した業務プロセス等のリスク評価と信頼性の確保　117

J-SOX基準では評価範囲の決定に関する協議が強化されており，リスクトークを実施し内部統制を構築する上でも重要な領域となると考えられる。

（5）　サイバーリスク等のITの利用から生じるリスクに対応するITに係る全般統制

①　サイバーリスク等の識別と評価

　ITへの対応は，前述の情報の信頼性とも大きく関係している。高速化，モバイル・リモート化，電子商取引・決済，AI，ブロックチェーン，クラウドなどの技術革新もあり，組織にITが深く浸透している。委託業務の進展による委託業務先でのリスク，サイバーリスクや電子記録の改ざんリスクなど，企業内部者の不正または誤謬にとどまらないリスクが生じている。

　ITを利用した内部統制に関しても，過去に開示すべき重要な不備が発生している。以下はその一例であり，財務報告の分野にもITのリスクが大きな影響を与えうるものと考えられる。

図表Ⅲ－2－20　ITに関する開示すべき重要な不備の事例

業種	システム	開示すべき重要な不備の事例の概要
建設	会計	会計システムにおいて，承認による仕訳確定後でも担当者による修正が可能となっていた。販売キャンセルに際して，担当者は売上取消処理せずに，当該キャンセル物件の購入を検討中の新たな顧客に対する売上取引として仕訳を上書き修正した。この結果，売上計上要件を満たさない売上が早期計上された。
卸売	債務管理	子会社において支払先マスタの登録誤りにより，一部の買掛金が異なる相手先の買掛金としても二重計上された。また，新設した事業所がシステム上追加設定されず，当該事業所の買掛金が計上されなかった。
製造	生産管理・原価計算	生産管理・原価計算システムのプログラムの不具合により，棚卸資産の受払記録と実数との間に不整合が生じた。また，差異を修正するために作成したデータも不完全であり，棚卸資産が過大に計上された。

製造	基幹システム・ネットワーク	サイバーセキュリティに関するリスクの評価が不十分であり、IT投資予算の不足、専門性を備えた人材の不足等により、要因別の詳細な分析および対応方針の策定が行われなかった。サイバー攻撃によりシステムへの侵入を許し、システム障害により、四半期報告書の法定提出期限に間に合わなかった。

（出所）一番下の事例はEDINET上の開示事例より、それ以外はJICPA内基研をもとに作成

改訂実施基準では、「クラウドやリモートアクセス等の様々な技術を活用するに当たっては、サイバーリスクの高まり等を踏まえ、情報システムに係るセキュリティの確保が重要である。」（実施基準Ⅰ2（6））とされているが、サイバーリスクについて触れられているのはこの1か所のみである。先述のとおりJICPAから2024年5月にJICPAサイバー研究文書が公表されており、その中で内部統制との関連が説明されている。

JICPAサイバー研究文書における、サイバーセキュリティリスクの認識およびサイバーインシデントの種類は主として以下のとおりである。

図表Ⅲ－2－21　サイバーセキュリティに関するリスク認識

IT利用拡大	✓ 新型コロナウイルス感染症拡大をきっかけとして、社会経済活動におけるデジタル化は急速に進み、沈静化後もその領域はより一層拡大している。 ✓ サイバー攻撃はインターネット空間を通じて行われることから、企業の所在地、規模や業種を問わず、どの企業においてもさらされているリスクである。
規制強化	✓ 内閣サイバーセキュリティセンター（NISC）からサイバーセキュリティに関する年次報告と年次計画が毎年公表されている。 ✓ 経済産業省の「サイバーセキュリティ経営ガイドライン」においては、サイバーセキュリティリスクの評価とその対応は企業として果たすべき社会的責任であり、その実践は経営者としての責務であると言及されている。

第Ⅲ章　情報の信頼性に着目した業務プロセス等のリスク評価と信頼性の確保　119

| 脅威の拡大 | ✓ サイバー攻撃関連通信の活動指標は2013年から2023年までで35倍増加している。
✓ ランサムウェアにより情報の暗号化を含む被害を受けた場合，生産設備がストップしサプライチェーンに大きな影響を与え，復旧が長期化することで決算遅延に発展する事案も生じている。
✓ サイバーセキュリティリスクへの対応は大きな社会課題の１つとして認識されており，投資家等からの関心についても一層高まっている。
✓ 総務省の「情報通信白書」によれば，サイバー攻撃に関連する経済的損失については世界GDPの約１％に上るという調査結果も報告されている。 |

（出所）NICTER 観測レポート 2023，JICPAサイバー研究文書Ⅰをもとに作成

図表Ⅲ－2－22　サイバーインシデントの代表的種類

フィッシングメール	攻撃者が公的機関や取引先を騙るメールを送信し，メール内に記載した偽のウェブサイトのリンク先へ誘導する。受信者が偽のウェブサイト上で，認証情報や個人情報等を入力することで，これらの機密情報が窃取される。
不正アクセス	攻撃者は外部から不正にIDやパスワードを入手または割り出すことで，企業のシステムへ不正にアクセスし，機密情報を盗み出すことがある。 また，企業が利用するシステム等の脆弱性を狙って不正アクセスが行われる場合もある。
ランサムウェアをはじめとするマルウェア	セキュリティ上の被害を及ぼす悪意あるソフトウェアをマルウェアといい，企業が利用するシステムに感染させ，被害を与えるまたは暗号化等されたデータ等を復号するために身代金を要求する。
ビジネスメール詐欺（BEC）・メールアカウント侵害（EAC）	取引先や企業内部の者になりすまして偽のメールを送信し，攻撃者が用意した別の銀行口座へ送金させる，データを詐取する等の被害を与える。

（出所）JICPAサイバー研究文書Ⅱ1をもとに作成

　JICPAサイバー研究文書では企業のサイバーリスクにさらされている程度を踏まえ，リスクと影響を整理しており，これに括弧書きで適宜補足している。

JICPAサイバー研究文書では，監査上留意すべきリスクと財務報告への影響を分けて記載しているが，これらは企業にとっていずれもリスクであり，直接的なリスクと二次的なリスクと捉えるものと考えられる。

図表Ⅲ－2－23 サイバーリスクとその影響

監査上留意すべきリスク	財務報告への影響
✓ データ漏えい ✓ データ改ざん ✓ システム停止・暗号化 ✓ （不正アクセス，フィッシング，身代金等による資産の流出）	✓ 損失の見積りが必要になる ✓ 財務諸表を適時かつ正確に開示できなくなる ✓ （業務遂行に支障が生じる） ✓ （影響が大きい場合継続企業の前提に影響を与える）

（出所）JICPAサイバー研究文書Ⅱ2に括弧部分を補足

　JICPAサイバー研究文書では，いわゆる平時の対応と有事の対応に分けて，平時対応では，サイバーインシデントが発生していない段階でのサイバーセキュリティリスク，重要な虚偽表示リスクおよび内部統制に関する監査上の留意事項を示している。また有事対応では，サイバーインシデントが発生した際の会社が実施する被害状況や原因究明等の調査，復旧作業が進んでいく中での，監査人の監査上の留意点（会社の開示の妥当性や監査意見表明への影響を含む）が記載されている。

　本書の目的を踏まえ，平時におけるリスク識別評価と内部統制による備えをJICPAサイバー研究文書に沿う形で，リスクトークの要素を取り入れて説明する。

　JICPAサイバー研究文書では，サイバーセキュリティリスクに関連する企業の環境の例示を行っている。これはリスクトークでは「全社レベルのリスク要因」に該当するものである。サイバー攻撃はインターネット空間を通じて行われることから，企業の所在地，規模や業種を問わず，どの企業においてもさらされているリスクではあるものの，事業におけるITへの依存度，ターゲットにされやすさ，サイバーセキュリティリスク管理の脆弱性に影響を受けるからである。

第Ⅲ章　情報の信頼性に着目した業務プロセス等のリスク評価と信頼性の確保　　121

図表Ⅲ－2－24	サイバーセキュリティリスクに関連する企業の環境の例示

✓　企業のビジネスは，ITに強く依拠する傾向にあるか。
✓　企業は多数のITアプリケーションを利用しているか。
✓　ITを利用した内部統制に強く依拠しているか。
✓　企業自身がサイバーセキュリティリスクを重要なリスクと識別しているか。
✓　過去にサイバーセキュリティ・インシデントが発生しているか。
✓　サイバーセキュリティリスクに関する体制や責任者が明確になっているか（いないか）。
✓　漏えい時に多額の損失が想定される，個人情報や，企業機密，顧客情報等の機密情報を保有しているか。

（出所）JICPAサイバー研究文書Ⅲ2（1）をもとに作成

　次に識別するリスクであるが，実施基準では，「ITに係る全般統制の不備は，財務報告の重要な事項に虚偽記載が発生するリスクに直接に繋がるものではない」（実施基準Ⅱ3（4）③イ）とされている。「ITに係る全般統制は，業務処理統制が有効に機能する環境を保証するための統制活動」（実施基準Ⅲ4（2）④ニ）とされているが，ITに係る全般統制は何のリスクに対応した内部統制なのかという疑問が生じる。

　監査人による財務諸表監査では，監査の基準によって「ITの利用から生じるリスク」（Risks arising from the use of IT；RAIT（レイト））を識別し，リスクを軽減する内部統制としてITに係る全般統制が位置付けられている。「ITの利用から生じるリスクはサイバーセキュリティに関連して識別されることもある」（JICPA監基報315A162項）とされており，サイバーセキュリティリスクはRAITの一部であり，リスクシナリオと考えることも可能である。本書ではITに関連するリスクトークでは，RAITを識別した上で，サイバーインシデントを含むリスクシナリオを検討することとする。

図表Ⅲ－2－25	サイバーリスクとその内部統制上の対応の方法論

✓　RAITを識別する。
✓　ITの利用から生じるリスクシナリオとして，サイバーインシデント等を検討する。
✓　RAIT，リスクシナリオ，ITに係る全般統制の関連性を明確にする。

下の表はJICPA監基報315の付録6の表を参考に，ITのプロセス，IT環境，ITの利用から生じるリスク（RAIT）の例を示したものである。

図表Ⅲ－2－26　一般的なITの利用から生じるリスク

プロセス	IT環境	ITの利用から生じるリスク（RAIT）
アクセス管理	NW，DB	①　データの破壊や不適切なデータの変更につながる可能性のある，データへの未承認のアクセス（未承認もしくは架空取引の記録，または取引の不正確な記録等）。
	OS，AP，NW	②　システムへの不適切なアクセスを制限するように，適切に環境設定がされていないまたはシステム設定がアップデートされていない。ネットワークが，権限のない利用者による情報システムへの不適切なアクセスを適切に防止していない。
	NW，OS，DB	③　IT部門の担当者が担当業務の遂行に必要な権限を越えてアクセス権を取得し，それにより職務の分離を侵害する可能性
開発・変更管理	AP，NW，OS，DB	①　機能が不十分となるまたは意図したとおりに情報システムが機能しない。
	AP，NW，OS	②　ITアプリケーションまたはその他のIT環境に対する未承認の不適切な変更
	DB	③　古い，余分または不正確なデータの移行によるエラーのリスク
	AP，NW，OS	④　ITアプリケーションまたはその他のIT環境に必要な変更が行われない。
ITの運用	OS，AP，DB	①　データのバックアップと復元。データの消失の可能性，または必要なデータへのアクセスができない。
	OS，AP	②　本番環境におけるジョブ・スケジューリング。プログラムまたはジョブが，不正確，不完全または未承認なデータ処理につながる。
	その他	③　出力または入力用のデータ紙媒体または電子媒体・ファイルの不適切な管理などによる情報漏えい

（出所）JICPA監基報315の付録6をもとに作成
略語：OSはオペレーティングシステム，APはアプリケーション（データウエアハウスとレポートライターを含む），DBはデータベース，NWはネットワーク

第Ⅲ章　情報の信頼性に着目した業務プロセス等のリスク評価と信頼性の確保　　123

②　サイバーリスク等に対応する内部統制の構築，見直し

　次の表は，【一般的なITの利用から生じるリスク】の表を前提として，一般
的なIT環境におけるリスクシナリオとITに係る全般統制の例である。これは
一般的な例であり，画一的に対応が求められるものではなく，特にパッケージ
ソフトやサービスプロバイダーが提供するクラウドサービスを利用する場合に
おいては，異なる対応が求められる場合がある。また，企業が利用する情報シ
ステムのIT環境における全社レベルのリスク要因等を踏まえて，より高度な
対応が必要になる場合がある。リスク評価の欄は空欄にしてあるが，企業の置
かれた状況を踏まえて，高，中，低などのリスク評価を行う。リスクに応じて，
他社での事故・不備事例等を入手し検討するなどして，リスクトークを実施し
どこにメリハリをつけるべきか検討することが望ましい。

図表Ⅲ－2－27　リスクシナリオとITに係る全般統制の例

プロセス	RAIT	リスクシナリオの例	リスク評価	ITに係る全般統制の例
アクセス管理	①	・特権IDの不適切使用 ・脆弱性の過小評価によるサイバー攻撃等の被害（ウイルス，マルウェアの感染，データやプログラムの消失・暗号化等）		・管理者による利用者のアクセス権限の付与（新規追加，削除，修正の承認を含む。アプリケーションの機能，担当者の役割，処理内容，職務分掌を踏まえたプロビジョニングおよびデプロビジョニング） ・特権IDの貸出管理および特権IDの使用ログの収集とレビュー ・定期的なアクセス権付与状況のレビュー ・セキュリティパッチの適用（方針の策定，脆弱性に関する情報収集の仕組み，パッチの適用の必要性の判断，定期的な脆弱性スキャン）

	②	・サイバー攻撃を含むセキュリティイベントの不十分な監視による被害の拡大 ・データの漏えい，改ざん ・不十分なIDやパスワードの複雑性や更新頻度，信頼性の低いアクセス認証やロックアウト設定によるネットワークへの侵入 ・子会社等においてセキュリティポリシーが徹底されず侵入を許してしまう。 ・不適切なリモートアクセス ・不適切なデータの直接的な変更		・不正侵入の防御と早期検知（ネットワークの理解および保護対策，ログの取得確認の規程方針の策定，サーバー等におけるログの保管および確認，定期的なネットワーク侵入テスト） ・ユーザーのシステムへのアクセスを承認する仕組みとして，固有のユーザーIDとパスワードまたは他の方法による認証（会社や業界の基準を満たしたパスワードの長さ，複雑性，有効期限，アカウントロック） ・データ関係のアクセスが，職務上許可された担当者に制限されており，また当該アクセスが管理者に承認される。 ・セキュリティの環境設定における主要な属性が適切に適用されている。 ・財務報告に関するアプリケーションを社内ネットワークから分離するような設計 ・IT環境への侵入を監視し，侵入検出システム等によって識別された脅威を知らせるアラートが生成され，ネットワーク管理チームによって調査される。 ・VPNへのアクセスが，承認された適切なユーザーに限定される。
	③	・侵入や権限外行為による情報漏えい・不適切使用・改ざん・権限外行為 ・手作業による不適切な介入		・職務分掌の監視，重複する権限の削除または軽減措置 ・利用者アクセスレビュー（付与している権限に対して随時，利用者アクセス権を再証明または評価） ・特権レベルのアクセス（環境設定，データおよびセキュリティ）の適切な承認または制限 ・論理的アクセスコントロールを無効

				化するような，データセンターやハードウェアへの物理的なアクセスの制限
開発・変更管理	①	• 開発・変更要件が十分検討されない，または手法や監視が不適切		• 開発・変更に関する検討手続を定めた規程と当該規程に沿った検討の実施，承認 • 開発委託先との契約における品質確保や報告責任の規定 • 開発途中段階での監視の実施
	②	• 権限外行為，手続違反による不適切な設定・変更		• アプリケーションの本番環境における変更権限が適切に管理され，また開発環境から分離されている。 • アプリケーションの開発・変更は，本番環境に移行する前に適切にテストされ，承認されている。
	③	• データ変換や移行に関するエラーの発生		• ソフトウェアに関するシステム開発ライフサイクルを適用する（本章2（7）参照）。 • データ変換や移行の検証作業（例えば，比較や調整の作業）を実施し，その結果を管理者が承認する。また，コンバージョンが確立したその方針と手続に準拠しているかどうか監視する。
	④	• エラー，誤作動，停止，要件との不整合		• システムソフトウェアの変更は，本番環境に移行する前に適切にテストされ，また承認されている。
ITの運用	①	• サイバー攻撃，不具合等のインシデントによるデータやプログラムの消失に対応できない。		• インシデント発生時の適切なバックアップからの復旧手順（バックアップ手順書の整備，物理的媒体への保管，改変不可能な媒体へのバックアップなどリスクに対応したバックアップの実施，データ消失等を想定したデータ復旧手順の整備，インシデントに備えた対処手順・連絡体制等の整備，社内のIT環境の変化を適切に把握する仕組みと手順書等の都

				度更新） • CSIRT（Computer Security Incident Response Team）機能の設置と適切な訓練 • バックアップがアクセス・利用が可能であるかの検証
	②	• 処理の遅延，不正確，不完全または未承認なデータ処理		• ジョブまたはプログラムを適切にスケジューリングし，実行する。 • ジョブの実施状況を監視する。 • 権限のある利用者だけが，ジョブ・スケジューリングのソフトウェアにおけるバッチ処理を更新することができる（インターフェース・ジョブを含む）。 • 重要なシステム，プログラム，またはジョブが監視されており，確実に正常終了できるようにエラーが修正される。
	③	• データの紛失，流出，盗難，不正利用		• 電子媒体・ファイル，データ，紙媒体の管理および授受の方針の策定と周知 • 情報持出しが困難な環境（仮想デスクトップ環境，メール添付制限，印刷不可設定等） • 内部検査（日常的モニタリング，独立的評価）の実施

（出所）JICPA監基報315の付録6およびJICPAサイバー研究文書をもとに作成

　リスクに応じて，メリハリをつけるために実施するリスクトークの例は以下のとおりである。

第Ⅲ章　情報の信頼性に着目した業務プロセス等のリスク評価と信頼性の確保　**127**

図表Ⅲ－2－28	ITの利用から生じるリスクの観点から，特定のITシステムに係るリスクシナリオおよび対応するITに係る全般統制についてのリスクトークの例

当システムのRAIT，リスクシナリオおよびITに係る全般統制のレベル感は，おおむね記載例のとおりと考えていた。当社は個人情報を大量に保有しているビジネスモデルであり，システム全体の外部インターネットとの接続点は限定的で適切に遮断されるように設計されている。しかし，ヒューマンエラーや人為的な不正のリスクや，個人情報の被害があった場合の影響は重大であることから，話し相手（コンサルタント等）との協議に基づき，それらに関する追加のリスクシナリオを識別し，内部統制を追加ないしは明確化を検討することが望ましいとの結論となった。
＜対応方針，3点セットへの反映＞
ヒューマンエラーや人為的な不正のリスクや，個人情報の被害があった場合の影響を考慮し，以下のリスクシナリオおよびITに係る全般統制を追加し，3点セットに反映した。
：

　なお，ITに係る全般統制は，ツールを使用し自動化された内部統制として実施されることがある。その場合，内部統制構築上は，ツールにより提供される情報の信頼性が確保されているか留意する。

図表Ⅲ－2－29	自動化されたITに係る全般統制の例

✓　全般統制支援ツールの適用による監視の強化
✓　OS，AP，DB，NWに内蔵または付加されたITに係る全般統制の機能（アラート・権限設定・ログ・レポート等）

　多くの企業に使用され，その実績が認められている簡易な市販ソフトウェアをほとんどカスタマイズ（プログラムの追加または変更）せずに使用しているケースや，同様のクラウドサービスにおいて，サーバー・OS・ミドルウェア・アプリケーションのうち相当部分を外部のサービスプロバイダーのものを利用している場合については，企業側で管理する余地が限定されている。性能面では処理の正確性・安定性や，セキュリティ設定などを推奨されているとおりに使用すれば，一般的な処理機能に関し信頼性は高いものと考えられる。そのような企業ではITに係る内部統制の構築も簡素なものとなり，専門の情報シス

テム部門は設置しないことも考えられる。

ただし，内部統制報告制度に関するQ&Aでは，「販売されているパッケージ・ソフトウエアをそのまま利用するような比較的簡易なシステムを有している場合には，個々のITに係る業務処理統制よりも，ITに係る全般統制に重点を置く必要がある」(問39) とされており，情報システム部門が設置されていなくても，一定のITに係る全般統制の構築は必要と考えられる。本章6で紹介している内部統制報告制度に関する事例集の (事例4-2) における「ITに係る全般統制に関するチェック・リスト例」は内部統制の構築においても参考になると考えられる。

パッケージソフト等について，中小規模事業を想定し統制機能が限定されていたり，ユーザー側で統制機能を省いたり停止したりするなど，特有のITの利用から生じるリスクが発生する可能性があり，ITに係る全般統制での対応が必要となる可能性がある。以下は，JICPA315 ITガイダンスを参考に留意点をまとめたものである。もし，ITについて簡素な内部統制を有しているが，以下の留意点に当てはまる場合には，本来あるべきシステム設定に修正することを検討するとともに，修正が完了するまでの対応として慎重にシステムの処理結果を，裏付資料によりチェックするなどの代替的な手作業の内部統制を強化することに留意する。

図表Ⅲ-2-30 簡易な市販ソフトウェアとクラウド会計システム特有の留意点

簡易な市販ソフトウェアの留意点	クラウド会計システム特有の留意点
✓ 誰でもアクセスできる状態になっている場合には，改ざんやデータ破壊などの可能性が高まる。 ✓ ベンダーがリモートアクセス権限を保守時以外にも有している場合は，セキュリティ上の懸念が生じる。 ✓ 締め処理機能を有しておらず不適切な仕訳や取引の追加計上・修正が可能となる。 ✓ 消費税率などパラメータの保守がさ	✓ 管理者権限をベンダーが有する場合の不適切なアクセスの可能性がある。 ✓ プロバイダーと契約したデータのバックアップ方法につき，適切に行われていない可能性がある。 ✓ パブリッククラウドの場合は，プロバイダーのセキュリティ対策を確認するとともに，ユーザーとして遵守すべきセキュリティ対策を実施す

第Ⅲ章　情報の信頼性に着目した業務プロセス等のリスク評価と信頼性の確保　　129

れておらず不適切な計算となるおそれがある。 ✓　データの保管方法が適切でない可能性があり，破損，改ざん，ウイルス感染や漏えいの可能性がある。	る。

（出所）JICPA315ITガイダンスQ27をもとに作成

　市販のパッケージ・ソフトウェアをそのまま利用するような比較的簡易なシステムを有している場合における，ITに係る全般統制の中でも重要なものの例は以下のとおりである。

図表Ⅲ－2－31　**比較的簡易なシステムにおけるITに係る全般統制のうち重要なものの例**

アクセス管理	ユーザーIDの登録変更権限の申請と登録手続の明確化
	ユーザーIDの使用の定期的な棚卸の実施
	管理者権限の適切な管理
	OSおよび市販ソフトウェアのIDとパスワードの設定要件
開発・変更管理	導入する市販ソフトウェア等の選択において，機能や仕様の妥当性に関する検討および承認プロセスの明確化
	導入する市販ソフトウェア等の検収やパラメータ設定の検討および承認プロセスの明確化
	バージョンアップ時の更新内容の確認手続や，パラメータの更新の必要性の検討手続の明確化
運用管理	不具合発生時の連絡とベンダーへの対応要請手続の明確化
	システム操作，運用マニュアルの整備と周知
	ネットワーク接続の安全性確保やウイルス対策の実施
	バックアップの適切な実施と安全なデータ保管方法の採用

（6） ITに係る業務処理統制のうち自動化されたものと手作業のもの

実施基準の改訂により，「ITシステムに組み込まれていない手作業によるITに係る業務処理統制が存在している場合がある」（実施基準Ⅱ3（3）⑤ニb）ことが明確化されている。また，「一般的に，自動化されたITに係る業務処理統制は手作業によるITに係る業務処理統制よりも無効化が難しくなる。しかし，自動化されたITに係る業務処理統制であっても過信せずに，内部統制の無効化のリスクを完全に防ぐことは困難であるという視点を持つことが重要である」（実施基準Ⅱ3（3）⑤ニb）とされている。

ITに係る業務処理統制のうち手作業によるITに係る業務処理統制とは，例えば，システム間インターフェースについて，ITから自動生成される情報（例

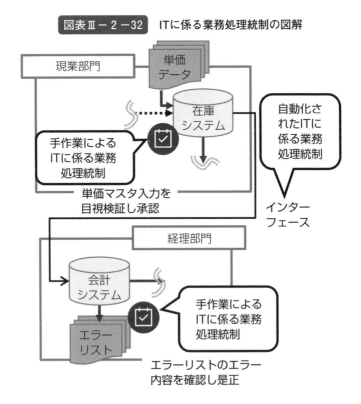

図表Ⅲ－2－32　ITに係る業務処理統制の図解

第Ⅲ章　情報の信頼性に着目した業務プロセス等のリスク評価と信頼性の確保　131

えば，エラーリスト）を利用して，処理が中断されたデータを確認し，想定ど
おりの処理となるように是正するための手作業のことをいう。これはアウト
プットに係る内部統制と分類される。

　在庫システムにおける商品種類別の販売単価や振替単価について，単価マス
タの単価が付される仕様になっている場合，単価データの在庫システムへの送
信・割当処理の完全性に問題ないかどうかについて，上席者の目視による検証
に基づく承認は，手作業によるITに係る業務処理統制に該当する。これはイ
ンプットに係る内部統制と分類される。インプットに係る内部統制とアウト
プットに係る内部統制の概念は，JICPA監基報315のA5項やJICPA315 ITガイ
ダンスQ4に示されているが，その内容をより具体的に説明したものは以下の
とおりである。

図表Ⅲ－2－33　手作業によるITに係る業務処理統制の分類

| 手作業によるITに係る業務処理統制 | インプットに係る内部統制 | 主にシステム処理の前工程で入力データの完全性等を検証 | 情報システムの画面や帳票の情報を使用して手作業の内部統制を実施する場合は，その情報システムについてITに係る全般統制および情報システムが集計表示する情報の信頼性を評価する。 |
| | アウトプットに係る内部統制 | 主にシステム処理の後工程でデータ処理の完全性等を検証 | |

　ITに係る業務処理統制を自動化されたものだけと誤解すると，手作業のも
のを見過ごす可能性があるので留意が必要である。手作業によるITに係る業
務処理統制は，情報システムの支援を受けている（情報システムの画面や帳票
の情報を使用して手作業の内部統制を実施する）ので，支援をしている情報シ
ステムのITに係る全般統制および情報システムが集計表示する情報の信頼性
を確保することに留意する。

　また，ITの高度化により，手作業によるITに係る業務処理統制の範囲は縮
小傾向にあるものの，未だ多くの手作業のITに係る業務処理統制が残存して
おり，それらはIT化やセキュリティの強化が進んだ内部統制の中で，無効化
の対象となりやすく，また誤謬の発生源となりやすいため，従来に増して留意

する。

　手作業によるITに係る業務処理統制は，情報の信頼性を検証する内部統制であり，本章1（2）で示した【信頼性を確保すべき情報一覧表の右側】における（1）情報の信頼性を確保する内部統制となりうるものである。ITの機能だけでは情報の信頼性の確保が難しい場合には，手作業によるITに係る業務処理統制を具備する必要がある。

（7）　自動化された内部統制により処理される情報の信頼性

　エラーが発生する際の発端は，大半は導入時の対応に原因があるが，導入時の防止的内部統制とアプリケーション適用後の発見的内部統制の双方について説明する。

　自動化された内部統制は，一貫した処理を反復継続するため，評価された時点から内部統制が変更されていないこと，障害・エラー等の不具合が発生していないこと，および関連する全般統制が有効に機能していると判断できる場合には，当該評価結果を継続して利用することができるとされている。以下は自動化されたITに係る業務処理統制の例である。

図表Ⅲ－2－34　**自動化されたITに係る業務処理統制の例**

自動化されたITに係る業務処理統制	✓　自動化されたインターフェース ✓　自動計算・集計・照合処理 ✓　レポート・帳票の生成

　自動化された内部統制には様々な処理パターンがあり，導入後も継続的な機能追加や修正が行われていることが多い。アプリケーションの処理の実態が把握されておらず，処理内容が不正確であることに気付かず，何らかの機会に当初からまたは追加修正時以降の処理内容が不正確であったことが判明することがある。特に目にする不備は，既存情報システムに新たな取引や処理を追加した際に，既存のデータ，ロジック，パラメータで対応できると誤認し，一定の状況下で不正確な処理をしてしまうケースである。対応する内部統制としては以下が考えられる。

第Ⅲ章　情報の信頼性に着目した業務プロセス等のリスク評価と信頼性の確保　133

図表Ⅲ－2－35　自動化された内部統制の信頼性確保のための対応

防止的内部統制	発見的内部統制
✓　導入時，変更時における規律ある導入プロセスの適用 ✓　導入時，変更時テストの強化 ✓　変更時の影響分析の強化 ✓　ベンダー等との不備事例共有と対策	✓　本番環境での定期的かつパターンの広がりを踏まえた再計算テスト ✓　ロジック等の定期的な再検証

　防止的な内部統制としては，COSOフレームワークにおいて，自社開発ソフトウェアおよびパッケージ・ソフトウェアに関するシステム開発ライフサイクル（SDLC）の適用について述べられている（外部財務報告篇原則11）。これはITに係る全般統制の開発・変更管理のカテゴリーに属する内容ではあるが，ITに係る業務処理統制の機能は，開発時あるいは設定時に決定してしまうため，内部統制の構築では入り口の対応としてのSDLCが重要である。近年ではソフトウェア機能を小単位で実装しながら，段階的に開発とテストが進められていくアジャイル手法がとられることがある。以下は基本的なSDLCの例である。

図表Ⅲ－2－36　システム開発ライフサイクル（SDLC）の例

開始，要件の収集と分析，承認，追跡管理および分析	開発プロジェクトを発足し，関係者および専門家から意見や情報を収集し要件を分析する。要件仕様書を作成し開発の内容（プロジェクトの目標，ソフトウェアの有すべき機能，スケジュール，予算等）を明確にする。リスクや内部統制の潜在的影響が評価され，適切な管理者により承認される。
設計と開発（コーディング）	要件仕様書に従いシステムを設計し，コーディングを進める。開発作業を最適化するための手続（テクノロジーの検討やツールの使用）を実施する。
テストおよび品質保証	リリース前にテストが実施され，開発が仕様書に合致しているか，既存のソフトウェアに対して意図しない変更が生じていないか確認する。 テストの種類と量は，開発の内容により異なり（サイズや

	複雑性など)，ユニット，システム，統合およびユーザー受入テストなどが実施される。
プログラム実装とリリース	関係者および管理者によりリリース前に承認され，承認されたバージョンが実装される。その際に環境設定やインストールなどのタスクが実行される。
文書化と研修	エンドユーザーおよびIT部門向けのサポート文書および研修を策定・実施し，必要に応じ更新する。

（出所）COSO外部財務報告篇原則11をもとに作成

　前項（6）**図表Ⅲ－2－32【ITに係る業務処理統制の図解】**において，自動化されたITに係る業務処理統制としてインターフェースを示している。在庫システムで処理された結果は，会計システムにおける仕訳の情報としてデータの引渡しが行われる。インターフェースは処理結果を合算したものを手入力する場合もあるが，在庫システムで作成した電子ファイルを媒体に保存し会計システムにアップロードの処理をするか，自動的にデータが引き渡されるように構築されている場合もある。一般的にインターフェースの信頼性を検証するための内部統制としては，次のような3つのアプローチがあり，インターフェースの状況に応じて適宜適用する。

　　図表Ⅲ－2－37　**インターフェースの信頼性を検証するための内部統制の例**

✓ 送信データと受信データを突合し，送信データが誤りなく受信されていることを確かめる内部統制
✓ トータル・チェック等のインターフェースの信頼性を担保するシステムに実装されている内部統制
✓ 転送が異常終了した場合のリカバリー機能などインターフェース自体にインターフェースの信頼性を担保する機能の実装

（出所）JICPA315 ITガイダンスQ19

　システム間インターフェースの手法としてAPI（アプリケーション・プログラミング・インターフェース）連携が多く用いられている。APIとは，ソフトウェアコンポーネント同士が互いに情報をやりとりするのに使用するインターフェースの仕様であり，別々の会社に開発されたシステムであってもAPIを活

用することで容易にインターフェースが可能となる。API連携においても，上記の視点でインターフェースの有効性を確保する内部統制が十分かどうかを確認することが考えられる。

発見的な内部統制としては，具体的に個々の自動化されたITに係る内部統制について，以下の表を利用して処理パターンを「信頼性を確保すべき情報一覧表」に準じて把握して，パターンを踏まえた内部統制の実施計画を立案することが考えられる。

図表Ⅲ－2－38 自動化された内部統制の処理パターンの検証計画

自動化された内部統制	使用するアプリケーション	情報の作成方法の処理パターン			
		元データの種類	ロジックの種類	パラメータの種類	情報の信頼性を確かめる内部統制
売上金額の自動計算	販売管理システム	品番，数量，単価，得意先，注文番号，納品日，納入地，値引率，割戻率，販売諸掛表	数量×単価，値引，割戻，販売諸掛計算，帳票作成	期間指定，品番指定	数量×単価の検証はこれまでもX年間隔で実施。以下の検証計画を策定し，今後X年間隔で検証。 • 値引，割戻の発生の場合のロジック • システム外で計算する変動対価調整の基礎レポート作成ロジック • 販売諸掛の発生の場合のロジック

（8） エンドユーザーコンピューティング（EUC）における情報の信頼性

EUCは以前よりJICPA内基報に留意点として掲げられており，企業および監査人の間で対応が進められ，EUCで使用されるスプレッドシートには以下のような内部統制について留意する必要があるとされている。

| 図表Ⅲ－2－39 | スプレッドシートの留意点 |

① スプレッドシートを使用し，財務報告の基礎資料を作成している場合，マクロ
や計算式等を検証していること。
② スプレッドシートのマクロ，計算式等の検証が適切になされていない場合，手
計算で確かめる等の代替的な手段がとられていること。
③ スプレッドシートに対するアクセス制御，変更管理，バックアップ等の対応に
ついて検証していること。
（出所）JICPA内基報第176項
※自動化機能を多用したスプレッドシートの利用や，処理の内容が複雑でブラックボック
ス化しているような処理が行われている場合には，自動化された情報処理統制と同様
の，処理の一貫性を維持するような内部統制の整備が求められる場合もある
（JICPA315ITガイダンスQ22）。

　スプレッドシートの誤りによる虚偽記載および不備事例も，近年実際に発生
している。特に会計基準の変更や新しい取引種類が発生した場合に留意すべき
であり，上記の内部統制を改めて確認することに留意する。また，AIやロボ
ティクスなども活用した汎用性の高いEUCツールが登場し，従来手作業や別
のアプリケーションを使用していた作業を記憶・学習させるなどして，効率的
かつ迅速に実施できるメリットがある。しかし，以下のようなリスクがあり，
企業はEUCのリスクを識別しそのリスクの内容と程度に応じて，適切な内部
統制を構築することが適切と考える。

| 図表Ⅲ－2－40 | EUCのリスクと内部統制 |

EUCのリスク	内部統制
✓ EUCが情報の信頼性を評価する対象として識別されておらず，リスク識別・評価や内部統制構築の対象とされていない。 ✓ 処理内容がブラックボックスで信頼性検証や対応できないケースの評価がされていない。 ✓ EUCツール提供者が適時に会計基準変更対応などをするとは限らな	✓ 使用するEUCについて情報の信頼性の評価対象（本章1（2）参照）とすることを検討する。 ✓ ユーザーがEUCと認識せず使用している場合もあるので，情報システム部門の日常的モニタリングや，内部監査（独立的評価）の検証対象とする。 ✓ EUCの信頼性を評価し，情報の信

い。 ✓ クラウド環境で実施される場合など情報セキュリティのリスクがある。	頼性に懸念がある機能は，情報を業務目的または報告目的に利用しない。 ✓ EUCの仕様を確認し，情報セキュリティ上のリスク評価を行い，利用可否を決定する。

（9） 仕訳入力・修正

　経営者は，「直接的又は間接的に会計記録を改竄すること，不正な財務諸表を作成すること，又は他の従業員による不正を防止するためにデザインされた内部統制を無効化することができる立場にある場合が多い」（JICPA監基報240第7項）とされている。原始的な手口ではあるが，経営者の意図次第では，不適切に仕訳を入力または省略することができ，その影響は大きくなる可能性がある。「不正による重要な虚偽表示は，不適切な又は権限外の仕訳を記録するような財務報告プロセスにおける操作を伴うことが多い。」（JICPA監基報240A39項）とされている。

　このような仕訳入力に関する内部統制の無視，無効化を防止（やりづらくする）または発見する内部統制が重要となる。また，期末仕訳や振替仕訳については非定型処理となるものがあるため，定型の内部統制が確立されていないことにより，誤謬リスクが増大する可能性がある。

　仕訳入力には決算仕訳，取引仕訳，訂正仕訳などの個別会計処理上の仕訳に加え，連結仕訳を含む。修正は総勘定元帳や連結システムの外で行う開示上の修正である。これまで業務プロセスから生じる定型的な会計処理は業務プロセスにおいて，期末決算仕訳や連結修正仕訳は決算・財務報告プロセスで対応されてきたものと考えられるが，仕訳入力の入力と承認の内部統制は，J-SOX適用前から何らかの形で構築・運用されていたため，それほど着目されていなかった可能性がある。

　本項では仕訳入力・修正のリスクとリスクシナリオを例示し，不正リスクおよび誤謬リスクに対応するため，どのような内部統制を構築する必要があるのかを明らかにする。**図表Ⅲ－2－41**において不正・無効化に関するリスクシナリオについて下線を引いて例示をしている。この下線部分については，毎事業

年度のリスクトークにおける不正のトライアングルの検討内容を踏まえて，その事業年度の状況に合わせてリスクシナリオの記載を見直し，内部統制上の対応をすることが望まれる。

図表Ⅲ－2－41 仕訳入力・修正に係るリスクとリスクシナリオ

仕訳入力・修正に係るリスク	リスクシナリオ
A) 仕訳・修正が処理すべき事実等と一致していない（不正，誤り）	① 新会計基準適用や非定型事象の発生等の影響を回避または強調するため，意図的な仕訳・修正処理（不正・無効化） ② 不正仕訳を従業員に触れさせないように役員や経理部長自ら起票または修正する（不正・無効化） ③ 権限者の証跡を偽造または不正ログインして仕訳入力・修正する（不正・無効化） ④ 他の部門で計上した仕訳を実質的に取消しまたは修正するような仕訳入力・修正を行う（不正・無効化） ⑤ 事象・取引事実に関する情報（ワークシート）の誤り（誤り） ⑥ 会計基準の誤解（誤り） ⑦ 転記・入力ミス（誤り）
B) 架空の事実に基づくなど，不要な仕訳・修正を計上する（不正）	① 業績不振を隠すために根拠のない架空仕訳を計上（不正・無効化） ② 業績不振を打開する収益計上となる事実があるかのように仮装するまたは曲解を正当化する（不正・無効化） ③ 不正仕訳を従業員に触れさせないように役員や経理部長自ら起票または修正する（不正・無効化） ④ 権限者の証跡を偽造または不正ログインして仕訳入力・修正する（不正・無効化） ⑤ 不正な仕訳・修正であると悟られないように分散するまたは複雑化して計上する（不正・無効化）

C) 不要な仕訳・修正を計上する（誤り）	① 会計基準の誤解（誤り） ② 事象・取引事実に関する情報（ワークシート）の誤り（誤り） ③ なくなった事象・取引の取消し漏れ（誤り） ④ 連携ミスや失念（誤り） ⑤ 複雑な仕訳・修正処理に対し理解が追いつかない（誤り）
D) 仕訳・修正が二重に計上される（誤り）	① 連携ミスや失念（誤り） ② 複雑な仕訳・修正処理に対し理解が追いつかない（誤り）
E) 必要な仕訳・修正を入力しない（不正）	① 業績に不利となるような仕訳入力を忘れたふりをして根拠なく放置（不正・無効化） ② 業績に不利となるような仕訳を計上する必要がないことを正当化（不正・無効化） ③ 必要な仕訳計上・修正を不当に承認しない（不正・無効化） ④ 他の部門で計上した仕訳を実質的に取消しまたは修正するような仕訳入力・修正を行う（不正・無効化）
F) 必要な仕訳・修正を入力し忘れる（誤り）	① 会計基準の誤解（誤り） ② 事象・取引事実に関する情報（ワークシート）の誤り（誤り） ③ 連携ミスや失念（誤り） ④ 複雑な仕訳・修正処理に対し理解が追いつかない（誤り）

　以下は一般的なリスクシナリオに対する，想定される内部統制の例である。このうち※で示したものは，内部統制実施者に異常や漏れを識別できるだけの能力と経験，内部統制に費やす時間，レビュー対象に対する客観性が求められる。もし十分でない部分があれば，それを補う追加的なレビュー等の実施を検討し，リスクシナリオの内容や重大度に応じて内部統制の内容や深度も見直すことに留意する。

140

図表Ⅲ－2－42 仕訳入力・修正に係るリスクシナリオに対応する内部統制の概要例

リスクシナリオ	対応する内部統制の概要例
A① <u>新会計基準適用や非定型事象の発生等の影響を回避または強調するため</u>，意図的な仕訳・修正処理（不正・無効化）	✔ 自動仕訳以外の仕訳に対する二段階の承認※ ✔ 定期的な仕訳入力のレビュー（例えば，対象となる仕訳入力に対する内部監査部門による定期的な監査）※
A②B③ <u>不正仕訳を従業員に触れさせないように役員や経理部長自ら起票または修正する</u>（不正・無効化）	✔ 適切な職務の分離を達成するための総勘定元帳システムへのアクセスの制限（仕訳を承認する立場の人員には，入力権限を与えない）。 ✔ 定期的な仕訳入力のレビュー（例えば，対象となる仕訳入力に対する内部監査部門による定期的な監査）※
A③B④ <u>権限者の証跡を偽造または不正ログインして仕訳入力・修正する</u>（不正・無効化）	✔ 仕訳を行う会計システムにおける適切なアクセス管理の内部統制 ✔ 仕訳入力につき不正なアクセスがなかったかログをレビュー
A④B⑤E④ <u>他の部門で計上した仕訳を実質的に取消しまたは修正するような仕訳入力・修正を行う</u>（不正・無効化）	✔ 決算処理期間中の総勘定元帳への経理部員以外の記帳をブロック ✔ 自動仕訳以外の仕訳に対する二段階の承認※ ✔ サブシステムと総勘定元帳の勘定調整とレビュー
A⑤C②F② <u>事象・取引事実に関する情報（ワークシート）の誤り</u>（誤り）	✔ 情報の信頼性に関する内部統制の追加（本章1（2）参照）
A⑥C①F① <u>会計基準の誤解</u>（誤り）	✔ 自動仕訳以外の仕訳に対する二段階の承認※ ✔ 異常な仕訳ではないか，必要な仕訳が漏れていないかを含む仕訳のレビュー，詳細な勘定分析，予実分析※ ✔ 会計専門家への相談・事前レビュー※
A⑦ 転記・入力ミス	✔ 転記・入力の正確性に関する慎重な

第Ⅲ章　情報の信頼性に着目した業務プロセス等のリスク評価と信頼性の確保　141

	チェック
B① 業績不振を隠すために根拠のない架空仕訳を計上（不正・無効化） E① 業績に不利となるような仕訳入力を忘れたふりをして根拠なく放置（不正・無効化） B② 業績不振を打開する収益計上となる事実があるかのように仮装または曲解し正当化（不正・無効化） E② 業績に不利となるような仕訳を計上する必要がないことを正当化（不正・無効化） B⑤ 不正な仕訳・修正であると悟られないように分散するまたは複雑化して計上する（不正・無効化）	✓ 自動仕訳以外の仕訳に対する二段階の承認※ ✓ 異常な仕訳ではないか，必要な仕訳が漏れていないかを含む仕訳のレビュー，詳細な勘定分析，予実分析※ ✓ 定期的な仕訳入力のレビュー（例えば，対象となる仕訳入力に対する内部監査部門による定期的な監査）※
E③ 必要な仕訳計上・修正を不当に承認しない（不正・無効化）	✓ 定期的な仕訳入力のレビュー（例えば，対象となる仕訳入力に対する内部監査部門による定期的な監査）※ ✓ 未承認仕訳・修正のレビュー
C③ なくなった事象・取引の取消し漏れ（誤り） C④D①F③ 連携ミスや失念（誤り）	✓ 処理漏れに関する慎重なチェック ✓ 異常な仕訳ではないか，必要な仕訳が漏れていないかを含む仕訳のレビュー，詳細な勘定分析，予実分析※
C⑤D②F④ 複雑な仕訳・修正処理に対し理解が追いつかない（誤り）	✓ 期末日前からの慎重な作成と点検 ✓ 会計専門家への相談・事前レビュー※ ✓ 整合性チェックや理論値と仕訳積み上げの比較などの論理チェック

　仕訳入力・修正に関する虚偽記載のリスクもリスクトークの対象となりうる。どの事業拠点においても通常仕訳入力・修正は発生する（経理業務をある事業拠点に集中化している場合もある）ため，重要な事業拠点に加え全社的な内部統制の評価を踏まえ仕訳入力・修正のリスクがある事業拠点では，リスクトークを実施し，事業拠点ならではのリスクシナリオを識別し，内部統制の見直しを検討することが考えられる。

> **図表Ⅲ－2－43　仕訳入力および修正に関するリスクトークの例**
>
> 当社からは，XXX事業拠点で当期新規適用となる会計基準があり誤謬リスクに対応するため，情報の信頼性に関する内部統制を追加することとしている。話し相手（コンサルタント等）からは，全社的なリスクに関するリスクトークを踏まえ，XXX事業拠点での収益計上に関するプレッシャーが強まっており，仕訳入力・修正に係る内部統制の無効化の可能性を踏まえた対応をする必要があるのではないかとの指摘があった。これを受けてリスクシナリオを構築し内部統制を強化する結論となった。
>
> ＜対応方針，情報の信頼性評価表，3点セットへの反映＞
> 事業拠点の上級幹部により従業員の目に触れないように収益に関する調整仕訳が計上されるリスクシナリオを考慮し，以下の内部統制を追加することとした。
> - ✓　異常な仕訳ではないか，必要な仕訳が漏れていないかを含む仕訳のレビュー，詳細な勘定分析，予実分析
> - ✓　定期的な仕訳入力のレビュー（例えば，対象となる仕訳入力に対する内部監査部門による定期的な監査）
> - ✓　適切な職務の分離を達成するための総勘定元帳システムへのアクセスの制限（仕訳を承認する立場の人員には，入力権限を与えない）。
> - ✓　仕訳入力につき不正なアクセスがなかったかログをレビュー（仕訳入力ログについて情報の信頼性評価の対象とする）

(10)　重要な会計上の見積り

　改正前の実施基準上においても，会計上の見積りは，虚偽記載リスクが高く，内部統制について追加的に評価対象に含めることを検討すべきものとされていた。また，「不正な財務報告は，会計上の見積りに関する意図的な虚偽表示によって行われることが多い。例えば，企業の業績と収益力に関して財務諸表の利用者を欺く目的で，利益の平準化又は目標利益水準を達成するために，引当金等が全て過少又は過大表示されることがある」（JICPA監基報240A43項）とされている。

　近年の会計上の見積りの複雑化により虚偽記載のリスクが高まっていることに加え，「会計上の見積りの開示に関する会計基準」が適用されており，財務諸表利用者の理解に資する情報の開示が求められている。こうした開示の内容に係る内部統制もJ-SOXの評価対象であるため，重要な会計上の見積りの対象

第Ⅲ章　情報の信頼性に着目した業務プロセス等のリスク評価と信頼性の確保　　143

となる会計事象ならびに関連するリスクおよび内部統制に留意する。

　重要な会計上の見積りは，「会計上の見積りのプロセスにおいて，仮定及び
データを用いた見積手法が選択及び適用され，経営者による判断が必要となり，
測定が複雑になる場合がある」（JICPA監査基準報告書540「会計上の見積りの
監査」（以下「JICPA監基報540」という）第2項）とされている。「会計上の
見積りの開示に関する会計基準」に基づく注記では，JICPA監基報540におけ
る見積手法は「算出方法」として，仮定は「主要な仮定」として開示される。
注記は内容を端的に説明する必要があり短くなってしまうが，実際の会計上の
見積りの計算の手順の説明としては，関係者がその見積りを再現し検証できる
ように詳細なものが求められる。

　以下はJICPA監基報540における3種類の要素が，重要な会計上の見積りに
どのように関係しているかの着眼点を示したものである。

図表Ⅲ－2－44　重要な会計上の見積りにおける見積手法，重要な仮定，データの説明と着眼点

適用される要素		着眼点
見積手法	経営者が会計上の見積りを行うために使用する測定技法であり，モデルと呼ばれることがある。	✓ 見積手法が会計基準や評価の実務慣行等に照らして適切か ✓ 過年度に使用された見積手法からの変更が適切か ✓ 見積手法の選択にバイアスはないか
重要な仮定	金利や割引率の選択または将来の状況や事象に関する見通し等について，入手可能な情報に基づく判断により選択される値等	✓ 重要な仮定が会計基準や評価の実務慣行等に照らして適切か ✓ 過年度の重要な仮定からの変更が適切か ✓ 重要な仮定の選択にバイアスはないか ✓ 重要な仮定が他の仮定と相互に整合し矛盾がないか
データ	直接観察することにより入手できる情報または企業の外部から入手できる情報	✓ データ（の種類）が会計基準や評価の実務慣行等に照らして適切か ✓ 過年度のデータ（の種類）からの変更が適切か ✓ データ（の種類）の選択にバイアスはないか

| | | | ✓ データが見積りに適合し信頼性を有しているか |
| | | | ✓ データを適切に理解し解釈しているか |

（出所）JICPA監基報540第22〜24項およびA2〜A4項をもとに作成

　続いて会計上の見積りのリスクを識別し評価するにあたっては，以下の性質に留意する。

図表Ⅲ－2－45　会計上の見積りの性質

✓　金額を直接観察できない
✓　最終的には経営者の判断により行われる
✓　見積りの判断に不確実性を伴う
✓　経営者の知識またはデータの入手に係る影響を受ける

（出所）JICPA監基報540第2項をもとに作成

　重要な会計上の見積りにおいても，考慮すべきリスク要因の種類は，本章2（1）①において示したリスク要因と基本的に同じであるが，上記の【会計上の見積りの性質】に留意する。なお，会計上の見積りの場合は，財務情報を作成する要件は評価の妥当性となる。

図表Ⅲ－2－46　重要な会計上の見積りに影響を及ぼすリスク要因

虚偽記載の生じやすさに影響を及ぼす状況等の特徴
1．複雑性－報告に必要な情報や作成過程における手順の多さや困難さ・難解さから生じる。
2．主観性－利用可能な知識や情報に制約があり，客観的な方法での情報作成に限界がある。
3．変化－時の経過により事象や状況に対してもたらされる影響
4．不確実性－将来予測を伴うなど，必要な情報が，直接的な観察によって検証可能な十分に正確かつ包括的なデータのみによって作成することができない。
5．経営者の偏向またはその他の不正リスク要因－意図的であるか否かを問わず，経営者が中立性を保つことが難しい状況

（出所）JICPA監基報315付録2をもとに作成

第Ⅲ章　情報の信頼性に着目した業務プロセス等のリスク評価と信頼性の確保　　145

　3種類の要素の着眼点とリスク要因（複雑性等）が重要な会計上の見積りに
どのように影響をするかについてリスク識別・評価した上で，リスクシナリオ
を検討し，構築すべき内部統制がどのようなものかを検討することになる。以
下では本章2（1）①において示した進捗度に基づく売上の計上における，工
事総原価の見積りについてよりリスクシナリオを深掘りし，対応する内部統制
を高度化するための検討を行う。

図表Ⅲ－2－47　進捗度に基づく売上の計上における工事総原価の見積りの観点から実施するリスクトークの例

当社からは，工事総原価の見積りのリスクシナリオとしては前回のリスクトークに
基づき見積工事原価の過少計上としている。当社では業務管理システムを使用して
おり，これに従っていれば過少計上は起こりにくいと考えていた。
話し相手（コンサルタント等）からは，見積りの3種類の要素で考えてみると，業
務管理システムを使用していても工事担当者の裁量で入力可能な項目はあるのでは
ないか，またデータについても自動で計算されておらず，システム外で計算・入手
した値をインプットしているものも多いのではないか，という質問を受けた。

＜対応方針，3点セットへの反映＞
調査の結果コンサルタントの指摘のとおりであったため，裁量的入力についての重
要な仮定およびデータの信頼性についてリスクが高いものとし，下記のとおり対応
する内部統制を検討した。

3種類の要素	リスク要因	リスクシナリオ	リスク評価	対応する内部統制概要
見積手法	複雑性	発注者からの注文の仕様や指図に基づいて，外注費，人件費，現場費，間接部門費，部材費，設備購入費等でそれぞれ見込単価・数量・時間等，外注先や購買先の見積書に基づき計算するため，計算項目が多く複雑である。	中	✓ 業務管理システム機能の利用による見積手法の一貫性の確保 ✓ 工事部門から独立した業務管理部門による見積手法の一貫した適用に関する検証と承認
重要な仮定	客観性偏向	見込単価・数量・時間等の決定に関し，過去データはある	高	✓ 業務管理システム機能の利用による単価

		ものの，見積りを実施する工事担当者の経験や判断に左右される。		や人工等の見積りの一貫性の確保 ✓ 工事部門から独立した業務管理部門による見込単価・数量・時間・外注費等の検証と承認 ✓ 業務管理部門が，工事部門の過去の見積りを予実分析による乖離原因の調査と指摘
データ	複雑性	契約情報，仕様や顧客指図の情報，単価・数量・時間等の過去データや外注先や購買先からの見積書がデータに該当し，業務システム外で作成したデータも多数あり，その種類は多く複雑である。	高	✓ 見積内容が契約・仕様・指図との整合性の検証 ✓ 過去データ集計の検証 ✓ 外注先の見積入手プロセスの検証

(11) 委託業務

　J-SOXにおいて，「委託業務に関しては委託者が責任を有しており，委託業務に係る内部統制についても評価の範囲に含まれる」（実施基準Ⅱ2（1）②イ），とされている。また，改訂J-SOX基準では，「ITの委託業務に係る統制の重要性が増している」（実施基準Ⅰ2（6））と明記されており，実態把握と適切な評価方法が適用されているかについて留意する。

図表Ⅲ－2－48　主な委託業務の種類および例

企業が財務諸表の作成の基礎となる取引の承認，実行，計算，集計，記録または開示事項の作成等の業務を企業集団の外部の専門会社に委託している場合	✓ 倉庫業務（入荷出荷業務・管理） ✓ 資金回収業務（回収・管理） ✓ 経理業務（記帳・開示作成） ✓ 給与計算業務 ✓ 年金資産業務（管理・運用・給付等）

第Ⅲ章　情報の信頼性に着目した業務プロセス等のリスク評価と信頼性の確保　　**147**

情報システムの開発・運用・保守などITに関する業務を外部の専門会社に委託する場合	✓ 開発や保守のように需要に応じ都度委託するもの ✓ 運用のように反復継続して委託するもの（サーバーの死活監視，バックアップの実施，利用者のIDの管理，データの入力や更新業務） 一般的な形態としては，ハウジング，ホスティング，共同センター，ASP，クラウドサービスがある。

（出所）内部統制報告制度に関するQ&A問22〜25，JICPA315 ITガイダンスQ28，29をもとに作成

　すでにBPO（ビジネス・プロセス・アウトソーシング）企業やITサービスプロバイダー等として同種業務の多数の受託実績がある会社に対して自社も同様の業務を委託する場合もあるが，自社特有の業務を新たに委託する場合や，自社がもともと行っていた業務を外部にスピンオフして受託会社化する場合もあり，受託会社を利用する形態は様々である。

　委託会社（委託元）は適切な受託会社（委託先）を選定し，委託業務の内容を明確化するための契約・合意を締結する。委任関係における受任者の法律上の責任には善管注意義務，報告義務，引渡し義務があるが，内部統制の構築・運用は明示的に含まれてはいない。J-SOXでの委託業務における内部統制の対応を求める場合や，その他業務上の必要性により内部統制の対応を求める場合は，契約・合意により明らかにする（明らかにされているか確認する）必要性を検討し，適切に外部委託管理を実施する。

図表Ⅲ−2−49　**委託会社（委託元）において外部委託管理として実施することが想定される内容**

✓ 受託会社の利用に関する方針の策定（業務能力評価，選定，利用に伴うリスクの識別と評価，内部統制，モニタリング等）
✓ 受託会社との契約・合意内容の確認（サービスの内容と体制，成果物，時期，責任範囲，業務委託結果報告書の内容，業務手続書を含む受託会社の内部統制，委託会社による調査，受託会社のシステムに関する記述書および受託会社監査人による保証報告書の提供可否）
✓ 受託会社の成果物を検収・検証する。

✓	受託会社の業務のモニタリングの実施と，識別された不備や改善事項に対するアクション

　また，相補的な内部統制という概念があり，その意味と例示は以下のとおりである。

図表Ⅲ－2－50　**相補的な内部統制の説明と例示**

受託業務をデザインする段階で，委託会社において整備されることを受託会社が想定する内部統制である（JICPA監査基準報告書402「業務を委託している企業の監査上の考慮事項」第7項（3））。	✓　受託会社が処理する委託会社に関する業務について，適切な契約締結，サービスレベルの設定，指図等とそれらの受託会社への通知に関する内部統制 ✓　受託会社に提供する委託会社のデータに関し，完全性と正確性および適時な提供を確保するための内部統制 ✓　受託会社の処理結果に対して，委託会社で管理する情報との整合性確認や調整に関する内部統制 ✓　受託会社のサービスレベルの監視・評価
	受託会社が提供・管理し委託会社が使用するシステムについて，委託会社が実施する必要のある内部統制として，以下が挙げられる（委託業務の範囲，委託契約の内容による）。 ✓　業務ユーザーのアクセス権の付与・変更・削除および定期的な確認 ✓　システム変更時の要件定義，テストと本番承認 ✓　障害管理・問合せ ✓　データのバックアップ・保管・復旧

　相補的な内部統制は，受託会社のシステムに関する記述書（あるいは内部統制の記述書）が提供される場合において，統制目的の達成に必要な内部統制として識別され，記載される。また，相補的な内部統制として記載されていない場合や，受託会社から記述書等が提供されない場合であっても，リスク識別・評価を踏まえ委託会社が受託会社の業務の適切性の前提となる自社の内部統制の構築について検討することが適切と考えられる。

　受託会社の内部統制の評価については，情報システムのITに係る全般統制に関する分野では受託会社のシステムに関する記述書および受託会社監査人による保証報告書（以下「保証報告書等」という）の受託会社による取得とユー

ザー（委託側）企業の利用が進んでいたが，最近ではそれ以外の受託業務でも進展している。企業では受託会社の内部統制を評価する際に，この保証報告書等の入手可能性を検討するとともに，受託会社の選定においても保証報告書等の入手が可能か，そのカバーする内部統制の範囲は十分かどうかを検討することが望ましい。保証報告書等が入手可能な受託会社は，多くの場合，多数の委託会社に対して受託業務を提供しており，相当程度規格化された内部統制が構築され運用されている。

保証報告書等は長文であるため，その内容を逐一3点セットのような文書化に落とし込むことは想定されていない。その評価手続については第Ⅳ章3（9）にて解説する。

保証報告書等が入手できないような委託業務について，委託会社側が適切に委託業務に関するリスク識別・評価ができているかどうかが重要である。受託会社からの成果物について，委託会社側が検証することで，十分なリスク対応となる内部統制であるかを見極めることに留意する。十分なリスク対応とならない場合は，受託会社の内部統制の評価を要請するか，委託会社の内部統制を強化し，その運用に必要な情報を受託会社に求めることになると考えられる。

図表Ⅲ－2－51　保証報告書等の入手可否と内部統制上の対応方法の例

保証報告書等を入手できない。	委託会社の内部統制により十分なリスク対応ができない。	（1）委託会社の内部統制を強化し，内部統制構築に必要となる情報に不足があれば，受託会社から入手することを検討する（（3）への移行を目指す）。
		（2）保証報告書等以外の手段で受託会社の内部統制を評価し，リスクが軽減されているか確かめる。当該手段については，質問，往査の他，リスク領域に係る外部の適切な認証を受け認証が更新されている場合を含む。
	委託会社の内部統制により十分なリスク対応ができる。	（3）業務委託結果報告書の検証や本番データの検証などの委託会社の内部統制を構築・運用する。

| 入手できる | （4）保証報告書等の内容を検証するという内部統制を構築・運用する。 |

　留意すべきは保証報告書等を入手したとしても，その対象範囲をよく見ると，委託業務に関する財務報告関連の内部統制の一部が対象とされていない場合や，いわゆるタイプ1の報告書という整備状況の評価をしているが運用状況の評価がされていない報告書のこともある（タイプ2の報告書は運用状況の評価もされている報告書である）。その場合は，対象外となった領域について，上表の入手できない欄への当てはめにより対応する。

　保証報告書等を入手できない委託業務については，リスクトークを実施し，上表への当てはめの対応をするにあたって，リスクの所在を明確することが望ましい。

図表Ⅲ－2－52 保証報告書等を入手できない委託業務についてのリスクトーク例

当社において，基幹システムは，外部のベンダーが管理する環境で稼働しており，当社はベンダーに運用・保守について業務委託しており，ベンダーから保証報告書等を入手している。しかしこれにはITに係る業務処理統制の記述は含まれていない。また，当社の給与計算は外部に委託しているが保証報告書等は入手していない。従来は内部統制上の追加の対応はしてこなかったが，情報の信頼性の観点から対応が必要か。

話し相手（コンサルタント等）との協議の結果，基幹システムはパッケージ化されカスタマイズされずに広く使用されており，手順書も入手して内容は把握可能であるため，一般的にリスクが高いとはいえない。手作業の統制を評価する際に，本番環境のデータが手順書に従って適切に処理されているかについても検証することで評価可能と判断した（上表の（3）の対応）。
一方，給与計算については，受託会社でのプロセスは手作業の内部統制とITを利用した内部統制があり一定の複雑性があるが，例えば以下のような内部統制を追加することにより，委託業務の有効性を検証できると判断した（上表の（1）の対応）。
• 受託会社に提出したデータと，そのデータの処理後に受託会社から受領した報告書を比較する。
• 事務処理の正確性を確かめるためにサンプルを抽出し，給与計算を再実施する。さらに源泉控除後の支払合計額の妥当性を検討する。

第Ⅲ章　情報の信頼性に着目した業務プロセス等のリスク評価と信頼性の確保　　151

<対応方針，３点セットへの反映>
調査の結果，基幹システムの対応および給与計算の対応とも実施可能であり，給与
計算については計算過程について受託会社から資料提供を受けることができること
となったため，３点セットにも反映した。

(12) 専門家の業務

　本項でいう専門家の業務とは，企業が専門家に計算，評価，調査等を依頼す
ることを指す。委託業務に関しては委託者が責任を有していると前項で記載し
たが，専門家の業務も同様である。専門性が高い業務について社内に専門家が
いない場合，適切に専門家を利用することが内部統制上も重要である。

図表Ⅲ－2－53　**財務報告に関連する主な専門家の種類と資格**

専門家の業務	資格名（海外の同様の資格を含む）
税務計算	税理士
退職給付計算	アクチュアリー（信託銀行，生命保険会社等）
企業価値評価，のれん，株式評価	公認会計士（証券会社，評価会社等）
不動産評価	不動産鑑定士
訴訟・紛争関係	弁護士
金融商品，ストックオプション評価	金融工学専門家
不正調査	弁護士，公認会計士，公認不正検査士
IT内部統制，ソフトウェアの資産性	IT専門家

　専門家を選定する際には，専門家の客観性や専門能力を評価する内部統制を
構築・運用することに留意する。また，専門家の利用は会計上の見積りに関連
するものが多く，重要な会計上の見積りの項（本章2 (10)）において説明し
た3要素である見積手法，重要な仮定，データの観点での評価が重要である。
見積手法や重要な仮定について専門家の判断の合理性を理解するとともに，
データに関しては依頼者である企業側が準備して提供したものを使用し，その

152

正確性や完全性について専門家が詳細に検討しない場合も多い。企業側が用意したデータに誤りや漏れにより，専門家の評価結果に誤りが生じたことによる虚偽記載や内部統制の不備の事例も散見されている。

　上記のような着眼点やリスクを踏まえて，専門家の業務を利用する際の内部統制として以下のチェックリストを適用することが考えられる。

図表Ⅲ－2－54　専門家の業務の利用のチェックリスト例

依頼専門家名称：		チェック手続，結果
事前チェック	当社からの独立性・客観性の確保状況	
	過去の依頼実績	
	知識，能力，経験	
	保有資格（登録状況や処分歴がないかのチェック）	
	専門家の検討実施体制（内部での審査・相互チェック・人数等），スケジュール，費用	
	依頼にあたっての打ち合わせ状況	
	専門家の検討に供するデータの正確性，完全性の確保の状況	
事後チェック	会計上の見積りの場合の見積手法，重要な仮定の妥当性評価	
	成果物の内容チェック状況（データ等に齟齬がないか等）	
	成果物受領にあたっての打ち合わせ状況	

(13)　非定型・不規則な取引への対応

　実施基準では「通常の契約条件や決済方法と異なる取引，期末に集中しての取引や過年度の趨勢から見て突出した取引等非定型・不規則取引を行っていることなどから虚偽記載の発生するリスクが高いものとして，特に留意すべき業務プロセスについては，追加的に評価対象に含めることを検討する。」（実施基準Ⅱ2（2）②ロc）とされている。また，JICPA内基研では「大規模企業

第Ⅲ章　情報の信頼性に着目した業務プロセス等のリスク評価と信頼性の確保　　153

においても，企業結合や事業環境の変化や会計基準の適用に伴って採用又は見直しが行われた見積り項目など，非定型・不規則な決算・財務報告プロセスでは誤謬が発生している。」（JICPA内基研Ⅲ1（1）②）とされている。

　非定型・不規則な取引を想定してリスクを識別するのは，リスクシナリオの構築とまさに整合する内容である。非定型・不規則な取引について想定されるリスクの重大性からリスクシナリオを構築するにあたっては，非定型・不規則な取引が発生していないかを確認する方法とともに，発生・発覚した場合にどのように対応するかの想定を明確化することが重要である。

　例えば，稟議・報告規程の構築と運用，通報制度，営業日報閲覧，取引内容に応じた与信調査・与信管理などの日常的モニタリング，財務分析の実施など，異常を察知するための内部統制が適切に構築・運用されているか確認することである。また，適切な情報伝達を実施し，しかるべき部門において検証を行う態勢となっているかが重要である。

　決算・財務報告プロセスについては，非定型で不規則に発生する会計上の論点に対し，平時にどのように内部統制を構築し，有事に備えればよいかが問題になる。実務的によくあるのが，「非定型で不規則に発生する会計上の論点があった際には，経理部長の指示のもと必要な態勢を整え対応する」という内部統制を3点セットおよび経理マニュアルに記載しておくことである。しかし，このような記載をしていても，実際会計上の論点が発生し適切な対応ができなければ，内部統制の不備となるであろう。

　新規の会計上の論点が発生した際に，大抵の内容は企業会計基準や適用指針およびその設例（JICPAの実務指針や研究報告等の場合もある。またIFRS会計基準の場合はIFRS会計基準書やその解説書となる）を適切に確認し，その確認内容を踏まえて必要な仕訳案や注記案を作成してみて論点を整理し，早期に監査人と協議する，資産負債の評価等専門的な内容は適切な専門家に対応を依頼することで，対応可能なことが多い。日頃の積み重ねができているかどうかが重要である。

3 │ DXを利用した情報の信頼性の確保

（1） DXを活用する動きと留意点

　ビジネス成長や業務効率化の観点から，財務報告に係る業務プロセスにおいても積極的にDXを活用する動きが出ている。従来は人手で行われていた業務についてAI等を活用して省力化・高度化を志向することなどが例として挙げられる。内部統制評価の実務においてもツール活用が計画されることもある。

　このような転換について目的が達成されるのであれば素晴らしいことではあるが，改訂J-SOX基準への対応という点ではツール等の開発とその信頼性のテストを含む時間のかかる対応となり，信頼性が確保されていなければ，誤った情報を生成し経営判断ミスにつながる。既存の内部統制を走らせながら，将来の省力化・高度化のための投資と信頼性の検証を行う対応ができるかで，内部統制を含むコーポレートガバナンスの水準の強化の程度とスピード感が左右されるものと考えられる。このような投資と信頼性の検証を実施していくための態勢構築も重要となる。以下の【DXを利用した内部統制の主なタイプ】ごとに各項で説明する。

図表Ⅲ－3－1　DXを利用した内部統制の主なタイプ

ⅰ．情報セキュリティ・職務分掌の強化
ⅱ．照合作業や転記・入力等の自動化
ⅲ．帳票や資料作成の簡易化，サポート・検証機能
ⅳ．リモートカメラやドローンを利用した監視・位置情報等利用
ⅴ．申請および承認と改ざん防止
ⅵ．異常・不正等の識別，データ分析，プロセスマイニング
ⅶ．データドリブンの検証・評価ツール

（2） 情報セキュリティ・職務分掌の強化

　情報セキュリティは本章2（5）のサイバーリスクの項で説明したが，DX

第Ⅲ章　情報の信頼性に着目した業務プロセス等のリスク評価と信頼性の確保　155

の進展に伴うデータの質量の増加，テレワークの進展，セキュリティ脅威の増加，規制の強化等があり，内部統制が求められる水準に達していない場合には対応が必要である。以下は本章2（5）では紹介していなかった手法の例である。

図表Ⅲ-3-2	DXを利用した情報セキュリティの強化の例
アクセス管理	WAF（ワフ，Web Application Firewall）：Webサーバーの前段に設置して通信を解析・検査し，攻撃と判断した通信を遮断 多要素認証：IDとパスワードだけではなく，ワンタイムパスワードや生体認証など複数の要素を使って認証
インシデントの感知，異常行動検出，監視	SIEM（シーム，Security Information and Event Management）：ログやデータを一元的に集約・分析しネットワークの監視やインシデント検知を行う。 CASB（キャスビー，Cloud Access Security Broker）：ユーザーのクラウドサービスの利用状況の把握

　最近のアプリケーション等には多くの場合，職務分掌についての必要な権限設定やユーザーID・パスワードの機能が具備されているが，事務効率性を優先し機能を本来の姿で利用していないケースも見られるので，アプリケーションの機能が適切に利用できているかを確認することが考えられる。

（3）　照合作業や転記・入力等の自動化

　照合作業や転記・入力等の自動化は，事務手続の効率化やヒューマンエラーを防止するために，積極的に方法の開発が行われている。その方法を大別すると以下のとおりである。

図表Ⅲ-3-3	DXを利用した照合作業や転記・入力等の自動化の例
エクセルのマクロ機能やその他EUCツール	データファイルを用意した状態でマクロ機能やEUCツールを実行し計算・集計する。通常システムをまたぐ処理は難しい。

RPA（アールピーエー，Robotics Process Automation）	システムにアクセスする機能をロボットに持たせ，RPAツールで記憶させた作業を，データの最後まで情報システムに自動で入力させる。システムをまたいでアクセスするような機能も設定次第では可能。ただし，設定どおりにしか処理できず，推測機能は通常持たない。
人工知能（エーアイ，Artificial Intelligence）	AIにより推測や複雑な判断が必要な機能を実行する。AIによる入金消込の自動化や，需要動向などの外部データに基づいて，AIの判断により数量や価格を調整するなどの処理がある。AIには学習モデルやデータ，学習の機会が必要である。

（出所）JICPA315ITガイダンスQ18，22をもとに作成

　留意点としては，ツールの使用を担当者任せにせず適切に公式に内部統制の中に組み込んで情報の信頼性のリスク，リスクシナリオと対応する内部統制を検討することである。ツールによっては情報セキュリティ上の問題が生じる可能性があるため，特に留意する。ツールの機能の限界を把握し，ツールで対応できない，または不適切となる可能性がある処理については，信頼性のある別のツールや人間が対応する必要性を考慮する。なお，COSO-ERMをAIに適用するCOSOのガイダンスである「COSOフレームワークと原則を適用した人工知能の導入と拡張の支援」や，リスクベースアプローチの対応として総務省・経済産業省が2024年4月に公表した「AI事業者ガイドライン」が参考になると考えられる。

（4）　帳票や資料作成の簡易化，サポート・検証機能

　DXを利用した帳票や資料の作成は，前項（3）で説明したEUCツール，RPA，AIにより行われることがある。AIを利用した翻訳や要約機能により，企業内やグループ内の情報の伝達が円滑化する可能性がある。作成過程を記憶させることにより，多少の変更をする場合でも容易に帳票や資料作成が可能になる。また，これらの作業をサポートし検証するための機能が実装されることがある。帳票や資料の正確性や完全性については留意が必要であるため，機能の限界を十分理解した上で使用する。

（5） リモートカメラやドローンを利用した監視・位置情報等の利用

　リモートカメラは主に定点の監視に使用されるものであり，防犯監視，勤務状況や稼働状況の監視，農作物等の生育監視，安全管理等に使用されることが多い。他の機能と組み合わせてアラートを発することができる。ドローンは広域の監視，高所等の観察，倉庫等での棚卸資産管理に使用されることが多い。カメラやアプリケーションの認識能力やドローンの飛行性能は向上しており，人間の目以上のパフォーマンスが期待できる部分もあるが，限界を適切に把握することが重要である。その上で内部統制に組み込み，限界がある部分について追加の内部統制を適用することに留意する。

（6） 申請および承認と改ざん等の防止

　業務のデジタル化が進むと，社内における申請や伝票について，従来は書面に押印または署名により承認の証跡としていたものについて，電子的な証跡が必要となると考えられる。その際には，なりすまし，改ざん，事後否認等を防止し，DXのメリットを生かすような効率的かつ視認性の高い承認システムが求められる。また，証拠書類についても画像ファイル化されることになるが，画像ファイルは改ざん，偽造，二重使用が可能であるため，これらを防止する措置について留意する。

　取引記録という観点では，ブロックチェーンは，適切に管理されている状況下においては，その記録が容易に改ざんできないという特徴があるが，ブロックチェーンによって記録された情報の信頼性の評価にあたっては，利用されている環境や関連する内部統制を理解することに留意する。

（7） 異常・不正等の識別，データ分析，プロセスマイニングおよび循環取引のリスクへの適用

　データに対して自動化されたツールまたは技法を用いて分析することを，データアナリティクスということがある。企業にとっては当該分析により，企業課題やリスクの識別，異常や矛盾，ビジネスの機会の識別に役立つことがあ

る。当該分析は企業内の異なるシステムのデータを組み合わせたり，また企業外のオープンデータ等を組み合わせたりして，階層化，分散状況，相関性，外れ値の特性などを分析していくことが想定されている。

このような分析を実施するためにはデータの標準化が重要であり，それが実現できるようなデータ形式や出力方法を検討する。また，目的意識をもって実施することが重要であり，例えば，何らかの仮定を立ててそれがデータで裏付けられるか，データ間の矛盾や異常となりうる項目（例えば通常の取引プロセスではありえない日数での処理など）を想定することなどである。

過去の不正事例と財務データをAIに学習させることにより，企業の財務データの不正リスクのスコアリングを実施し，リスクの高い事業拠点を識別するような取組みも行われている。金融機関やクレジットカードの口座監視に不正検知システムが適用されており，AIの導入が進められている。

プロセスマイニングとは，「システム上の取引に関わる記録（イベントログ）を基に，業務フロー・プロセスの可視化を行い，有用な情報を取得する手法である」とされている（JICPA監査基準報告書240研究文書第1号「テクノロジーを活用した循環取引への対応に関する研究文書」（以下「JICPAテクノロジー循環取引研究文書」という）Ｖ1（4））。イベントログには，「取引を特定するID，受領，承認，支払といった各イベントの実行日時や，各イベントを実行した担当者等のシステム上に記録される様々な付随データが含まれる」（JICPAテクノロジー循環取引研究文書Ｖ1（4））。プロセスマイニングにより，実際の業務フローを可視化し，企業が想定する業務プロセスとの比較，ルールから逸脱している処理等を検知できる可能性がある。

JICPAテクノロジー循環取引研究文書では，主に循環取引の形態，特徴，事例研究，データ分析の活用可能性について述べられている。

図表Ⅲ－3－4　循環取引の特徴

形態	✓ スルー取引（帳簿上通過するだけの取引） ✓ Uターン取引（商品・製品が最終的に起点となった企業に戻ってくる） ✓ クロス取引（在庫等を保有し合う，または相互に他の企業にス

第Ⅲ章　情報の信頼性に着目した業務プロセス等のリスク評価と信頼性の確保　159

	ルーする）
発生しやすい取引形態	✓　仲介取引，同業者間の仲間取引，買戻条件付取引等 ✓　直送取引が多い業界
発生しやすい財・サービス	劣化・陳腐化しない商品や冷凍食品等の保存性の高い商品，ソフトウェア等
発生しやすい事業，拠点等	比較的重要性が低い新規事業や主力以外の事業，官公庁向けの秘匿案件と偽るなど特殊な事業，本社からの監視の弱い子会社
財務数値等に表れる特徴	取引金額・頻度の多さ，短期間または年々での売上の伸び，利益率が低率，回収サイトが長い，特定の商材や会社に依存等
その他特徴	参加者に代表者や住所が同じ者がいる，エンドユーザーが不明確，取引名が〇〇一式等となり詳細が記載されていない等

（出所）JICPAテクノロジー循環取引研究文書Ⅲおよび循環取引に対応する内部統制に関する共同研究
　　　報告3をもとに作成

　データ分析は上記のような特徴や事例研究等を踏まえ識別したリスクを手掛かりに，データ分析の属性として活用していくことが考えられるとしている。異常な数値や文字列を識別するような分析手法や，仕入元と得意先を視覚化すること，プロセスマイニングの業務フロー・プロセスの手法により視覚化して，想定する業務プロセス外で処理されている取引をリスクの高い取引として識別する方法，将来的には電子インボイスを利用して取引プラットフォームに蓄積されるデータの活用の方向性などを紹介している。

　このような電子的なツールがより汎用化され，リスクトークやリスクシナリオの設定に基づき柔軟に条件設定を見直すことができるようになれば，電子的なツールを使用した発見的内部統制の精度の飛躍的な向上が期待される。

（8）　データドリブンの検証・評価ツール

　内部監査の現場でも従来SASやACLなどの抽出やデータ分析ツールが使用されていた。前項のデータアナリティクスやプロセスマイニングは内部監査や日常的モニタリングなどの監視活動のツールとしても使用されることがある。

　従来，営業日報のレビュー等により業務運営上の問題点を識別していたが，営業日報はアプリケーションにより運営され，報告事項等はデータベース化さ

れているため，データマイニング等の手法によってより高度な検討が可能になる。

内部監査ツールは以前より一部の企業により利用されていたが，最近は全社的リスク管理を志向したGRC（ガバナンス，リスク，コンプライアンス）ツールとしてパッケージ化されている商品がある。全社的リスク管理でカバーすべき様々なメニューがあり，情報システムと連携することも可能であるが，企業の状況に応じて各メニューをどのように運用するかについての準備が求められる。

モニタリングに使用するデータを一元化し，視認性を向上させるようなダッシュボード機能等を充実させたツールの導入が行われることがある。ツールを利用することにより，異常な稼働時間や異常な取引の増減などがタイムリーに把握可能となる場合がある。創意工夫によりデータドリブンの高度な日常的モニタリングを展開することが可能であり，取組みを推進することが考えられる。

4 海外事業拠点での対応

実施基準では，複雑または不安定な権限や職責および指揮・命令の系統にあるものとして海外に所在する事業拠点を挙げており，追加的に評価対象に含めることを検討することとしている（実施基準Ⅱ2（2）②ロa）。

海外に所在する事業拠点の中には，親会社が十分にコントロールを利かせている場合や，独自に堅確な内部統制を構築し運用している場合もある。しかし，内部統制の構築・運用において海外事業拠点の対応は，実施基準が指摘するように親会社にとって悩ましいものがある。海外拠点特有の全社レベルのリスク要因を以下に列挙する。

図表Ⅲ−4−1 海外拠点特有の全社レベルのリスク要因

✓ 事業環境が我が国と異なる場合，別のリスクを識別し，内部統制を構築運用することを検討する必要性が高まる。
✓ 監視対象となる子会社の事業，商習慣，内部統制について，十分な知識を持つ監視要員，内部監査要員の不足の可能性
✓ リスク識別や内部統制構築運用のための情報収集や理解が必要となるが，知識や相場観の不足のため，うまくいかない可能性がある。

第Ⅲ章　情報の信頼性に着目した業務プロセス等のリスク評価と信頼性の確保　161

- ✓ 言語・文化の違いや時差によるミスコミュニケーション
- ✓ コンプライアンス意識の相違による違法行為に遭遇する可能性
- ✓ 日本人駐在員の会計知識や内部管理能力が不足しがちであり，管理が行き届かない可能性がある。
- ✓ 会計基準の違いがあり，海外子会社で米国会計基準やIFRS会計基準を適用していたとしても，親会社が日本基準の場合，開示の内容が異なるため，海外子会社の経理要員に理解されない可能性がある。
- ✓ 日本の内部統制報告制度は独特のものであり，また内部統制に関する対応も差異があるため，関係者（従業員，海外拠点マネジメント，内部監査部門，監査人等）に浸透が難しい。
- ✓ 地理的遠隔性や情報システムの違いにより，親会社の監視がリアルタイムにできない。
- ✓ 国内と同じ情報システム，受託会社やベンダーを利用しない（できない）場合，異なる内部統制上の対応が求められる。

　上記のような全社レベルのリスク要因があるが，内部統制の構築・運用方法に問題がある場合もある。その問題点の例を以下に掲げる。

図表Ⅲ－4－2　海外拠点特有の内部統制上の問題点の例

海外拠点におけるプロセスオーナーの責任が不明確
- ✓ プロセスオーナーが海外のプロセスを適切に構築，維持，監視していない。
- ✓ 海外拠点のプロセスについて現地のプロセスオーナーを指名したが，現地プロセスオーナーに構築，維持，監視方法のノウハウが不足し，親会社の指導や監視も不足している。
- ✓ 親会社主導で内部統制を構築・監視するのか，海外拠点主導で実施するのかの方針や実施計画が不明確
- ✓ 内部統制の文書化（規程・マニュアルや3点セット）が適切でなく更新や検証が不十分
- ✓ 海外拠点における自律的な日常的モニタリングや監視活動の構築が不十分

親会社の方針が浸透していない
- ✓ 海外拠点のマネジメントやガバナンスが，親会社の方針を踏まえたリスク管理や内部統制の重要性を強調するための行動をしていない。
- ✓ 海外拠点において，親会社と比べルール違反の識別や処分が甘い。
- ✓ 海外拠点のリスク管理や内部統制の構築運用のリスクが高いことを踏まえた監

視活動と改善活動の実施が不十分

- ✓ 親会社と連携している情報システムの運用に係る情報セキュリティなど，重要な方針が浸透していない。
- ✓ 受託会社（委託先）の利用方針や監視に関する内部統制が遵守されていない。
- ✓ 海外拠点とそれに対する親会社側の担当者が、闊達な情報と伝達を推進し、問題点を早期に解決する意識付けや仕組みができていない。

　海外拠点であっても，企業集団の中の構成単位であり，内部統制の構築，評価，運用方法の基本は変わらない。これまで説明したリスクトーク，リスクシナリオ，全社的な内部統制の構築および情報の信頼性の方法論は，海外拠点に対しても適用可能である。ただし，海外拠点では上記のようなうまくいかなくなる原因や発生しがちな問題点があるため慎重に対応する必要性が高く，関係者が多様であり複雑であるため，担当窓口の確保を含めた責任の所在を明確にすることが重要である。海外拠点の進出形態に応じての使い分けも重要である。また，文書化についてはペーパーワークの増大として批判的な意見もあるが，地理的，言語的な壁が大きいほど，組織に内部統制に関する必要な情報を共有するためにその重要性が増し，監視活動において内部統制を適切に把握するために必要性が高まるものと考える。以下は海外拠点が適正な運営となるための内部統制の例である。

図表Ⅲ－4－3　海外拠点の適正な運営のための着眼点

- ✓ 海外拠点で全社的な内部統制を機能させるために，海外拠点のマネジメントが実施すべき施策をプログラム化し（倫理教育や日常的モニタリングの実施），ルールや規範への違反に毅然とした対応をする。
- ✓ 海外拠点とのコミュニケーションを促進・奨励し，相談しやすい環境を構築・発展させる。
- ✓ 海外拠点における自律的な日常的モニタリングや監視活動のあり方を，プロセスオーナー（海外拠点にプロセスオーナーがいる場合は親会社のリスク管理部門）と海外拠点のマネジメントが協議する。
- ✓ 親会社の経理部，プロセスオーナー（海外拠点にプロセスオーナーがいる場合は省略），リスク管理部門，内部監査部門が協力し，海外拠点の窓口担当者を決定し，リスク管理や内部統制に関する課題を共有・議論する定期的，随時の

第Ⅲ章　情報の信頼性に着目した業務プロセス等のリスク評価と信頼性の確保　163

　　情報交換を行い，連携して海外拠点の窓口担当者と対応する。
✓　海外拠点と親会社が協力したリスク情報の収集と分析によるリスク評価の実施。その際にリスクトークやリスクシナリオの手法を取り入れる。
✓　海外拠点での要員や専門性の不足，権限分離の不十分性を把握し，親会社や他の事業拠点による内部統制の肩代わり等の代替的対応の適用
✓　プロセスオーナーによる内部統制文書化，更新，改善状況が，現実と合致した適切なものになっているか，リスク管理部門が指導，チェックする。
✓　内部監査部門はリスク管理部門の指導・チェック状況を監視するとともに，プロセスのウォーク・スルーを実施および検証し，不備を指摘する。
✓　法務や税務等の専門家の利用に関するポリシーの適用
✓　グループ全体レベルのネットワーク対応など，企業集団で対応すべきITに係る全般統制を構築し，各海外拠点の役割を明確にする。
✓　親会社が把握しない業務委託を防止し適切な業務委託先を選定するためのポリシーの適用

5 ┃ 買収先での対応

（1）　評価対象として重視されている買収先

　実施基準では，複雑または不安定な権限や職責および指揮・命令の系統にあるものとして企業結合直後の事業拠点を挙げており，追加的に評価対象に含めることを検討することとしている（実施基準Ⅱ2（2）②ロ a）。
　買収先に対する内部統制の対応は，その実態が見えづらいという点では海外拠点と類似しているが，外様であったという点では見えづらさが増す分，国内の同業先等の買収であればおおよその体制等は把握していると考えられる場合もある。また，買収元企業よりも優れた内部統制を構築している場合もある。
　買収先の事業運営を，買収の目的に照らした効果を出し，かつ内部統制が機能するための方法論は，その検討チームの組成，プロジェクトの立案から実施まで膨大かつ詳細なものとなる。本書ではPMI（Post Merger Integration：企業結合後の統合プロセス）と呼ばれるもののうち，シナジー追求や効率化のための業務プロセスの統廃合については割愛し，主に全社的な内部統制，決算・財務報告プロセス，ITを含む業務プロセス，リスクトーク・リスクシナリオ設定の展開の順にその要点を見ていく。

（2） 全社的な内部統制

　全社的な内部統制では，買収元の方法論をすみやかに適用していく場合と，買収先の既存の全社的な内部統制を維持しながら，買収先との情報と伝達を中心とした全社的な内部統制を構築し，徐々に買収元の全社的な内部統制の適用範囲を広げていく場合がある。買収時の人事に関する条件により，買収元の出身者が買収先のマネジメントのどの程度を占めるのか，従前のマネジメントが離脱するかによっても，全社的な内部統制のありようが変わる可能性がある。しかし，買収する以上はコアバリューの共有を目指すはずであり，その前提でどれだけ環境に応じた違いを許容して運営するかということになる。

　買収時のデューディリジェンスあるいは買収後の調査は外部専門家が関与するなどして，買収先のガバナンス，リスク管理，内部統制の情報や課題事項が入手される。その情報をもとに，買収元は買収先と協議しながら，課題事項の確認や他に課題がないかどうかを確かめていき，買収時の経営戦略と整合性をとりながら，必要に応じて軌道修正を行い，全社的な内部統制の方針を立案していく。買収先のカルチャーを尊重し，買収先の意見に耳を傾けながら，買収後の新しいステップのために必要と考える全社的な内部統制のありようを説明することが重要である。

　全社的な内部統制の構築と文書化にあたっては，買収先の既存の文書化を利用しつつ，第Ⅱ章2の各項で紹介したCOSOフレームワークの利用，日常的モニタリング，職務分掌，3線モデルなどを取り入れながら進めていくことが考えられる。

（3） 決算・財務報告プロセス

　決算・財務報告プロセスは，他のどの分野よりも親会社の方法に適合する形で融合を図らなければならない分野である。取得時は，親会社において取得資産負債の引継ぎに関する確認作業を実施することになるが，次の四半期から取得先子会社の損益を含む連結作業が開始され，年度末には決算・財務報告プロセスの評価が必要になる。

　共通の連結会計システムや連結パッケージを適用し，その勘定体系や開示体

第Ⅲ章 情報の信頼性に着目した業務プロセス等のリスク評価と信頼性の確保　165

系に整合した情報を作成し検証の上，親会社に提出しなければ，法定の開示や取引所が求める開示が立ち行かなくなってしまう。買収先の会計システムや情報作成方法のすべてが無効になるわけではなく，生かせる部分は大いにあるが，連結子会社側の最終成果物の連結会計データや連結パッケージは，親会社の指定する仕様に合わせることが通常と考えられる。もし，買収先の適合がただちに難しい場合には，買収先の従来ベースの決算手続を前提にして，しばらくの間買収元のほうで調整作業を実施する場合もあり，その場合には当該調整作業に関する内部統制の構築が求められる。

　買収時にはパーチェス法による対価の資産負債の配分とのれんの計上，その後は会計方針の統一へのすみやかな対応が必要となる。特に買収先が非上場企業であり，税務会計から企業会計への転換が進んでいない場合には，税務ベースの試算表からの組替仕訳や注記データの抽出方法を買収決定後取得までの期間に迅速に準備しておくことに留意する。これらの実務的な対応手順を確立した上で，その手順が適正に実施されていることを確かめる内部統制を構築・運用することが求められる。

　全社的な観点から評価することが適切な決算・財務報告プロセスの評価は，原則としてすべての事業拠点で毎年評価する必要がある。そのため，上記で構築する必要があるとした内部統制について，その手順どおりに処理がされているかの検証を行う。検証を行うためには，内部統制を文書化しておくことが必要であり，親会社と同様の書式での３点セット等の文書化の完成は時間をかけて実施したとしても，どのような手順と内部統制があるのかは，既存の規程やマニュアルを活用しながら，期末の評価に間に合うように必要な補足を行い整えることが求められる。

（4）　ITを含む業務プロセス

　業務プロセスは買収先企業の通常の事業活動であり，買収直後からすべての面において急激に変わることは想定し難い。そのため買収先企業の既存の内部統制の構築状況をいったんは受け入れ，緊急度の高いものは早急にグループの方針に即した業務プロセスを再構築するものと考えられる。

　買収の目的に沿った全体的な業務プロセスの再構築については，買収時の構

想に基づき買収後の調査も踏まえて決定していくことになる。特に買収元の手法を適用するなど大幅な業務プロセスの変革となる場合には，綿密にその進め方を練ることが重要である。以下が主な段取りとなる。業務プロセスとITの対応は不可分であり，ITがボトルネックとなり変革の方向性の見直しを余儀なくされる可能性や，セキュリティ関係を含むITに係るリスクの検討が不十分で思わぬリスクを抱え込む可能性に留意する。

図表Ⅲ－5－1　業務プロセスの再構築の主な手順

- ✓ 業務プロセス再構築のロードマップ原案作成
- ✓ ITリスク，ITプロセスの確認
- ✓ 社内関係者との協議・ヒアリングとそれを受けた調整
- ✓ 業務プロセス再構築案の決定
- ✓ 意義や進め方についての関係者への説明
- ✓ 取引先等に関係する内容の説明
- ✓ マニュアル類の改正作業，職務分掌の整備，IT設定，文書化
- ✓ 関係従業員等向けの研修
- ✓ 新業務プロセスのカット・オーバー

　文書化については，上記のような再構築をする予定ではあるが実施前の段階では，買収先の既存の文書化を基礎として，必要に応じて追加の暫定的な文書化をすることになると考えられる。その文書化は内部統制評価の基礎となり，特に買収元の内部監査部門にとっては買収先の内部統制の状況を把握するための重要な道標になる。再構築を行う過程では，内部統制の文書化は，関係者に内部統制を理解させ，日常的モニタリングの実施や内部監査部門の評価のために必要な資料となる。

（5）　リスクトーク，リスクシナリオ設定の展開

　リスクの識別と対応は買収時においても不可欠な対応であるが，リスクトーク，リスクシナリオ設定はある程度企業の状況を把握している関係者が協議してリスクの気付きを高めていく性格のものである。リスクトークを主導すると想定される買収元のプロセスオーナー，コンサルタント，内部監査人や監査人

第Ⅲ章　情報の信頼性に着目した業務プロセス等のリスク評価と信頼性の確保　　167

等が買収先の状況を十分把握していない可能性もある。

　買収先の関係者を巻き込んでリスクトーク，リスクシナリオ設定を買収後の早い段階から実施することも考えられるが，当面は買収時のデューディリジェンスの内容や，買収後のPMI検討を優先し，業務の流れとリスクと内部統制のバランスを取りながら内部統制構築を進めていき，買収後の検証作業の中でリスクトーク，リスクシナリオ設定を行うというような対応もありうると考える。

6 ｜ 中堅・中小上場企業等における内部統制の構築

　金融庁企画市場局が発行する「内部統制報告制度に関する事例集」は，2011年時点において「中堅・中小上場企業等における効率的な内部統制報告実務に向けて」と題し，「資源の制約等の下，様々な工夫を行い，内部統制の有効性を保ちつつも，効率的に内部統制の評価等が行われていた」とし，「事例を企業，監査人等から収集し，実務の参考に供すべく，取りまとめたもの」（内部統制報告制度に関する事例集冒頭文）として公表され，J-SOX基準改訂と整合性を取るために2023年に見直しが行われたが，多くは2011年当時の事例や説明が踏襲されている。

　記載内容は内部統制の評価の効率化に関する内容に主眼が置かれているが，内部統制の構築に関して有用と考えられる内容について記載されている箇所がある。

図表Ⅲ－6－1 　**内部統制報告制度に関する事例集のうち内部統制の構築に有用と考えられる事例**

概要	事例の要約
（事例3－8）リスクに対して，1つの統制のみで対応するのではなく，財務報告上の重要な虚偽記載を低減する可能性の高い統制であるかどうかを考慮した上で，複数の統制を組み合わせる。	リスクを低減する効果の高い統制を組み合わせる。なお，取引先から入手した残高確認との照合のように，外部から入手した証拠を用いる統制は，リスクを低減する効果が高いと考えられる。

（事例3−10）経営者が直接的なモニタリングを実施する。	経営者は，店長の実地棚卸の日時および結果に関する報告書を直接入手し棚卸差異分析の状況などを確認するとともに，実地棚卸を2週間行っていない店舗を把握し，当該店舗を訪問し，調査を実施。
（事例4−1）IT統制のうち重要性の高いものについては，本社（親会社）に権限を集中させる。	支社（子会社）は，独自のシステムを採用している。当社は，システムの開発・保守，外部委託に関する契約などITに係る全般統制を中心に，重要なIT統制について，本社に権限を集中させる。
（事例4−2）ITを利用した内部統制の整備状況評価におけるチェック・リストの活用	事業規模が小規模で，比較的簡素な組織構造を有しており，ITに関しては，自社開発のシステムではなく，基本的に市販のパッケージソフト等をそのまま利用し，その際に重要な変更がないITを利用した内部統制について，チェックリストを作成して評価に利用している事例である。事例4−2に掲げられている「ITに係る全般統制に関するチェック・リスト例」は内部統制の構築や再点検にも有用と考えられる。
（事例6−1）内部監査人等と管理部門が適切に連携を保つ。	毎四半期決算の開始前に内部監査人と管理部門にて，事前に提出予定資料リストを作成しミーティングを実施することによって，決算・財務報告プロセスに必要かつ内部統制報告制度に有効な資料かどうかを見直している。

（出所）内部統制報告制度に関する事例集をもとに作成

　第Ⅰ章2で示した**図表Ⅰ−2−2**【2023年4月から2024年3月までに提出された内部統制報告書（訂正内部統制報告書を含む）における開示すべき重要な不備を報告した会社数の内訳】のとおり，東証プライム以外の上場企業のほうが東証プライム上場企業よりも，開示すべき重要な不備の発生確率が大きい状況であり，不正によるものと，不正以外によるものとほぼ同数で発生している。一般的に，中堅・中小企業では権限分離の不徹底による不正リスクの高まりや，属人的対応により誤りが修正されないリスクが存在するものと考えられる。リスクトーク，リスクシナリオの設定による検討は，内部統制に精通したあまり多くない人数で実施する場合，本音の協議が進む可能性が高く，効果的な協議ができる可能性が高い。これらのことから中堅・中小企業に適した検討スタイ

ルであると考えられる。

　上記で示された内部統制構築における効率的・効果的な対応の適用余地も含め，協議することが有意義であると考える。

7 決算・財務報告プロセス，業務プロセスの例

　以降は情報の信頼性に着目した決算・財務報告プロセス，主な業務プロセスの例を示す。例示は網羅的なものではなく，情報の信頼性に着目した企業の状況に合わせて適切に追加すべきものがないかどうかを確認するための参考資料として提供されるものである。

図表Ⅲ－7－1　全社的な観点で評価する決算・財務報告プロセスの例

サブ プロセス	内部統制	信頼性を確かめておく情報
財務諸表		
承認権限と報告	✓ 会計規程において，会計処理や開示に関する承認の権限と範囲および報告に関する要件が定められ，適切な権限分離がされている。 ✓ 情報システムは会計規程に定める権限や要件に沿った設定を確保し，責任者が監視する。	情報システムにおける権限一覧表
連結・持分法範囲	✓ 議決権比率，役員関係，資金関係等の適用指針22号，実務指針52号等の判断に必要な情報を反映した連結・持分法範囲検討シートを作成し，連結・持分法範囲案を決定し，経理部長が検証し，CFOはこれを承認する。	連結・持分法範囲検討シート
会計処理方法	✓ 新規取引・事象の発生や会計基準の変更の情報収集（連結子会社を含む）を行い，他社例や専門家の見解入手も必要に応じ実施し，ポジションペーパー，会計規程の更新案を作成し，経理部長が検証する。監査人への必要な相談・報告後，CFOが承認する。 ✓ 連結子会社について，会計方針の統一を図るために会	－

	計規程を共有し，親会社経理部が質問および月次決算や年次報告書のレビューにより会計規程の適用状況を把握する。 ✓ 最新の会計処理の検討内容および有価証券報告書記載例等を参照し，財務諸表の会計方針の記載の見直し案を作成し，経理部長が検証し，CFOはこれを承認する。	
外貨換算	✓ 連結システムおよび個別会計システムに入力する換算レートは，会計規程に定める入手方法および頻度で担当者が入力したものを，主任以上役職者が検証する。	連結システムの換算レート出力プルーフ
報告パッケージ	✓ 連結会計に必要な情報を入手する仕様とするために，発送・リリース前に更新作業を行い，経理部長が検証する。 ✓ 回収後，経理部担当者が情報の漏れ・誤り・不整合等の検証や前期比較の後，連結システムへの入力または現地でのシステム入力状況確認を実施し，主任以上役職者が検証する。	報告パッケージ
合算・連結仕訳	✓ 定型自動仕訳については連結システムの自動集計仕訳生成機能（機能カスタマイズなし）を利用している。処理エラー・異常処理が発生していないか確認し，前期比較等を実施し，主任以上役職者が検証する。 ✓ 非自動仕訳は経理部担当者が会計規程および過去仕訳や会計相談時の合意事項をもとに起票し，主任以上役職者が検証・承認入力し，経理部長が確認する。 ✓ 会計規程に定める異例仕訳はCFOの承認が必要であり，承認に基づき起票され，主任以上役職者が検証・承認入力する。 ✓ 連結処理の確認チェックリストに従い前期比較を含め処理結果の検証を実施する（キャッシュ・フローも同じ）。 ✓ 内部監査部門は四半期ごとに非自動仕訳および財務諸表の直接修正（組替表）を検証する。	連結システムの各種処理結果
連結システム，権限	✓ 連結システムに機能的カスタマイズはなく一般的な連結処理機能を有する汎用的なものである。 ✓ 権限付与は所定のものを使用し，仕訳権限は経理部担	－

第Ⅲ章　情報の信頼性に着目した業務プロセス等のリスク評価と信頼性の確保　171

	当者，承認権限は経理部主任以上役職者とし，経理部長・CFO・他部署は閲覧権限のみ有しており，権限付与は経理部長の申請に基づき情報システム部が承認・設定する。 ✓ 連結処理確定後は締切処理を行い，追加修正はできない（やむを得ない状況では情報システム部に稟議により再オープンを依頼する）。	
キャッシュ・フロー	✓ 連結システムの原則法処理メニューに従い，必要データを入力（データ要件は会計規程に定義）し，主任以上役職者が検証・承認入力する。 ✓ 非自動キャッシュ・フロー仕訳の統制は連結仕訳と同じ。	―
税金・連結税金	✓ 関連する国内外の税法等の変更，会計基準の変更，連結会社の増減や状況の変化等に伴う論点がないか検討し，税務専門家に対応方法を相談する。 ✓ 個別税金について，各社で利用している税務申告パッケージシステムの機能が適用可能であることを確認し，データを主任以上役職者が検証し，経理部長は重要な税務調整について確認する。 ✓ 連結税金について，親会社で利用している税務申告パッケージシステムの機能が適用可能であることを確認し，データを主任以上役職者が検証し，経理部長は重要な税務調整について確認する。 ✓ システム対応していない場合は，必要なデータを用意し専門家に算定を依頼するか，専門家の指導や情報提供のもと経理部でワークシートを作成して算定し，レビューを受ける。算定結果につき主任以上役職者がデータの信頼性含め検証し，経理部長が確認する。	• 税務申告パッケージシステム • 連結税金調整ワークシート • 専門家の算定結果シート
税効果・連結税効果	✓ 税効果・連結税効果を考慮すべき内容について，関連する国内外の税法等の変更，会計基準の変更，連結会社の増減や状況の変化等に伴う論点がないか検討し，税務専門家に対応方法を相談する。 ✓ 各社において適用される会計基準に基づき一時差異を識別して税効果額を計算するとともに，回収可能性を判断した上で評価性引当額を，ワークシートまたは税務申告パッケージシステムにより計算するか，専門家	• 税務申告パッケージシステム • 税効果ワークシート • 連結税効

	が計算する。当該計算内容を各社の主任以上役職者が検証し，各社の経理部長が主に項目の網羅性や回収可能性について確認する。	果ワークシート
	✓ 連結税効果調整は，親会社において，連結税効果をサポートする税務申告パッケージの計算，ワークシートの計算または専門家の計算により集計された数値について，主任以上役職者が検証し，経理部長は主に項目の網羅性や回収可能性について確認した上で，連結会計システムの仕訳モジュールに入力する。	• 専門家の算定結果シート • 税率差異ワークシート
	✓ 各社は実効税率と実際税率の差異分析，繰延税金資産負債の内訳に異常な項目や数値が含まれていないか検証し，必要に応じ税務専門家に確認の上，主任以上役職者が検証する。親会社では連結ベースでこれを実施・検証する。	
個別会計システム，権限	✓ 個別会計システムには，他システムからのインターフェースを除き機能的カスタマイズはなく，一般的な個別会計処理機能を有する汎用的なものである。	－
	✓ 権限付与は所定のものを使用し，仕訳権限は経理部担当者，承認権限は経理部主任以上役職者とし，経理部長・CFO・他部署は閲覧権限のみ有しており，権限付与は経理部長の申請に基づき情報システム部が承認・設定する。	
	✓ 自動処理締，決算振替処理締処理を行い，確定後追加修正はできない（やむを得ない状況では情報システム部に稟議により再オープンを依頼する）。	
個別仕訳	✓ 自動仕訳については，インターフェースのエラーが発生していないか，前期比較等を実施し異常処理がないかを確認し，主任以上役職者が検証する。	－
	✓ 非自動仕訳については，経理部担当者が会計規程および過去仕訳や会計相談時の合意事項をもとに起票し，主任以上役職者が検証・承認入力し，経理部長が確認する。	
	✓ 会計規程に定める異例仕訳については，CFOの承認が必要であり，承認に基づき起票され，主任以上役職者が検証・承認入力する。	
	✓ 決算仕訳の自動処理，非自動処理のそれぞれについて，確認チェックリストに従い前期比較を含め処理結	

第Ⅲ章　情報の信頼性に着目した業務プロセス等のリスク評価と信頼性の確保　　173

	✓ 果を検証する。 ✓ 内部監査部は四半期ごとに非自動仕訳検証を実施する。	
（連結） 財務諸表 の修正・ 表示	✓ 財務諸表の修正（会計システム数値外の財務諸表の直接修正）は表示科目の集約・組替・分割以外は会計規程上認めていない。やむを得ない理由により必要な場合はCFOが承認する。 ✓ 会計システム上の連結精算表，キャッシュ・フロー精算表，個別試算表をもとに，財務諸表等規則等に定める表示科目や掲出基準の検討により集約・組替・分割のワークシートを作成し，主任以上役職者が検証し，経理部長が承認する。	－
後発事象	✓ 各部署や連結子会社等に対し後発事象に関する周知を行い，期日に報告や資料を収集し，発生状況や開示や追加会計処理の必要性を検討し，主任以上役職者が検証し，経理部長が承認する。	後発事象報告シート
注記・有価証券報告書（有報）前半の開示		
財務諸表 の表示等 を用いた 記載	✓ 有報前半の財務諸表の表示等を用いた記載については，決算短信用に作成し有報時に追加手直しをしている。その際にCFO等によるレビューとともに，経理部内で，作成者と別の担当者が数値の妥当性や誤解を与える表現でないかのチェックを実施し，経理部長が承認する。	－
財務諸表 の作成に おける判 断に密接 に関わる 事項	✓ 事業の内容は，基礎データ，セグメント情報との整合性を確認して作成し，主任以上の役職者が検証する。 ✓ 関係会社の状況は，報告パッケージおよび各社の決算書類との整合性や，開示府令等で定める記載項目の漏れがないかを確認して作成し，主任以上の役職者が検証する。 ✓ 大株主の状況は，株主名簿管理人からの情報や大量保有報告書等をもとに作成し，主任以上の役職者が検証する。また，主要株主等が把握された場合には，関係会社の範囲の再検討や関連当事者等の追加の開示の必要性を検討し，主任以上の役職者が検証する。 ✓ 上記のプロセスについて経理部長がレビューする。	－

関連当事者	✓ 注記のワークシート，役員アンケートの様式，システムの取引データ検索の条件等について，会計基準の適合性や，正確で網羅的な情報が得られるものであるか見直す。 ✓ 上記資料や他の作業（連結持分法範囲検討資料，報告パッケージ，役員会での取引承認資料等）で入手した情報に基づき，担当者がデータを集計し注記ワークシートに転記し，主任以上の役職者が検証する。 ✓ 会計基準で求める注記内容に該当する取引の集計漏れがないかを点検し，前期比較等により漏れや異常の識別に努め，その内容を主任以上の役職者が検証する。 ✓ 上記のプロセスについて経理部長がレビューする。	・注記のワークシート ・システムの取引データ検索結果
セグメント	✓ 取締役会等での業績報告や経営管理の実態を踏まえ，識別された事業セグメントに基づき，会計基準との適合性検討に基づき報告セグメントを決定したものについて，セグメント注記の定性的な部分についての見直しと併せて，主任以上の役職者が検証し，妥当性を経理部長がレビューする。 ✓ 取締役会等での業績報告の元資料（連結システムの資料を含む）を検討し，財務報告の基準に適合するような調整を含むセグメント開示ワークシートに転記，調整を行う。財務諸表の開示要求に沿っており，開示に必要な情報が揃っているか，チェックリストに基づき再検討を行い，主任以上の役職者が検証し，妥当性を経理部長がレビューする。	・取締役会等での業績報告の元資料 ・セグメント開示ワークシート
1株情報	✓ 注記のワークシート，株式・潜在株式関係の報告様式，連結報告パッケージ（連結子会社における潜在株式等）等について，会計基準の適合性や，正確で網羅的な情報が得られるものであるか見直す。 ✓ 上記資料により入手した情報に基づき，注記ワークシートに転記する。 ✓ 会計基準で求める注記内容に該当する調整項目の漏れがないかを点検し，前期比較等により漏れや異常の識別に努める。 ✓ その内容を主任以上の役職者が検証する。妥当性を経理部長がレビューする。	・注記のワークシート ・株式・潜在株式関係の報告様式 ・連結子会社の潜在株式関連情報
	（その他原則として注記項目ごとに作成する）	

第Ⅲ章　情報の信頼性に着目した業務プロセス等のリスク評価と信頼性の確保　175

| 図表Ⅲ－7－2 | 固有のプロセスとして評価する決算・財務報告プロセス（固定資産の減損）の例 |

サブプロセス	内部統制	信頼性を確かめておく情報
見積手法	✓ 経理部門は固定資産の減損に関する会計処理方法を会計規程に定める。 ✓ 経理部門は，固定資産減損会計の適用に関するポジションペーパーを作成・見直しを行い，経理部長が検証，承認する。 ✓ ポジションペーパーに沿って，会計処理に必要な情報の収集，集計および分析，見積手法，重要な仮定，使用するデータについての要領案を作成し，業務部門との調整を経て要領を改正する。	－
重要な仮定	✓ ポジションペーパーにおける重要な仮定の設定方法に基づき，将来キャッシュ・フローの見通しの調整（経営計画や経済予測等との整合性を含む），見積りから乖離するリスクの反映，キャッシュ・フローを見込む年数，割引率算定における判断領域，不動産の評価などについて当年度の数値を決定し，決定内容と根拠（使用したデータ）を減損ワークシートに記載する。主任以上役職者が相互に矛盾する内容でないかを含め妥当性を検証した上で，経理部長が検証，承認する。	減損ワークシート
使用するデータ	✓ ポジションペーパーにおけるデータの適用方法に基づき，重要な仮定やその他算定に使用したデータについて，減損ワークシートにデータを適用する。主任以上の役職者は，要領に沿った信頼性が高いデータソースから入手されたものであるか，検討対象資産に適合しているかなどについて検証した上で，経理部長が検証，承認する。	減損ワークシート
グルーピングおよび減損の兆候	✓ 会計基準および要領に従い実施したグルーピングの適切性や，兆候が認められる資産のリストアップ（遊休資産，共用資産，のれん，営業損失や主要な資産の評価額等の把握を含む）の妥当性について減損ワーク	・営業損失，主要な資産の評価額等

		シートに記載し，主任以上の役職者の検証ののち，経理部長が検証，承認する。	のデータ • 減損ワークシート
認識判定	✓	減損ワークシートに記載された割引前将来キャッシュ・フローの計算が，主要な仮定を適切に反映し計算されているかについて，主任以上の役職者の検証ののち，経理部長が検証，承認する。	減損ワークシート
回収可能価額測定と損失処理	✓ ✓	減損ワークシートに記載された使用価値または正味売却価額の計算が，主要な仮定を適切に反映し計算されているかについて，主任以上の役職者の検証ののち，経理部長が検証，承認する。 最終的な損失額として計上予定の仕訳処理について，経理部長が検証，承認する。	減損ワークシート

図表Ⅲ－7－3　収益認識（売上）プロセスの例

企業により様々な要素（変動対価，金融要素，本人代理人等）と対応する内部統制の考慮が求められるが，下記はそれを網羅したものではない。

サブプロセス	内部統制		信頼性を確かめておく情報
承認権限と報告	✓ ✓	収益業務に関する規程・マニュアルにおいて，会計処理や開示に関する承認の権限と範囲および報告に関する要件が定められ，適切な権限分離がされている。 情報システムは収益業務に関する規程・マニュアルに定める権限や要件に沿った設定を確保し，責任者が監視する。	情報システムにおける権限一覧表
会計処理方法	✓ ✓	業務部門は，収益認識に影響を及ぼす新たな顧客との契約種類や想定していなかった事象が発生した場合，経理部および法務部に相談する。経理部では，法務部や業務部門と調整しながら，決算・財務報告プロセスの会計処理方法における内部統制に基づき，収益認識基準の詳細を決定する。 会計規程およびポジションペーパーに沿った業務マニュアルを業務部門で作成し，業務部門長が検証し，	－

第Ⅲ章　情報の信頼性に着目した業務プロセス等のリスク評価と信頼性の確保　177

	経理部，情報システム部他関連部門との調整を経て業務マニュアルを改正する。	
顧客との契約	✓ 顧客との契約について，収益認識基準の適正な運営も担保するように（特に履行義務や中途解約時の定めの明確化など），法務部，経理部と合意した適切な契約書（注文書）様式を作成し適用する。 ✓ 取引金額やリスクに応じた与信調査手続とその承認方法を定めて適用する。 ✓ 顧客との契約（注文）は業務マニュアルに基づく権限者の承認および契約締結手続等を経て，業務システムに契約内容および履行業務別のジョブ分割（取引価格配分は業務マニュアルに基づく）を登録し，契約（注文）に基づく発注者，納期，請求予定等の情報も登録し，主任以上の役職者が検証・承認入力する。 ✓ 業務部門において，業務システムにおいて履行義務別に実行予算（予定原価）を見積り，業務マニュアルに基づく権限者が検証・承認入力する。実行予算（予定原価）は業務マニュアルに従い，定期的に見直しが求められる。 ✓ 契約変更の場合は変更契約書等を締結し，新規の場合と同様の内部統制により処理される。契約変更による会計処理は自動処理がされるが，自動処理によらない場合は，稟議に基づき調整する。	契約情報一覧照会
単価	✓ 汎用品の販売単価は予算および月次方針稟議に基づき決定され，業務部門が業務システムに登録し，主任以上の役職者が検証・承認入力し，単価マスタに正確に登録されていることも確認する。	単価マスタデータ
出荷，納品による履行義務充足	✓ 契約（注文）情報に基づき，納期を目指して出荷手配を行い，納品書類を顧客から入手し，業務部門で照合保管し，業務システムに進捗を登録し，主任以上の役職者が検証・承認入力する。	－
役務提供による履行義務充足	✓ 契約（注文）情報に基づき，納期を目指して役務提供を行い，顧客との完了確認後，業務システムに進捗を登録し，主任以上の役職者が検証・承認入力する。	－

請求	✓ 業務システム上請求予定や履行義務充足に基づき請求可能条件を満たした場合は，請求処理に移行し，自動または手動で請求処理が行われる。手動の場合は，主任以上の役職者が検証・承認入力する。	請求処理データ
回収，与信管理	✓ 銀行の入金データから業務システム上で自動処理または手動処理で売掛金等の消込処理を実施し，主任以上の役職者が検証・承認入力する。 ✓ 業務システムにおいて売掛金年齢調べ表等が作成されるので，主任以上の役職者がレビューし，消込相違がないか確認するとともに，実質延滞先を貸倒懸念債権として管理する。	・売掛金年齢調べ表 ・貸倒懸念債権等一覧表
会計処理	✓ 業務システムは業務部門での進捗登録に応じた業務・会計処理をサポートしており，日次で会計データを作成し個別会計システムにインターフェースする。 ✓ 実行予算（予定原価）が収益を超える業務を抽出し，内容確認の上引当処理をする場合は，四半期ごとの決算補正処理を起案し，業務部門長が検証・承認の上，経理部に処理依頼を行う。 ✓ 業務システムの機能により難い処理（仮単価売上等）は，業務マニュアルに従い個別にワークシートに集計の上，四半期ごとの決算補正処理を起案し，業務部門長が検証・承認の上，経理部に処理依頼を行う。	・業務システムの日次会計データ ・実行予算（予定原価）データ ・四半期補正データワークシート
情報システム	✓ 情報システムが収益認識基準に従った適正な処理を確保するものか，業務部門は検証し，不足があればワークシートを作成し，個別の会計処理を実施し，その内容を業務部門長は検証する。 ✓ 業務システムは各段階での対応遅延，処理漏れ，違算等の未解消を防止し，定期的な見直しを実施させるために，違算・未処理リストの還元を行い，主任等役職者はその対応状況を検証し承認する。	違算・未処理リスト

第Ⅲ章　情報の信頼性に着目した業務プロセス等のリスク評価と信頼性の確保　179

図表Ⅲ－7－4　棚卸資産プロセスの例

サブプロセス	内部統制	信頼性を確かめておく情報
承認権限と報告	✓ 棚卸資産管理業務に関する規程・マニュアルにおいて，会計処理や開示に関する承認の権限と範囲および報告に関する要件が定められ，適切な権限分離がされている。 ✓ 情報システムは収益業務に関する規程・マニュアルに定める権限や要件に沿った設定を確保し，責任者が監視する。	情報システムにおける権限一覧表
会計処理方法	✓ 業務部門は，棚卸資産に影響を及ぼす新たな商品，資材，役務の取引が発生した場合，経理部に相談する。経理部では，業務部門と調整しながら，決算・財務報告プロセスの会計処理方法における内部統制に基づき，会計処理の見直しの要否とその内容を決定する。 ✓ 業務マニュアルにおいて，評価方法（先入先出法等），収益性の低下を識別する事象およびその場合の正味売却価額の算定方法等を規定する。	－
購買	✓ 業務マニュアルに従い，権限者の承認を受けた上で，購買の発注を行い，商品・サービスを検品する。 ✓ 受領した請求書類等は検品内容と照合し，請求を業務システムに登録し，業務マニュアル上の権限に応じた役職者が検証・承認入力（3方向照合：スリー・ウェイマッチ）される。 ✓ 業務システム上に登録された請求に対する支払依頼は，財務部門により確認・承認され，支払と買掛金等の消込会計処理がされる。	業務システムの請求データ
製造	✓ 資材等の製造工程への投入，原価人件費の計上，製造外注費の計上，製品等への払出処理は，日々の工程管理を通じて業務システム上で処理を行い，業務マニュアル上の権限に応じた役職者が検証・承認入力する。 ✓ 投入や払出について使用する標準単価・投入量，予定単価等は，業務マニュアルに定める必要な見直しを行い，業務マニュアル上の権限に応じた役職者が検証・	標準原価，予定単価等マスタデータ

	承認入力する。	
	✓ 発生原価の履行義務別（細分化した工番別）への賦課・配賦は，業務マニュアルに定める基準に基づき，原則として自動で実施される。	
	✓ 工番の誤登録等により修正が必要な場合は，不正な原価振替のリスクを考慮し，一定以上の修正についてはよりハイレベルの承認権限を業務システム上要求する。	
	✓ 業務マニュアルに従い，製造原価予算と実績の比較を行い，原価差異の取扱いについて協議し，処理内容について業務マニュアル上の権限に応じた役職者が検証・承認入力する。	
有高管理，在庫評価	✓ 業務マニュアルに従い，製商品，原材料，貯蔵品等の在庫一覧表に対して，帳簿棚卸および実地棚卸を実施する（外部倉庫や委託先の取扱いは業務マニュアルに従う）。	在庫一覧表
	✓ 把握した棚卸差異，収益性の低下を示す事象等について，業務マニュアルに従い，業務システムに入力するか手作業の処理対応に進み，権限に応じた役職者が検証・承認入力する。	
	✓ 正味売却価額の見積りに必要な情報を収集し，見積りを行い，権限に応じた役職者が検証・承認する。	
会計処理	✓ 業務システムは業務部門での進捗登録に応じた会計処理をサポートしており，日次で会計データを作成し個別会計システムにインターフェースする。	• 業務システムの日次会計データ
	✓ 業務システムの機能により難い処理（収益性の低下に基づく簿価切下げ時の正味売却価額の見積り等）は，業務マニュアルに従い個別にワークシートに集計の上，四半期ごとの決算補正処理を起案し業務部門長が検証・承認の上，経理部に処理依頼を行う。	• 四半期補正データワークシート
情報システム	✓ 業務システムは各段階での対応遅延，処理漏れ，違算等の未解消を防止し，定期的な見直しを実施させるために，違算・未処理リストの還元を行い，主任以上の役職者はその対応状況を検証し承認する。	違算・未処理リスト

第 IV 章

内部統制の整備および
運用状況の評価

1 評価範囲の見直し

（1） 評価範囲の見直しの具体的手順

評価範囲の決定は，純粋にJ-SOXの制度対応であるので，J-SOX制度対応ではないが実務の参考のために本書を利用する場合は，留意が必要である。

以下は，改訂J-SOXの主要変更点としての第Ⅰ章1（7）の再掲である。

図表Ⅳ－1－1 評価範囲の決定

経営者による内部統制の評価範囲の決定	✓ 財務報告の信頼性に及ぼす影響の重要性を適切に考慮すべきことを改めて強調
	✓ 評価範囲の検討における留意点を明確化
	✓ 3分の2基準や3勘定を機械的に適用しない（数値基準の段階的削除を含む取扱いに関し今後企業会計審議会で検討）。
	✓ 長期間にわたり評価範囲外とされた事業拠点や業務プロセスなど，評価範囲に含まれない期間の長さを考慮
	✓ 開示すべき重要な不備が識別された場合には，評価範囲に含めることが適切
	✓ 全社的な内部統制のうち，良好でない項目がある場合には，それに関連する事業拠点を評価範囲に含める。
	✓ リスクが大きい事業または業務として，「複雑又は不安定な権限・職責及び指揮・命令系統の下での事業又は業務」を追加
	✓ リスクが発生または変化する可能性のある事象の例示（規制環境や競争力の変化，事業拡大や買収，新会計基準等）
	✓ 評価範囲に関する監査人との協議

（出所）意見書二，実施基準Ⅱ2，Ⅲ3をもとに作成

上記主要変更点を踏まえて評価範囲を決定するにあたっては，連結子会社や持分法適用会社に関する必要な情報を集約して判断する必要があるが，評価範囲の決定の考慮点は増加し，判断も複雑化しているため，容易ではなくなっている。

そのために本書では，ツールを使用して評価範囲を合理的に決定していくこ

第Ⅳ章　内部統制の整備および運用状況の評価　183

とが考えられる。まず，重要な事業拠点の決定は以下のとおりである。

図表Ⅳ－1－2　評価範囲ツール　重要な事業拠点①

事業拠点	金額	割合	重要な事業拠点①		
	選定指標	（指標を記入）	不正リスクに留意すべきか	ELC・FCRPの評価対象か	ELC・FCRPの評価結果
（1）	（2）		（4）	（5）	（6）
A事業拠点	234,000	51%	Yes	Yes	良好
⋮					
⋮					
合計	461,500	100%			
重要な事業拠点合計	414,000	90%	（3）		

　（1）の事業拠点の欄に関し，原則としてすべての事業拠点（連結子会社，持分法適用関連会社）をリストアップすることに留意する。事業拠点が多数になる場合は，明らかに質的にも量的にも重要性のない事業拠点は合算して記載してもよい。なお，多数の小規模な構成単位から構成されるような事業があり，当該事業に一定の重要性を有するものの，当該事業の構成単位が常に選定されない場合には，適切にグルーピングして評価範囲を決定するなどの対応が適切な場合がある。

　（2）の金額，割合，指標の欄について追加的な指標を検討する場合は，（2）の列をコピーして列挿入を行う。

　実施基準では，「複数の事業拠点を有する場合には，評価対象とする事業拠点を売上高等の重要性により決定する。」（実施基準Ⅱ2（2）①）とされているが，「企業の置かれた環境や事業の特性によって，総資産，税引前利益等の異なる指標や追加的な指標を用いることを検討する」（実施基準Ⅱ2（2）①）こととされている。売上高を選定指標とした場合，原則として内部取引消去後の金額とする。ただし，内部取引消去後の金額の正確な把握が容易でない場合は，内部取引の連結消去前の売上高等に対する一定割合とする方法も認め

られている（実施基準Ⅱ2（2）①注2参照）。

　また，利益率が大きく異なる事業が混在する場合は，売上総利益等を指標として利用することを検討する。利益項目を指標とする場合でマイナスの事業拠点がありその影響が重要な場合は，他の指標を追加指標とすることを検討する（JICPA内基報付録7参照）。

　なお，関連会社については「企業の事業目的に大きく関わる勘定科目に至る業務プロセス」という概念が存在しないが（実施基準Ⅱ2（2）②イ参照），関連会社の利益または売上に持分割合をかけたもので比較するなど（内部統制報告制度に関するQ&A問5参照），財務報告への影響を勘案した重要な事業拠点の選定対象とはなっている。実務的には関連会社の全社的な内部統制を評価し，財務報告への影響を勘案して重要性の大きい関連会社の業務プロセスがあれば個別に追加する対応になると考えられる。評価手続としては実施基準に以下のように定められている。以下に加え，持分法適用関連会社が上場企業である関連会社であれば，内部統制報告書等の入手により評価は可能と考えられる。

図表Ⅳ－1－3　持分法適用関連会社の評価上の対応

✓　当該関連会社の親会社が本基準に基づき内部統制報告書を作成し監査を受けている場合，①当該親会社の内部統制報告書または②当該親会社が当該関連会社の財務報告に係る内部統制の有効性に関して確認を行っている旨の書面を利用することができる。

✓　持分法適用となる関連会社への役員の派遣や兼任の状況などにより，子会社と同様の評価が行えないことが考えられる。そうした場合には，当該関連会社の全社的な内部統制を中心として，当該関連会社への質問書の送付，聞き取りあるいは当該関連会社で作成している報告等の閲覧等適切な方法により評価を行うことを基本とするが，当該評価が行えないなど，特段の事情がある場合には，当該関連会社に対する投資損益の把握などの管理プロセスの確認等の適切な方法により評価を行うことができる。

（出所）実施基準Ⅱ2（1）①ロをもとに作成

　（3）の選定指標による割合については，実施基準では，各事業拠点におけるこれらの指標の金額の高い拠点から合算していき，連結ベースの一定の割合に達している事業拠点を，重要な事業拠点として評価の対象とすることが考え

第Ⅳ章　内部統制の整備および運用状況の評価　185

られる，とされている。そのため，主要な指標の大きい順に上から事業拠点を並べる。なお，入力数値は前事業年度の数値を入力することが多いと考えられるが，業績予想を反映する，期中の最新の数値に置き換えて変更があるかどうかを確認していくことが考えられる。

　実施基準では，全社的な内部統制の評価が良好である場合には，連結ベースの売上高等の一定割合（おおむね3分の2程度）とする考え方が示されている。また，JICPA内基報の付録7には，販売事業と仲介事業がある場合で仲介事業の売上高は少ないが利益率は高いため売上総利益を指標とする設例や，グループ内の販売会社に製品を納入する重要な製造子会社を適切に選定するために売上原価を追加指標にする設例など，参考となる設例が掲載されている。

図表Ⅳ－1－4　JICPA内基報付録7の設例

【設例1】売上高（内部取引消去後）を選定指標とする場合（全社的な内部統制が良好なケース）
【設例2】売上高（内部取引消去後）を選定指標とする場合（全社的な内部統制のうち，良好ではない項目があるケース）
【設例3】売上高（内部取引消去後）に加えて売上原価を追加的な選定指標とする場合
【設例4】売上総利益を選定指標とする場合
【設例5】売上高（内部取引消去後）に加えて税引前当期純利益を追加的な選定指標とする場合

　（4）は，事業拠点において不正リスクに留意すべきか，という点については，リスクトークにおける不正のトライアングル等の検討により判断する。

　（5）および（6）は，全社的な内部統制の評価において，良好でない項目がある場合には，それに関連する事業拠点を評価範囲に含める必要があるため，全社的な内部統制の評価結果を反映する。なお，第Ⅱ章1（2）④で説明したとおり，実施基準では，売上高で全体の95％に入らないような連結子会社を僅少として，全社的な内部統制の評価の対象から外す場合も，特定の比率を機械的に適用すべきものではないとしており，慎重な判断を期すために**図表Ⅱ－1－7【重要性が低い事業拠点の判定ツール】**を使用することが考えられる。ま

た，第Ⅱ章2（1）①で論じたように全社的な内部統制について「良好でない項目がある」という判断は，必ずしも不備の有無だけで判断されるものではないと考えられるため，ルール違反とまではいえないが脆弱性が見られるなど全体的評価として良好でない事業拠点は，良好でないという判断となる可能性がある。

図表Ⅳ－1－5　評価範囲ツール　重要な事業拠点②

事業拠点	重要な事業拠点②				
	開示すべき重要な不備が識別	長期間にわたり評価範囲外で留意要	その他量的質的重要性の考慮事項	重要な事業拠点の判定	中核会社であるなど特に重要な事業拠点
（1）	（7）	（8）	（9）	（10）	（11）
A事業拠点	No	Yes	特記事項なし	Yes	Yes
⋮					

（7）は，「評価範囲外の事業拠点又は業務プロセスにおいて開示すべき重要な不備が識別された場合には，当該事業拠点又は業務プロセスについては，少なくとも当該開示すべき重要な不備が識別された時点を含む会計期間の評価範囲に含めることが適切である。」（実施基準Ⅱ2（2））という規定に基づいた判定項目である。なお，評価範囲外であっても，内部通報や組織外部の者からの情報提供等によって，経営者の評価範囲外の事業拠点または業務プロセスにおいて開示すべき重要な不備に相当する可能性がある事実が見つかる場合についても含まれる。

（8）は，「長期間にわたり評価範囲外としてきた特定の事業拠点や業務プロセスについても，評価範囲に含めることの必要性の有無を考慮しなければならない」（実施基準Ⅱ2（2））という規定に基づいた判定項目である。

（9）は，例えば，JICPA内基研Ⅲ2（3）①の例示に基づき，以下の点を考慮する。

第Ⅳ章　内部統制の整備および運用状況の評価　　187

ア．子会社の事業と親会社の事業の類似性（が低い）

イ．子会社の事業における商習慣（が特異）

ウ．子会社における決算・現地法定監査の遅延

エ．（子会社の）財務・経理責任者の人事異動（が少ない）

オ．親会社が派遣した人材の職能（が現業部門に限定され管理部門に十分な供給がない）

また，監査人がグループ監査において監査の作業を実施する構成単位（事業拠点）については，監査人は留意することとされているため（JICPA内基報第89-2項参照），監査人との協議に基づき考慮する。

以上の手順（表の重要な事業拠点①および②の項目）をもって重要な事業拠点および中核会社であるなど特に重要な事業拠点を判定する。

次からは業務プロセスおよび個別の決算・財務報告プロセスの評価範囲の検討を行うツールの部分を説明する。

図表Ⅳ－1－6　評価範囲ツール　業務プロセス・個別FCRP①

事業拠点	業務プロセス・個別FCRP①				
	事業目的に大きく関わるプロセス	個別追加プロセスの判断ポイント			
		リスクの高い取引，見積りや予測，非定型不規則等	リスクの発生・変化がみられる	開示すべき重要な不備が識別	長期間にわたり評価範囲外で留意要
（1）	（10）	（11）	（12）	（7）	（8）
A事業拠点	売上，売掛金，棚卸資産	税金，固定資産減損，退職給付，製品保証	固定資産	なし	製品保証
⋮					

（10）は事業目的に大きく関わるプロセスの判定であり，「財務報告に対する金額的および質的影響並びにその発生可能性を考慮し，例えば，一般的な事業会社の場合，原則として，売上，売掛金および棚卸資産の3勘定が考えられる。これはあくまで例示であり，個別の業種，企業の置かれた環境や事業の特性等に応じて適切に判断される必要がある」（実施基準Ⅱ2（2）②イ（注1））との規定に基づき判定する。以下は，いわゆる3勘定の内容と，開示事例から3勘定以外に事業目的に大きく関わる勘定科目の事例を挙げたものであるので，参考とすることが考えられる。また，有価証券を多額に保有しその運用が事業目的となっていると見られる企業等では有価証券を選定している事例がある。

図表Ⅳ－1－7　事業目的に大きく関わる勘定科目の例

業種	いわゆる3勘定	3勘定以外に事業目的に大きく関わる勘定科目の事例
製造業	売上，売掛金（売上債権・契約資産）および棚卸資産	売上（製造）原価，研究開発費，固定資産，人件費，販管費，仕入債務
物品販売業		売上原価，固定資産，人件費，販管費，仕入債務，現金預金
サービス業，情報通信業	売上，売掛金	売上原価，人件費，業務委託（外注）費，支払手数料，研究開発費
銀行業，銀行持株会社	預金，貸出金，有価証券（※）	リース業務勘定，信託報酬，役務取引収益

※これらに直接的に関連する損益科目に至る業務を含む。
（出所）EDINETより集計

（11）からは財務報告への影響を勘案して個別に評価対象に追加する業務プロセスを検討する。（11）はリスクの高い取引，見積りや予測，非定型不規則等に関するプロセスである。実施基準の改訂により，リスクが大きい場合として，従来の「財務報告の重要な事項の虚偽記載に結びつきやすい事業上のリスクを有する事業又は業務」や，「複雑な会計処理が必要な取引を行っている事業又は業務」に加え，「複雑又は不安定な権限や職責及び指揮・命令の系統（例えば，海外に所在する事業拠点，企業結合直後の事業拠点，中核的事業で

第Ⅳ章　内部統制の整備および運用状況の評価　**189**

ない事業を手掛ける独立性の高い事業拠点）の下での事業又は業務を行っている場合」（実施基準Ⅱ2（2）②ロa）が追加されている。

　（12）はリスクの発生・変化がみられる場合であり，以下の点が実施基準に追加されているため，業務プロセスの追加にあたり考慮する。

図表Ⅳ－1－8　リスクの発生・変化

- 規制環境や経営環境の変化による競争力の変化
- 新規雇用者
- 情報システムの重要な変更
- 事業の大幅で急速な拡大
- 生産プロセス及び情報システムへの新技術の導入
- 新たなビジネスモデルや新規事業の採用又は新製品の販売開始
- リストラクチャリング
- 海外事業の拡大又は買収
- 新しい会計基準の適用や会計基準の改訂

（出所）実施基準Ⅱ2（2）②ロd

　図表Ⅳ－1－6の右側の（7）（8）は，重要な事業拠点でも着目した点について，業務プロセスでも同様に考慮すべき内容を掲げている。

図表Ⅳ－1－9　評価範囲ツール 業務プロセス・個別FCRP②および監査人との協議

事業拠点	業務プロセス・個別FCRP②				評価範囲の決定に関する監査人との協議（15）	
	個別追加プロセス	評価範囲におけるITに係る全般統制，ITに係る業務処理統制（14）				
（1）	（13）	対象	対象外	事業拠点に関連	事業拠点共通課題
A事業拠点	個別FCRP（税金，減損，退職給付，製品保証），固定資産，原価計算，人件費	システム部所管（売上管理，原価管理，在庫管理，人件費），経理部所管	特になし	新規システム投資によるソフトウェアの会計処理の重要性と製品保証引当金の過	海外子会社のガバナンスや監視に懸念があるため，J-SOXではより低い基準

		（連結，勘定系）	年度計算ミスを考慮。	で重要な事業拠点に追加。
⋮				

　（13）は，これまでの検討項目の検討の結果，「個別に評価対象に追加するプロセス」として選定されたプロセスを記載する。

　（14）は，「決算・財務報告プロセス」，「事業目的に大きく関わるプロセス」および「個別に評価対象に追加するプロセス」において使用されているITアプリケーション等について，ITに係る全般統制および関連するITに係る業務処理統制の評価対象にするかどうかの検討である。実際には詳細な検討が必要であるのに対し当ツールの評価欄が小さいが，当ツールで大まかな対象を記載しておくことでITに係る評価範囲の検討の一覧性が確保できる。なお，「決算・財務報告プロセス」に関し，連結決算に使用する情報システムに関するITに係る全般統制および関連するITに係る業務処理統制を評価することに留意する。

　ITに係る全般統制は，実施基準上「IT基盤の概要をもとに評価単位を識別し，評価を行う。」（実施基準Ⅱ3（3）⑤ハ）とされているが，情報システム部が複数の財務報告に係るアプリケーション等を管理し，アプリケーションごとに異なる管理手法を適用していることが想定される場合は，部単位ではなくアプリケーション等の単位で評価することが適切である。一方，統合パッケージシステムを使用している場合など，複数の業務プロセスで共通のITに係る全般統制が適用されていることがあるので，共通の統制を識別し評価することにより効率化・効果的な評価をすることに留意する。また，サイバーリスクの高まりを受けて，ITに係る業務処理統制を評価していない事業拠点においても，情報セキュリティ対策が不十分な場合に，そこから侵入されグループ内のネットワークを通じて他の事業拠点に被害を及ぼす場合もある。全社的な内部統制の評価結果を踏まえ，ITに係る全般統制を評価する事業拠点として追加することが考えられる。

　（15）は，評価範囲の決定に関する監査人との協議内容の記録である。こちらも評価欄が小さいため，実施基準で求められている監査人との協議を詳細に記録し課題等を管理するためには以下のような表を用いることが考えられる。

第Ⅳ章　内部統制の整備および運用状況の評価　　191

図表Ⅳ－1－10　監査人との協議メモ例　計画段階

評価の計画段階

経営者は，評価範囲の決定前後に，当該範囲を決定した方法およびその根拠等について，必要に応じて，監査人と協議を行っておくことが適切である。そのため，助言・提言業務における協議の内容を記載する。

【記載例】当社は，監査人とリスクトークを実施し，【評価範囲ツール】や【全社的なリスクおよび業務プロセスのリスクの識別ツール】（図表Ⅱ－1－5参照）等の使用方法の説明を受け質疑を行った（202X/X/XX）。確認した内容は……………である。
監査人から，グループ監査で把握したリスクの高い子会社（構成単位）やプロセスとして………があり，その根拠は…………であるため，【評価範囲ツール】や【全社的なリスクおよび業務プロセスのリスクの識別ツール】において検討してほしいとの意見があった。また指標についても………の観点で検討してほしいとのことであった。
これに対し，当社からは……………については，……………であることを確認しているが，…………については調査が必要であるため，検討して必要な反映を行う旨を回答した。

監査人（業務提供チーム）から示された課題の対応方針，対応方針について再度監査人（業務提供チーム）と協議した内容を記載する。

【記載例】当社は，前回リスクトークを踏まえ，【評価範囲ツール】を使用して評価範囲の検討を一通り完了した。監査人と再度リスクトークを実施した（202X/X/XX）。ただし，見直した【全社的なリスクおよび業務プロセスのリスクの識別ツール】に基づく全社的な内部統制の評価は未完了のため，暫定的な検討により評価範囲に含めた旨を説明した。
監査人から，【全社的なリスクおよび業務プロセスのリスクの識別ツール】では…………の観点，事業拠点では………について，業務プロセスでは…………について質問があり，評価範囲WSの記載を見直すこととした。また，【全社的なリスクおよび業務プロセスのリスクの識別ツール】の評価項目……………については…………の観点から再検討を要請された。………については………であることを確認しているが，…………については対応することとした。

（2）　期中および期末における評価範囲の見直し

　実施基準は，「評価の計画段階で把握した事象や状況が変化した場合，あるいは評価の過程で新たな事実を発見した場合には，評価範囲を検討し，監査人

と協議することが適切である」（実施基準Ⅱ2（3）②）としている。以下が
その協議の様式と記載例である。

図表Ⅳ－1－11　監査人との協議メモ例　状況の変化時

状況の変化があった場合の協議
経営者は，評価の計画段階で把握した事象や状況が変化した場合，あるいは評価の過程で新たな事実を発見した場合には，評価範囲を検討し，監査人と協議する。その協議内容を記録する。
【記載例】20XX/X/XX時点の財務数値およびXX/XX時点の全社的な内部統制の評価等に基づき，評価範囲を暫定的に決定した。しかしその後にXX社の買収およびXX社の売却，…………システムの導入，………といった事業環境の変化や……………の不祥事の発生を踏まえ，【評価範囲ツール】や【全社的なリスクおよび業務プロセスのリスクの識別ツール】を見直す必要性について検討し，20X/X/XXに監査人とリスクトークを実施した。 監査人からは，……………について，…………の観点でリスクを認識しているとのことであり，協議の結果，…………プロセスについて個別に評価対象に追加することになった

　上記のような定性的な事象や状況の変化を把握するほか，期初段階で評価範囲の決定にした指標の数値を最新の実績および見込みに更新するなどして，評価範囲の精緻化を図ることも考えられる。

　また，「期中に行われた組織変更や事業譲渡などにより期末日に存在しなくなった子会社や事業部に係る業務プロセスそのものについては，原則として評価する必要はないものと考えられる。ただし，当該子会社等の計上した損益や譲渡等に伴う損益等が連結財務諸表に重要な影響を与える場合には，連結財務諸表を作成する親会社の決算・財務報告プロセスにおいて，当該子会社等に係る損益等を適切に把握するための内部統制を評価することが必要となるものと考えられる。」（内部統制報告制度に関するQ&A問72）とされていることに留意する。

　なお，評価範囲の決定以後，親会社の業績悪化や期中の大幅な為替変動，子会社の売却等により，当初の評価範囲とした事業拠点の売上高等の合計が一定割合に達しない場合の対応は次項（3）に記載している。

第Ⅳ章　内部統制の整備および運用状況の評価　193

（3）　評価範囲の制約と内部統制報告書上の開示

　上記（1）では評価範囲を適切に決定する手順を示した。しかし，財務報告に係る内部統制の有効性を評価するにあたって，内部統制の一部について十分な評価手続を実施できない場合がある。また，決定した評価範囲が実施基準等に照らし適切でないと監査人から指摘を受ける可能性があり，本来評価対象とすべき内部統制が時間的制約等で評価できない場合もある。

　やむを得ない事情による場合は，「当該事実が財務報告に及ぼす影響を十分に把握した上で，評価手続を実施できなかった範囲を除外して財務報告に係る内部統制の有効性を評価することができる。」「評価範囲の除外に関しては，その範囲及びその理由を内部統制報告書に記載することが必要であり，また，評価を実施できないことが財務報告の信頼性に重要な影響を及ぼす場合には，内部統制の評価結果は表明できないこととなる」（実施基準Ⅱ3（6））とされている。

　やむを得ない事情により十分な評価手続が実施できなかった場合としては，下期の他企業の買収または合併や災害の発生が例示されている。

　以下では，やむを得ない事情とは認められないケースを含めてやむを得ない場合かどうかと，内部統制報告書の記載方法および内部統制監査意見の関係を示すとともに，評価範囲の制約となる主な事例と留意点を記載している。

図表Ⅳ－1－12　**評価範囲の制約となる主な事例と留意点**

評価範囲の制約となる事象		内部統制報告書の記載	内部統制監査報告書の意見
やむを得ない事情による評価範囲の制約	制約が一部で，やむを得ない事情を除き全体として適切に評価され，財務報告の信頼性に重要な影響を及ぼすまでには至っていない	評価手続の一部が実施できなかったが，財務報告に係る内部統制は有効である旨並びに実施できなかった評価手続およびその理由（①）	左記の記載が適切である場合は，監査人は無限定適正意見を表明するが，経営者がやむを得ない事情により十分な評価手続を実施できなかった範囲およびその理由を監査報告書に強調事項として記載

	重要な評価手続の未実施	重要な評価手続が実施できなかったため，財務報告に係る内部統制の評価結果を表明できない旨ならびに実施できなかった評価手続およびその理由（②）	やむを得ない事情に正当な理由がある場合であっても，意見不表明となる。
やむを得ない事情とはいえない評価範囲の制約	制約が一部	上記①と同じ	経営者が評価対象としなかった範囲と監査手続の制約の影響に応じ，監査範囲の制約に係る除外事項を付した限定付適正意見または意見不表明となる
	重要な評価手続の未実施	上記②と同じ	意見不表明となる。

（出所）JICPA内基報第260項から第272項，内部統制府令第一号様式記載上の注意をもとに作成

　上記②（重要な評価手続が実施できなかったため，財務報告に係る内部統制の評価結果を表明できない）の場合であっても，評価を実施した範囲において，開示すべき重要な不備を識別した場合は，「開示すべき重要な不備があり，財務報告に係る内部統制は有効でない旨及びその開示すべき重要な不備の内容及びそれが事業年度末日までに是正されなかった理由」（JICPA内基報第270項）を記載する。その場合，監査人の内部統制監査報告書は意見不表明となるが，強調事項において開示すべき重要な不備に関する事項を記載する（JICPA内基報第270項参照）。なお，重要な評価手続が実施できなかった場合は，それ自体が開示すべき重要な不備となる可能性がある（改正前の内部統制報告制度に関するQ&A問105（2）②参照）ため，留意する。

　以下は，やむを得ない事象としてJICPA内基報第263項に例示されている内容を左側に記載し，それに対してやむを得ない事象かどうかの判断の考慮事項として考えられるものを記載している。

第Ⅳ章　内部統制の整備および運用状況の評価　　195

図表Ⅳ－1－13　やむを得ない事象の例と考慮事項

想定される事象	やむを得ない事象かどうかの判断の考慮事項
• 下期の合併または買収 • 大規模なシステム変更	下期の他企業の買収や大規模なシステム変更がただちにやむを得ない事象で評価が不要となるわけではなく，買収先の規模や事業の複雑性，評価のための体制の整備状況を踏まえて，評価手続を実施する余地がないか，評価できないことがやむを得ない状況かどうかを判断する。 なお，買収先の業務プロセス，大規模システムで変更された内部統制を評価対象としない場合でも，全社的な内部統制の評価および取得資産負債の引継ぎやシステム移行作業の確認作業の実施により，財務情報の信頼性の重要な影響の程度を軽減することを検討する（内部統制報告制度に関するQ&A問64参照）。 特に期末近くの買収については，買収先の事業から生じる損益が当期の企業集団の経営成績に与える影響が大きくない場合もあるので，買収先の業務プロセスの評価をしない場合であっても，買収先の全社的な内部統制の評価および親会社における取得資産負債の引継ぎに関する確認作業を十分に評価することにより，財務報告の信頼性に重要な影響を及ぼすほどではないと判断し，評価範囲の制約とはならない可能性もあると考えられる。
大規模な災害，クーデター等の政情不安による企業活動の支障	一般的に，期限内に内部統制評価の基準に準拠した評価手続を経営者が実施することが困難と認められる事情があると考えられる。
経営者による内部統制評価の対象範囲外の領域から重要な虚偽記載や重要な不備が監査人により特定	経営者（企業）の評価対象外となっていた事業拠点や業務プロセスについて，内部統制の評価対象に含めることが適切であるかどうか，監査人は検討し，必要に応じて，経営者と協議しなければならないとされている（JICPA内基報第262項）。検討および両者協議の結果，内部統制の評価対象とすべきであったという結論に達し，時間的制約から経営者による評価が不可能な場合は，内部統制報告書上は評価範囲の制約となり，やむを得ない事情かどうか，その程度について，内部統制報告書の記載方法の検討が必要となると考えられる。
役職者等の突然の異動・退職，内部	企業側の責任に帰す事情により内部統制評価が実施できなかった場合は「やむを得ない事情」には該当しないとされている

統制評価の基礎となる重要な文書の不注意による滅失	（JICPA内基報第263項）。
子会社の売却や業績悪化等により重要な事業拠点の選定指標が一定の割合に達しない	評価対象年度に予定している子会社の売却等について一定程度考慮して評価範囲を決定すること，当期の業績予想も一定程度考慮して評価範囲を決定することが適当であるとされている。上記のような評価範囲の決定をしていたが，その後計画していなかった子会社の売却や，親会社の業績悪化や大幅な為替変動等により，一定割合に達しない場合であっても，全社的な内部統制が有効であることを前提として，一定割合を著しく下回らない限りにおいて，評価範囲を見直す必要はないとされている。 一定割合を著しく下回る場合は，新たな評価対象を加える必要があり，その一部について十分な評価手続ができない場合は，評価範囲の制約になるとしている。また，そのことが「やむを得ない事情」に該当しない場合があるとしているので留意する（内部統制報告制度に関するQ&A問73，74参照）。

　やむを得ない事情による評価範囲の制約に関して，「評価の範囲，基準日及び評価手続に関する事項」における内部統制報告書の記載例は以下のとおりである。

図表Ⅳ－1－14　やむを得ない事情による評価範囲の制約に関する記載例

　なお，連結子会社である××株式会社は，評価範囲に含めていない。同社は，令和×年3月1日付けで現金を対価として株式を100％取得し，子会社となったものであり，株式の取得が会社の事業年度末日直前に行われたため，やむを得ない事情により財務報告に係る内部統制の一部の範囲について，十分な評価手続が実施できなかった場合に該当すると判断したためである。

（出所）改正前内部統制報告制度に関するQ&A問104-3

　やむを得ない事情による評価範囲の制約があるが，内部統制が有効であるとの評価を，評価結果に関する事項に記載する場合の記載例は，以下のとおりである。

第Ⅳ章　内部統制の整備および運用状況の評価　　197

図表Ⅳ－1－15	評価範囲の制約があるが内部統制が有効であるとの評価結果の記載例

3【評価結果に関する事項】
　上記の評価の結果，連結子会社である××株式会社は，令和×年3月1日付けで現金を対価として株式を100％取得し，子会社となったものであり，株式の取得が会社の事業年度末日直前に行われたため，やむを得ない事情により財務報告に係る内部統制の一部の範囲について，十分な評価手続が実施できなかったが，当事業年度末日時点において，当社の財務報告に係る内部統制は有効であると判断した。

（出所）改正前内部統制報告制度に関するQ&A問105

2 ┃ 内部監査部門の役割

　以降ではリスクトークに基づく内部統制の整備および運用状況の評価について述べるが，ここで改めて内部監査人の役割と，リスクトークを実施する際の留意点を説明する。

　内部監査人は，内部統制の目的をより効果的に達成するために，内部統制の基本的要素の1つであるモニタリングの一環として，内部統制の整備および運用状況を検討，評価し，必要に応じて，その改善を促す職務を担っている（基準Ⅰ4（4））。また，リスクトークにおけるプロセスオーナーの話し相手として，内部監査人が考えられると第Ⅰ章3において下記のとおり説明している。

図表Ⅳ－2－1	リスクトークの話し相手（内部監査人）

内部監査人	企業内部において内部統制について理解のある者と考えられる。リスクトークの考え方を十分理解し，対象業務に対する客観性の確保に留意することにより，リスクトークの話し相手にふさわしい者となりうる。なお，内部監査人は監視活動の実施者であるため，独立性・客観性に関する留意点を第Ⅲ章1に記載している。

　IIAグローバル内部監査基準（Global Internal Audit Standards）では，内部監査が実施する業務として，アシュアランス（保証）業務とアドバイザリー（助言）業務の2つがあるとされている。

図表Ⅳ−2−2	アシュアランス（保証）業務とアドバイザリー（助言）業務
アシュアランス業務	アシュアランスとは組織のガバナンス，リスクマネジメント，統制等に関する主題等ついて，一定の規準に基づくレビューに基づいて，ステークホルダーが信頼できるように表明される意見のことである。アシュアランス業務は，内部監査人が客観的な評価により保証を付与する業務であり，法令遵守，財務，業務およびテクノロジーに関する業務などがある。業務の内容，時期，手続の範囲に応じて限定的または合理的なアシュアランスを付与する。
アドバイザリー業務	内部監査人が組織のステークホルダーに対して助言する業務であり，保証の付与はせず管理責任は負わない。アドバイザリーの内容および範囲はステークホルダーとの合意に基づく。例えば新しい方針，プロセス，システム，製品に関するデザインおよび業務への適用に関する助言や，不正検知，教育訓練，リスクや統制に関するディスカッションの運営などがある。

(出所) IIA Global Internal Audit Standards

　一般社団法人日本内部監査協会の内部監査基準において，「内部監査部門は，組織体が不正リスクをいかに識別し，適切に対応しているかを評価しなければならない。」（2014年改訂により新設）とされている。これはアシュアランス業務において保証を付すための準備的な活動であるといえる。内部監査人がリスクトークの話し相手になる場合は，アドバイザリー業務におけるアドバイスまたはディスカッションの運営の役割を果たしているといえる。

　アシュアランス業務を実施する場合は，独立性と客観性が必要であるため，内部監査対象事業拠点のリスクトークに対応した場合には，例えばリスク評価の検証については，他の内部監査メンバーも関与してもらい，独立性や客観性の懸念が生じないようにするなどの方法が考えられる。また，監視活動に関するリスクトークの話し相手としては，コンサルタントや監査人を利用することが考えられる。

　内部監査部門はリスクトークやリスクシナリオ設定の話し相手にならない場合であっても，その検討プロセスを経た内部統制の評価を行う主体であることから，リスクトークやリスクシナリオ設定が実施されたならばその内容は把握しておくことが望ましい。また，内部統制の評価を深掘りし課題を識別するた

めに，内部監査部門から経営者，第1線または第2線に対して，リスクトーク
やリスクシナリオ設定の必要性について（内部監査部門が実施するか，他の適
切なコンサルタント等が実施するかも含めて）提案することも考えられる。

3 | 整備状況の評価における着眼点の明確化

（1） 統制上の要点の識別と絞込み

　統制上の要点の識別と絞込みは，整備状況の評価を行う上で最も重要な手順
である。

　第Ⅲ章2（3）①にて業務プロセスの評価の問題点の根本原因を以下のとお
り挙げている。本項ではこのうち下2つについての説明となる。

図表Ⅳ－3－1　**業務プロセス評価の形骸化の根本原因**

✓　評価手続にメリハリを利かせていない（複数の取引・検証パターンの考慮，ローテーション検証の実施等が不十分） ✓　統制上の要点（キー・コントロール）が冗長（重複）であり，多すぎて，メンテナンスできていない ✓　リスク評価の見直しが不十分で，低リスク分野が残存する一方，高リスクや新規分野の検討ができていない

　これまで説明してきたリスクトークやリスクシナリオの検討を進める過程に
おいて，新たに識別したリスクや対応する内部統制について整理した上で，3
点セットやその他の内部統制の評価文書に記載することになる。その際に既存
の統制上の要点と合わせて並べてみて，既存の統制上の要点に不要なものがな
いか，あればそれを統制上の要点でない内部統制に格下げするか，3点セット
等から削除するなどの対応を検討する。これを実施しないと，統制上の要点の
数やその後の評価手続の作業量が増える一方であり，効率性を阻害し貴重な評
価手続を実施する人材資源等の浪費になるからである。

　特に既存の統制上の要点については，以下の観点で見直すことが有用と考え
られる。

図表IV－3－2	既存の統制上の要点の見直しポイントと想定されるアクション	
見直しポイント	想定されるアクション
新たに識別した内部統制（統制上の要点）と重複部分がある。	古い統制上の要点を削除または調整する。
既存の統制上の要点により防止発見されないミスや不備が生じたとしても，前後の統制上の要点が有効であることにより十分カバーされる（例えば，電子注文リストと請求データの全量チェックとエラーリストの追跡調査手続がある場合の，請求書目視チェック）。	前後の統制上の要点を生かし，カバーされる側の統制上の要点を格下げする。
既存の統制上の要点の対応領域は財務報告の信頼性とは関連性が薄い（例えば発注計画の立案承認や，納期を経過した在庫の管理）。	J-SOXの観点からは統制上の要点とはしない。
実態は会社の業務の段取りを示しているにすぎない（例えば入力作業の説明）。	統制上の要点とはしない。
同様にフローチャートの作成も業務の段取りをすべて書き込んで細かくなり，メンテナンスの負担が生じている。	リスクとの関連および絞り込んだ統制上の要点同士のつながりと情報の流れを重視したものにする（第III章1（3）参照）。
会社のすべての検証・承認過程（稟議書の承認印）を統制上の要点としている。	リスクに対応した重要な検証・承認過程を絞り込んで統制上の要点とする。
運用状況評価においてサンプルチェックの負担が大きい。	代替する統制上の要点がないか検討する。

　なお，上表最下段の代替する統制上の要点については，統制上の要点としてリスクを軽減するITに係る業務処理統制を識別することや，個別の内部統制の実施状況を監視するような（例えば日常的モニタリング）統制上の要点の識別を検討することが考えられるが，そのような統制上の要点が見つからないことも多いと考えられる。個別の内部統制の実施状況を監視するような統制上の要点を採用する場合，直接的・個別的に数値等を確認する内部統制よりもリスクへの対応度合は弱まる可能性があるので，虚偽記載リスクとの関係に留意し

て代替する統制上の要点とできるかどうか検討する。安易にリスク対応が疑わしい統制上の要点に置き換えることのないように留意する。

（2） 真にリスクを軽減することが可能かどうかの着眼点

実施基準では，「内部統制の重要性，複雑さ，担当者が行う判断の性質，内部統制の実施者の能力，前年度の評価結果やその後の変更の状況等を考慮して運用状況の評価の実施方法を決定する必要がある。」（実施基準Ⅱ3（3）④ニa）とされている。以下は，内部統制の構築の項である第Ⅲ章2（1）②において示した【実施基準における整備状況評価の着眼点】の再掲である。

図表Ⅳ－3－3 実施基準における整備状況評価の着眼点

- ✓ 内部統制は，不正又は誤謬を防止又は適時に発見できるよう適切に実施されているか。
- ✓ 適切な職務の分掌が導入されているか。
- ✓ 担当者は，内部統制の実施に必要な知識及び経験を有しているか。
- ✓ 内部統制に関する情報が，適切に伝達され，分析・利用されているか。
- ✓ 内部統制によって発見された不正又は誤謬に適時に対処する手続が設定されているか。

（出所）実施基準Ⅱ3（3）③

例えば会計上の見積りの妥当性を検証して承認する，という内部統制において，担当役員の経理的な知識や経験が十分とはいえず，時間も十分に取れない中で，経理部長が作成した見積りの書類にハンコをついているだけ，という実態の内部統制を統制上の要点としていた場合，本来その統制上の要点の整備状況が有効となることはないと考えられる。

この場合の対応方法としては，適切で一貫した判断ができるマニュアル等を整備の上，経理部長が実施している見積りを他の能力のある担当者が実施し，統制上の要点としては経理部長が客観的な検証を行うことが考えられる。

整備状況評価の対応が適切でなく，運用状況評価においても形式的な書類との照合で済ませている場合は，J-SOXの形骸化を自ら作り出している可能性がある。整備状況の評価の手順や目線について基本に立ち返ることが重要である。

下表はリスクに対応した個々の内部統制について，真にリスクを軽減すること
が可能かどうかの着眼点を具体化したものである（第Ⅲ章2（1）②で示した
ものと同じ）。

図表Ⅳ－3－4 　内部統制によりリスクを軽減することが可能かどうかの着眼点

軽減	内部統制がリスクをどのように軽減するのか（実在性，評価の妥当性などの「要件」との関連で説明する）。
能力・時間	内部統制実施者は，誤りを防止発見できるだけの十分な能力と検討する時間を確保しているか。
一貫性	誤りを発見するため，内部統制の実施頻度は妥当であり，検討方法が理解され，一貫した運用（再現性）ができるものか。
詳細度	内部統制の手続の詳細度は妥当であり，誤りの発見が合理的に見込めるものか。
異常対応	異常の判断基準や異常項目の調査プロセスが適切であり，誤りの内容が適切に確定できるか。

　以下は，【内部統制によりリスクを軽減することが可能かどうかの着眼点】
に応じて整備状況の評価を実施する場合の記載例である。RCMを利用した評
価表は横に伸ばしていく様式が多いが，ここでは紙面の関係もあり縦で作成し
ている。1つのサブプロセスにおける複数の内部統制を評価する場合は横に伸
ばしていく方が管理しやすいが，縦型の評価表は1つひとつの内部統制を詳細
に見ていくには操作性がよい。

図表Ⅳ－3－5 　着眼点に応じた整備状況の評価の例

財務情報を作成する要件	実在性，権利と義務の帰属
リスク要因	その他の不正リスク
リスクシナリオ	架空注文による収益計上
リスク評価	中

対応する内部統制	（1）　工事部門と業務管理部門の分離と承認手続 工事部署における架空注文防止のために，注文承認と確定について，承認権限を業務管理部門に分離している。業務管理部門は不正注文の兆候となる異例な契約条件や得意先など，留意事項をマニュアルにしている。また，業務管理部門の承認権者は業務に精通した主任以上が，注文の都度これを承認する。得意先別の月次与信限度額の80％以上となる場合は，注文増加の理由を工事部門が記載し，システム上課長以上承認となるように設定する。
軽減	架空注文防止のために権限分離と，不正リスクを意識した対応がマニュアル化されており，業務への適用を通じて不正リスクを軽減することが期待できる。 当該事実を業務管理部門役職者に質問し，承認証跡（取引番号等を特定），組織図，マニュアルを閲覧するとともに，業務管理システム上の権限設定がマニュアルどおりになっていることを，情報システム部の画面閲覧により確かめた。
能力・時間	業務管理部門役職者に質問し，リスク，マニュアル，内部統制の理解，これまで問題のあった取引の対応について回答を入手し，適正な判断能力があると判断する。また，日時の取引件数を確認し，他業務と調整可能な事務量であることを確かめた。
一貫性	マニュアルに想定するリスク態様が網羅されているものと判断する。また，業務管理システムの承認権限機能を仕様書で確認した。過去の与信限度80％以上の事案を確認し，承認権者が課長となっていることを確かめた。
詳細度	マニュアルに想定するリスク態様や手順が網羅されているものと判断する。
異常対応	マニュアルに異例事項に遭遇した場合の対処法であるエスカレーションが明記されている。マニュアルに基づく管理表にエスカレーションの顛末が，事案に照らし適切に記載されていることを確かめた。

（3）　整備状況の評価の手続

　業務プロセスに係る内部統制の整備状況の有効性の評価手続は，実施基準において，以下のように定められている。

図表Ⅳ－3－6	整備状況の有効性の評価手続

> ✓ 重要な勘定科目に関係する個々の統制上の要点が適切に整備され，実在性，網羅性，権利と義務の帰属，評価の妥当性，期間配分の適切性，表示の妥当性といった適切な財務情報を作成するための要件を確保する合理的な保証を提供できているかについて，<u>関連文書の閲覧，従業員等への質問，観察等を通じて判断する。</u>
> ✓ 内部統制が規程や方針に従って運用された場合に，財務報告の重要な事項に虚偽記載が発生するリスクを十分に低減できるものとなっているかにより，当該内部統制の整備状況の有効性を評価する。

（出所）実施基準Ⅱ3（3）③

　整備状況の評価の1番目には関連文書の閲覧，質問，観察等を通じて判断するとされている。整備状況の評価の手続として，単に規程やマニュアルの変更有無の確認のみを実施し，3点セットの右側の手続実施欄に記載することで済ましてしまうのは，実施基準が想定する整備状況の評価手続から見ると不十分と判断される可能性がある。整備状況の評価を適切に実施するために，各手続で実施することが考えられる具体的内容を示す。

図表Ⅳ－3－7	閲覧，質問，観察の具体的内容

手続	具体的内容	目的
関連文書の閲覧	✓ 規程，マニュアルおよび現状の3点セットの記述を閲覧し，現実の運用と整合しているか確認する。	財務報告の重要な事項に虚偽記載が発生するリスクを十分に低減できるものとなっているかを評価する。
質問 観察	✓ 規程・マニュアルの変更のあったプロセスや，環境変化が大きいプロセスを重点的に，質問，観察，取引書類等の閲覧，ウォーク・スルーを実施する。	

　ウォーク・スルーとは，「評価対象となった業務プロセスごとに，代表的な取引を1つあるいは複数選んで，取引の開始から取引記録が財務諸表に計上されるまでの流れを内部統制の記録等により追跡する手続を実施すること」である。ウォーク・スルーは内部統制報告制度に関するQ&A問33において，「経営

者が必ず実施しなければならない手続とはされていない」と明記されているが，変更の有無や情報のつながりを実地で確かめる有用な手続であるので，プロセスや統制上の要点の重要度に応じて取り入れていくことが望ましい。規程やマニュアルの閲覧だけでは，実地の運用との乖離を把握することは難しいことを踏まえ，実際の取引に関する帳票類の閲覧や実作業の観察を，質問と組み合わせながら取り入れていくことを検討する。なお，観察については，観察を行った時点だけ担当者が適切に内部統制を実施しているという可能性を念頭に置くことが適切である。

　内部統制の整備状況の評価は，原則として，毎期実施する必要があるが，以下の条件を満たす場合，前年度の整備状況の評価結果を継続して利用することができるとされている。

図表Ⅳ－3－8　前年度の整備状況の評価結果を継続して利用することができる場合

以下のすべてを満たす場合
1．全社的な内部統制の評価結果が有効である場合
2．財務報告の信頼性に特に重要な影響を及ぼすものを除く。
3．前年度の評価結果が有効
4．前年度の整備状況と重要な変更がないものについてその旨を記録
5．一定の複数会計期間内に一度の頻度で実施

(出所) 実施基準Ⅱ3（3）③注

　なお，上記4については，業務フローに変更があるにもかかわらず，3点セット等が更新されていない事例は多く発生し，運用評価手続や監査人からの指摘で気付く場合もある。こうした事態を防止するためには，担当部門から重要な変更がないという報告を受けた内部監査部門が，変更がないことを確かめる手続（質問，観察，関連文書の閲覧等）をする方法について明確化することが重要である。

（4）　情報の信頼性の評価

　第Ⅲ章1（2）において，信頼性を確保すべき情報を識別し，それが既存の内部統制では対応されていないのかの作業を効率的・効果的に実施するための

方法として「信頼性を確保すべき情報一覧表」を説明した。内部統制の実施に使用する情報の信頼性が確保されていることを確認しなければ，内部統制の整備状況の評価としては不十分となるため，「信頼性を確保すべき情報一覧表」をもとに実施していくことが考えられる。

「信頼性を確保すべき情報一覧表」の右側において情報の信頼性を確保する手段を記載しているので，この手段が適切に実施されているのかを評価することになる。以下の例では，業務システムの内部計算に関する内部統制および本社費の配賦計算のチェックの内部統制が識別されていなかったという前提のもと，内部監査部門において括弧書きの手続として，新たに識別した（1）情報の信頼性を確かめる内部統制の整備運用状況を評価するか，（2）直接的に情報の信頼性を検証するための手続を実施することとしている。第Ⅲ章1（2）に記載のとおり，（1）の情報の信頼性を確かめる内部統制を整備運用する方法を適用し，それに対してJ-SOXにおける評価としての独立的評価を実施する方法が望ましい対応であるといえる。なお，情報量が多いまたは計算・集計が複雑な場合には，（2）のように情報を再計算により確かめるような手続の負担が増す，もしくは困難になる可能性があることに留意する。

図表Ⅳ－3－9 信頼性を確保すべき情報一覧表の右側

情報／帳票名称	情報の用途	情報の信頼性の確保を確かめる手段		アプリケーションが運用されるIT環境のITに係る全般統制の状況
		3点セットに記載する対応も可		
		（1）情報の信頼性を確かめる内部統制	（2）直接的に情報の信頼性を検証する手続を実施	
店舗別損益計算書（固定資産減損会計用）	固定資産の減損判定	業務システムの内部計算に関するITに係る業務処理，本社費の配賦計算におけるデータおよび計算式の妥当性チェック手続（仕様書の閲覧および	期末の店舗別損益計算書のデータの信頼性に関する，再計算を含むウォーク・スルー検証（上記再計算を	財務会計システムおよび業務システムはいずれもITに係る全般統制の評価対象となっており，不備は発生していない。（ITに係る全般統制

| | | 再計算（業務システム），配賦計算の検証・承認手続の閲覧（本社費配賦）により評価する） | 含むウォーク・スルー検証を実施する） | の評価は実施済みのため追加手続不要） |

（5） ITに係る全般統制の整備状況の評価

　サイバーリスク対応を含むITに係る全般統制の構築については，第Ⅲ章2（5）において説明した。

　また，どのITに係る統制を評価対象とするかは，上記（1）の評価範囲ツールの（14）に示している。「決算・財務報告プロセス」，「事業目的に大きく関わるプロセス」および「個別に評価対象に追加するプロセス」において使用されているITアプリケーション等について，ITに係る全般統制および関連するITに係る業務処理統制の評価対象にする。

　整備状況の評価は**図表Ⅲ－2－27**【リスクシナリオとITに係る全般統制の例】に例示されたような内部統制について，RAITおよびリスクシナリオとの関わりに留意しながら評価していくことが中心となる。なお，使用している情報システムの管理が受託会社により行われている場合は，本章3（9）にて評価方法を示している。

　以下の例では，自社で情報システムの管理を行っていることを前提に，他の整備状況の評価と同様に，真にリスクを軽減することが可能かどうかの5つの着眼点（**図表Ⅳ－3－4**参照）をもとに整備状況を評価することとしている。

図表Ⅳ－3－10 ITに係る全般統制を5つの着眼点をもとに整備状況を評価する場合の記載例

プロセス	アクセス管理
IT環境	ネットワーク，データベース
RAIT	データの破壊や不適切なデータの変更につながる可能性のある，データへの未承認のアクセス（未承認もしくは架空取引の記録，または取引の不正確な記録等）。

リスクシナリオ	・特権IDの不適切使用 ・脆弱性の過小評価によるサイバー攻撃等の被害（ウイルス，マルウェアの感染，データやプログラムの消失・暗号化等）
リスク評価	中：多量の個人情報等を取り扱ってはおらず，一般的なシステムの利用度ではあるが，サイバーインシデントに対しては対応途上の面もあるため，リスク中とする。
対応する内部統制	・管理者による利用者のアクセス権限の付与（新規追加，削除，修正の承認を含む。アプリケーションの機能，担当者の役割，処理内容，職務分掌を踏まえたプロビジョニングおよびデプロビジョニング）。 ・特権IDの貸出管理および特権IDの使用ログの収集とレビュー 情報システム権限マニュアルに基づき，権限分離を図るため，アクセス権限付与各部室から情報システム部に権限申請は一括で実施し，情報システム部が各部室の申請を職務権限規程に基づきチェックした上で，承認している。また，特権IDについては貸出申請をその利用計画と利用期限とともに情報システム部担当役員が承認する。情報システム部がアクセスログツールを使用し，特権IDの使用ログの収集とレビューを実施しており，その結果をモニタリング表に記載している。
軽減	上記アクセス権限管理と特権ID管理は権限分離がされており有効な検証機能があるため，RAITおよびリスクシナリオのリスク低減が期待できる。 Ｘ月分の権限申請，特権ID申請，モニタリング表を閲覧し，情報システム部責任者に質問を実施した。承認時の留意点や特権ID利用状況モニタリング状況を把握し，統制が有効に整備されているものと判断した。
能力・時間	情報システム部責任者に質問を実施した。承認時の留意点や特権ID利用状況，モニタリング状況の聴取により理解度を把握した。また，業務のひっ迫は識別されなかった。
一貫性	情報システム権限マニュアルに，手続の詳細が記載されており，業務の一貫性は確保できるものと判断する。
詳細度	情報システム権限マニュアルに，手続の詳細が記載されており，統制を実施する上での詳細度は確保できているものと判断する。

第Ⅳ章　内部統制の整備および運用状況の評価　209

異常対応	情報システム権限マニュアルには，不正ログを認めた場合の手続の詳細が記載されており，異常時の被害の可能性を踏まえた調査の規準が示されており，情報システム部責任者も認識している。

　また，企業が簡易な市販のパッケージ・ソフトウェアを利用している場合は，その利用しているIT環境については，ITに係る内部統制の整備状況の評価も簡易なものが認められるものと考えられる。以下は第Ⅲ章2（5）②で示した比較的簡易なシステムにおけるITに係る全般統制の例に対して，整備状況の評価手続の例を示したものである。なお，整備状況の評価手続の例は簡潔に記載しているが，内部統制がリスクに対応するものであるかについては，**図表Ⅳ－3－4**に示す着眼点を参考に，説明可能にしておく必要がある。

図表Ⅳ－3－11　**比較的簡易なシステムにおけるITに係る全般統制のうち重要なものの例に対する整備状況評価手続の例**

プロセス	内部統制	整備状況の評価手続の例
アクセス管理	ユーザーIDの登録変更権限の申請と登録手続の明確化	ユーザー権限が，権限登録申請書に基づき総務部長により更新され登録されていることを質問，Ｘ月度の申請メールの閲覧およびシステム設定画面により確認。
	ユーザーIDの使用の定期的な棚卸の実施	年2回の定期ID棚卸を実施していることをシステム画面と在籍表の証跡を確認。
	管理者権限の適切な管理	当期において管理者権限はベンダーから依頼があった場合の貸与依頼書に基づいた貸与実績であったことを確認。
	OSおよび市販ソフトウェアのIDとパスワードの設定要件	推奨されるパスワード複雑性と更新設定を踏襲していることを確認。
開発・変更管理	導入する市販ソフトウェア等の選択に関する機能や仕様の妥当性に関する検討および承認プロセスの	市販ソフトウェアの機能検討に関しては課長レベルの協議会で検討していることを，協議会資料により確

	明確化	認。
	導入する市販ソフトウェア等の検収やパラメータ設定の検討および承認プロセスの明確化	総務部が中心となり検収確認を実施し，総務部のみがパラメータ設定権限を有し，総務部長が承認していることを関連文書により確認。
	バージョンアップ時の更新内容の確認手続や，パラメータの更新の必要性の検討手続の明確化	総務部が更新確認を実施し，パラメータ更新権限を有し，総務部長が承認することを協議会資料により確認。
運用管理	不具合発生時の連絡とベンダーへの対応要請手続の明確化	不具合は発生しておらず，不具合発生時の連絡とベンダー対応要請手続について，マニュアルに明記されて周知されていることを確認。
	システム操作，運用マニュアルの整備と周知	システム操作，運用マニュアルの整備と周知がされていることを確認。
	ネットワーク接続の安全性確保やウイルス対策の実施	市販ソフトウェア導入時の安全性確保のためのネットワーク設定やウイルス対策を継続・バージョンアップの実施記録を確認。
	バックアップの適切な実施と安全なデータ保管方法の採用	バックアップの設定と保管場所の安全性確保に関して，ベンダーからの報告を確認。またバックアップファイルのＸ月分の保管を確認。

（6） ITに係る業務処理統制の整備状況の評価

　ITに係る業務処理統制の構築については，EUCも含めると第Ⅲ章2（6）～（8）において相当の紙面を割いて説明した。

　ITを利用して自動化された内部統制に関しては，一度内部統制が設定されると，変更やエラーが発生しない限り一貫して機能するという性質がある。自動化された内部統制が過年度に内部統制の不備が発見されずに有効に運用されていると評価された場合，評価された時点から内部統制が変更されていないこと，障害・エラー等の不具合が発生していないこと，および関連する全般統制の整備および運用の状況を確認および評価した結果，全般統制が有効に機能し

ていると判断できる場合には，その結果を記録することで，当該評価結果を継続して利用することができる。

　以下は第Ⅲ章2（7）で示した自動化された内部統制の処理パターンの検証計画に対応して，独立的評価としての評価手続を策定したものである。既存の3点セットの中に内部統制を追加して評価することでも問題はないが，以下の例のように第Ⅲ章2（7）で作成した自動化された内部統制の処理パターンの検証表に付加する形で評価計画を策定し，評価を進めていくこともできる。なお，情報の信頼性を確かめる内部統制を内部監査部門が独立的評価の一環として実施し，それをJ-SOXにおける経営者の評価とすることも考えられるが，ロジックの検証など内部監査部門だけでは実施が難しい可能性もある。

図表Ⅳ－3－12 　自動化された内部統制の処理パターンの検証計画に対応した独立的評価の例

自動化された内部統制	使用するアプリケーション	情報の信頼性を確かめる内部統制	情報の信頼性を確かめる内部統制の評価手続
売上金額の自動計算	販売管理システム	数量×単価の検証はこれまでもX年間隔で実施。 以下の検証計画を策定し，今後X年間隔（変更実施の場合はその都度）で検証 • 値引，割戻の発生の場合のロジック • システム外で計算する変動対価調整の基礎レポート作成ロジック • 販売諸掛の発生の場合のロジック	• 情報システム部門で実施する左記の検証年度に該当した際の検証について，内部監査部門にてレビューを実施 • 検証年度に該当しない場合については，ITの変更等生じておらず全般統制が有効であるなど，X年間隔で検証を実施することの合理性を確認

　手作業によるITに係る業務処理統制についても，既存の3点セットの中に内部統制を追加して評価することで問題はない。ただし，下記の例では，手作業によるITに係る業務処理統制に使用するエラーリストについて，情報の信頼性を確かめる手続を実施している。

図表Ⅳ－3－13	手作業によるITに係る業務処理統制を5つの着眼点をもとに整備状況を評価する場合の記載例
財務情報を作成する要件	実在性，権利と義務の帰属
リスク要因	特に重要なものはない
リスクシナリオ	インターフェースのエラーや処理エラーの対応漏れ
リスク評価	低
対応する内部統制	インターフェースのエラーや処理エラーが生じていないか，またエラーの是正をするために，情報システム部門がマニュアルに従いジョブの実施状況を確認している。情報システム部門は，エラーレポートを参照し，関連部門に報告後，関連部門から処理依頼書を入手して情報システム担当者が処理を実施し，役職者が処理内容を確認し，処理依頼書に承認証跡を残す。
軽減	エラーの是正を直接的に実施するものであり，リスクに対応している。また，エラーについては適切な識別がされレポートに漏れなく反映されることを，別途エラーリストの作成により検証している。
能力・時間	情報システム部門役職者に質問し，リスク，マニュアル，内部統制の理解，これまで問題のあった取引の対応について回答を入手し，適正な判断能力があると判断する。また，日時の取引件数を確認し，他業務と調整可能な事務量であることを確かめた。
一貫性	マニュアルにエラーレポートのエラー態様と対応策が記載されており，一貫した処理が期待される。
詳細度	マニュアルにエラーレポートのエラー態様と対応策が記載されており，リスクを低減するに足る詳細度を有している。
異常対応	マニュアルに異例事項に遭遇した場合の対処法であるエスカレーションが明記されている。

第Ⅳ章　内部統制の整備および運用状況の評価　213

| 図表Ⅳ－3－14 | エラーリストの情報の信頼性の検証計画に対応した独立的評価の例 |

自動化された内部統制	使用するアプリケーション	情報の信頼性を確かめる内部統制	情報の信頼性を確かめる内部統制の評価
エラーリストの生成	会計システム	以下の検証計画を策定し，今後X年間隔（変更実施の場合はその都度）で検証 • 在庫システムと会計システムのインターフェース処理の異常を返すロジック • 不適切なデータが混入し処理不能となる場合，処理エラーを返すロジック • 上記エラーを，エラーリストへ反映するロジック	• 情報システム部門で実施する左記の検証年度に該当した際の検証について，内部監査部門にてレビューを実施 • 検証年度に該当しない場合については，ITの変更等生じておらず全般統制が有効であるなど，X年間隔で検証を実施することの合理性を確認

（7）　仕訳入力・修正に係る内部統制の整備状況の評価

　第Ⅲ章2（9）で検討した仕訳入力・修正に係るリスク，リスクシナリオおよび内部統制について，内部統制の整備状況の評価の例を示す。記載例では，仕訳監査を実施した内部監査人とは別の内部監査人が，整備状況の評価を行った内容を示している。仕訳入力・修正の内部統制は，決算・財務報告プロセスに分類され，業務プロセスと同様の3点セットにより評価可能であるが，以下では縦型の評価シートにより示す。

| 図表Ⅳ－3－15 | 仕訳入力・修正の内部統制を5つの着眼点をもとに整備状況を評価する場合の記載例 |

財務情報を作成する要件	実在性，網羅性，期間配分の適切性，表示の妥当性
リスク要因	その他不正リスク
リスクシナリオ	A①新会計基準適用や非定型事象の発生等の影響を回避または強調するため，意図的な仕訳・修正処理（不正・無効化）

リスク評価	中
対応する内部統制	✓ 自動仕訳以外の仕訳に対する二段階の承認 当グループでは，経理部門で承認した仕訳・修正のうち定例外の一定額以上の当社仕訳および連結仕訳について財務担当役員が承認する。 ✓ 定期的な仕訳入力のレビュー 経理部振替仕訳，決算仕訳および連結仕訳について，内部監査部門による定期的な仕訳監査を実施し，不正や誤りの可能性が認められる仕訳・修正の種類（異例な起票者，起票日付，仕訳タイプや金額等）を抽出し検証する。
軽減	財務担当役員の承認証跡を閲覧するとともに，各四半期で該当仕訳が漏れなく承認対象となっていることを確かめた。内部監査部門が実施する直近の仕訳監査の調書および報告書を閲覧し，同部門の実施マニュアルに沿って行われていることを確かめた。 財務担当部門内の共謀による不正の場合内部統制が無効化される可能性が高いが，内部監査部門の定期的なレビューにより事後的に発見される可能性がある点で，一定のリスク軽減効果がある。ただし，膨大な仕訳の中から異常を識別し，特定することが常に可能とは限らない。
能力・時間	財務担当役員への質問により，能力には問題ないが十分時間をとって確認できるかは不確実であることが判明した。内部監査部門は会計の知識がある経験者が実施しており，四半期ごとに時間を確保して実施していることを，質問および調書・報告書の閲覧により確かめた。
一貫性	財務担当役員や内部監査部門の経験と能力に依存している。内部監査部門では定型化した抽出のプロセスを適用して一貫性を確保しつつ，不正実行者の裏をかくような追加の検討手順を取り入れていることを，質問および調書・報告書の閲覧により確かめた。
詳細度	内部監査部門では会計データから仕訳を抽出する方法や異常の例を示すマニュアルを閲覧した。また，調書・報告書の閲覧により一定の詳細度を確保していることを確かめた。何かを気付き，どの程度掘り下げるかの詳細度は，内部統制実施者の経験と能力に依存している。
異常対応	異常・気付きの態様は様々であり，定型的な異常対応のプロセスが整備されているわけではない。内部監査調書を閲覧し，内部監

第Ⅳ章　内部統制の整備および運用状況の評価　**215**

> 査員が当期の四半期検証で識別した項目について，フォローアップ手続が行われていることを確かめた。

　不正実行には隠蔽が伴うことが多い。上記のように不正対応の内部統制やレビュー要素を含む内部統制には，内部統制実施者に異常や漏れを識別できるだけの能力と経験，内部統制に費やす時間，対象に対する客観性が求められるが，常に同様のパフォーマンスを発揮できるわけではない。それでも，このような内部統制が適切に適用されていることは，不正実施者にとっては大きな抑止力となる。そのため，内部統制の整備状況の評価において実効性を評価することが重要となる。

　もし十分でない部分があればそれを補う追加的なレビュー等の実施を検討し，リスクシナリオの内容や重大度に応じて内部統制の内容や深度も見直すことを指摘することが適切である。

（8）　重要な会計上の見積りに係る内部統制の整備状況の評価

　第Ⅲ章2（10）で検討した重要な会計上の見積りに係る内部統制について，整備状況の評価の例を示す。

　重要な会計上の見積りは，財務報告への影響を勘案して，重要性の大きい業務プロセスとして，個別に評価対象に追加されることが多い。3点セットにより評価可能であるが，以下では，進捗度に基づく売上の計上における工事総原価の見積りの3種類の要素のうち，重要な仮定に関して，縦型の評価シートにより示す。

　第Ⅲ章2（10）にて説明したように，財務情報を作成する要件は評価の妥当性となるが，会計上の見積りでは3種類の要素（見積手法，重要な仮定，データ）の別に，要件に影響を及ぼすリスク要因（複雑性，主観性，変化，不確実性，偏向，その他の不正リスク要因）を識別し，それに内部統制が対応しているのかを確認することが重要である。

図表Ⅳ－3－16	重要な会計上の見積りの3種類の要素のうち，重要な仮定を5つの着眼点をもとに整備状況を評価する場合の記載例
財務情報を作成する要件	評価の妥当性
3種類の要素	重要な仮定
リスク要因	客観性，偏向
リスクシナリオ	見込単価・数量・時間等の決定に関し，過去データはあるものの，見積りを実施する工事担当者の経験や判断に左右される。
リスク評価	高
対応する内部統制	✓ 業務管理システム機能の利用による単価や人工等の見積りの一貫性の確保 ✓ 工事部門から独立した業務管理部門による見込単価・数量・時間・外注費等の裁量的決定やデータの一貫した適用に関する検証と承認 ✓ 業務管理部門による，工事部門の過去の見積りの予実分析による乖離原因の調査と指摘
軽減	工事部門の質問および観察により，業務管理システムは定型的な単価等の見込数値をサポートするので，これに従う場合は客観性の懸念や偏向は発生しづらくなることを確かめた。業務管理システムでサポートされる工事実行予算の業務管理部門の検証・承認手続については，質問，画面観察により実施状況を確かめた。 業務管理システムのサポートを受けない単価等による仕入や外注費等について，入札／提案時に業者から取り寄せた見積資料を添付し，業務管理部門が合理性をチェックし問い合わせをしている証跡を確かめた。 業務管理システムデータを使用して，半期ごとにレポートが作成され，業務管理部門から工事部門に問い合わせが行われていることを確かめた。これらはリスク要因の軽減に役立つと考えられる。
能力・時間	内部統制は業務管理システムのサポートを受けており，2番目3番目の業務管理部門のチェックでも業務管理システムの管理機能と情報作成機能に依存しており，業務管理システムのITに係る全般統制および業務処理統制の有効性，情報の信頼性を確認する必要がある。

	業務管理部門の担当者は業務管理システムの機能の習熟や分析手法を十分理解し，この監視的な内部統制のための時間が確保されている。また，工事部門の回答に満足しない場合のエスカレーションの仕組みが適用されており，エスカレーションの記録を閲覧した。
一貫性	いずれの内部統制も業務管理システムとそのマニュアルが適用されており，一貫性は確保されている。
詳細度	いずれの内部統制も業務管理システムとそのマニュアルが適用されており，一定の詳細度は確保しているが，一部の外注費や現場対策費など定型化が難しいものについては，経験等に委ねる部分もある。
異常対応	工事部門の回答に満足しない場合のエスカレーションの仕組みが適用されている。エスカレーションの記録を閲覧により，時と場合に応じた異常対応がされているものと判断した。

　重要な会計上の見積りには，不正リスクだけでなく誤謬リスクも相応に存在する。工事原価のように多数の計算要素を使用して見積る場合には，見積りを支援する情報システムにより生成される情報の信頼性の評価が重要である。ITに係る統制の評価と関連付けて内部統制の整備状況の評価を行うことに留意する。

（9）　委託業務に係る内部統制の整備状況・運用状況の評価

　第Ⅲ章2（11）において，受託会社を利用する場合の受託会社に業務を委託する場合の内部統制の留意点について述べた。

　受託会社の内部統制については，委託者が直接構築・評価することはできない。受託会社が受託者責任を果たすために構築した内部統制を，何らかの方法により評価し，不備等があれば受託会社に改善を申し入れることになる。

　以下は第Ⅲ章2（11）において示したものとほとんど同じ表であるが，受託会社の内部統制をいかに評価するか，また委託会社（自社）の内部統制の評価により対応が可能かについての視点で書き換えているため，第Ⅲ章2（11）の（1）～（4）の番号とは対応していないことに留意する。

　なお，本項においては委託業務の内部統制の整備状況と運用状況の評価を一体で実施することを想定して例を示す。

218

図表IV-3-17	保証報告書等の入手可否に対応した委託業務の内部統制の整備状況と運用状況の評価方法の例	

保証報告書等を入手できない	委託会社において受託業務の内部統制の評価ができない	①委託業務のリスクや重要性を考慮する。リスクや重要性が低いと判断できない場合，②または③の対応を実施する。
		②保証報告書等以外の手段で受託会社の内部統制を評価し，リスクが軽減されているか確かめる。当該手段については，質問，往査等を含む。
	委託会社において受託業務の内部統制の評価ができる	③業務委託結果報告書の検証や受託業務に係わる委託会社の本番データの検証などを実施し，情報の信頼性を確かめることにより，委託会社の内部統制が確保されていることを評価する。情報に不足があれば受託会社に対し依頼する。ただし，委託会社での評価には限界があることに留意する。
入手できる	④保証報告書等の内容を検証する	

まず①は，リスクや重要性が高くないため，内部統制の評価が不要とできないかどうかを確かめることである。ただし，例えば情報漏えいのリスクが存在する場合など，作業過程でのリスクが大きく作業成果の品質のチェックだけではリスクへの対応が難しい場合には，受託会社の内部統制を評価する必要性が高まる。その場合，作業プロセスについて②の評価を実施する必要性を検討する。なお，②の評価については，例えば情報セキュリティの外部認証を取得しているのであれば，その事実も踏まえてリスク評価を実施することが適切と考えられる。

第Ⅲ章2（11）で示した例のように，保証報告書等の内容が，委託業務のITに係る全般統制はカバーしているが，ITに係る業務処理統制はカバーしていない場合については，②または③の手法により作業成果である情報の信頼性を確かめることを検討する。

まず，②の受託会社の作業プロセスの内部統制の有効性評価を，受託会社との合意に基づき質問および往査で実施する場合の手続例を示す。運用状況の評

価手続として，統制上の要点（キー・コントロール）に対するサンプリング検証を示しているが，もし受託会社との関係や契約でそこまでの対応が難しい場合には，別の方法（管理資料の通読など）により整備状況・運用状況の把握が可能かどうかを検討する。

図表Ⅳ-3-18 **受託会社との合意に基づき質問および往査で実施する場合の手続例**

実施手続	検討結果
受託会社の受託業務の責任者等に質問し，受託業務の管理運営方針，受託会社の経営環境，良好な作業環境を実現するために実施している施策の状況等について質問する。	
職務分掌の状況や，不正や誤謬を防止発見するための権限分離の状況や承認検証態勢，担当者の教育訓練等について，責任者レベル，業務プロセスレベル，ITレベル等で質問し，組織図や研修プログラム等で確認する。	
情報の信頼性を確保するための業務の流れと承認検証態勢について質問し，業務マニュアル，フローチャート，作業現場の観察等で確認する。また統制上の要点（キー・コントロール）を識別する。	
（運用）統制上の要点（キー・コントロール）について，主に再実施によるサンプリング検証を行う。	
アクセス管理，情報システムの開発変更態勢，運用管理（ネットワークやバックアップ等）について質問し，運用態勢を観察等で確認する。	
ミス，不具合，インシデント等の発生状況を質問し作業品質を評価する。また受託会社からのミス，不具合，インシデント等の報告に漏れがなかったか確認する。	

　次に③の委託会社側の作業結果の信頼性の検証手続例を以下に示す。

| 図表Ⅳ－3－19 | 委託会社側の作業結果の信頼性の検証手続例 |

実施手続	検討結果
委託会社（当社）から受託会社に提出したデータの信頼性を検証する。（データ照合等）	
業務委託結果報告書の処理結果と，当社での処理内容との整合性を検証する。	
受託会社から処理結果として引渡しを受けたデータを，当社に保管する原資料・データやその他の資料を使用して再実施を行う。	
業務委託結果報告書の処理結果に関して，受託会社および当社に届いている取引先や内部からのクレーム，遅延，作業品質に対する意見の内容を把握する。	

　最後に④の保証報告書等の利用に基づく内部統制の有効性評価に関連して，財務報告に利用される保証報告書等の種類を示す。SOC 1 は財務報告に係る内部統制を主題として下記の基準に基づいて意見表明がされる。保証報告書等には財務報告に係る内部統制以外を対象とした様々なものがあるため留意が必要である。

| 図表Ⅳ－3－20 | 保証報告書等の根拠基準 |

分類	主題	基準
SOC1	財務報告に係る内部統制	SSAE18（米国公認会計士協会：AICPA），保証業務実務指針3402（JICPA），ISAE3402（IAASB：国際監査・保証基準審議会）

　保証報告書等を閲覧する際に確認項目における実施手続例を示す。

第Ⅳ章　内部統制の整備および運用状況の評価　　221

図表Ⅳ－3－21　保証報告書等を閲覧する際の確認項目と実施手続例

確認項目と実施手続	検討結果
1．独立監査人の報告書の閲覧 ✓　報告書の対象となっている業務の全体的な検証結果を確認する。 ✓　主題が財務報告に係る内部統制を含んでいるかを確認する。 ✓　報告書のタイプ（タイプ1は一時点の内部統制のデザインおよび運用状況に関する報告書，タイプ2は特定期間の内部統制のデザインおよび運用状況に関する報告書，AUPは合意された手続）を確認し，原則としてタイプ2の報告書が入手されるべきであり，それ以外の場合は評価目的に照らし追加資料の入手の必要性を検討する。 ✓　再受託会社の利用があり，再受託会社の統制目的および関連する内部統制が除外されている場合において，委託会社（当社）に関連する業務であれば，再受託会社の報告書を入手するなど対応がされているかを確認する。 ✓　報告書の対象となっている期間が，自社の内部統制評価に必要な期間に合致しているのか確認し，必要に応じて不足する期間に関する情報を要求する（ブリッジレターの入手）。 ✓　意見が限定されている場合には，何に対して限定されているのか確認する。また，それが当社に影響あるのか検討する。 ✓　信頼できる監査人であるか評判等を確認する。	
2．受託会社確認書の閲覧 ✓　宣誓内容および適用される規準を確認する。	
3．受託会社による受託業務のシステムに関する記述書 ✓　委託業務内容および関連する内部統制が記述書によりカバーされているのかを確認する。 ✓　相補的な内部統制（図表Ⅲ－2－50参照）の内容を確認し，当社（委託会社）で評価されているかを確認する。	
4．受託会社監査人による情報提供 ✓　個々の内部統制の評価結果を確認する。 ✓　例外事項がある場合の当社（委託会社）への影響を評価する。不明点がある場合は必要に応じて可能な範囲で受託会社に質問する。	
5．受託会社によるその他の情報提供 ✓　後発事象等があれば記載内容を確認する。	

(10) 中堅・中小上場企業等における効率的な内部統制の評価

第Ⅲ章6において紹介した「内部統制報告制度に関する事例集」は，中堅・中小上場企業において，資源の制約等の下，様々な工夫を行い，内部統制の有効性を保ちつつも，効率的に内部統制の評価等が行われていた事例として示されている。

2011年当時はJ-SOXの実務上の負担が問題となっていた時期であり，現時点で改めて確認すると，事例集にあるような効率的・効果的な実施が可能である場合もあると考えられる一方で，内部統制報告制度の実効性が問われている現状では，統制上の要点の絞込みや，文書化の簡略化については，客観的にどのようにしてリスクに対応して内部統制が整備・運用されているのか把握することが不明確にならないように留意する。監査人は企業の評価方法そのものを監査するわけではないが，企業が実施する運用状況の評価のサンプル数の削減については，企業自身が削減の根拠の合理性に留意する。

4 │ 運用状況の評価の精緻化と効率化

(1) 運用状況の評価の精緻化と効率化

運用状況の評価の実施に際しては，実施基準に以下のとおり規定されている。

図表Ⅳ-4-1 実施基準における運用状況の評価手続

- ✓ 原則としてサンプリングにより十分かつ適切な証拠を入手する。
- ✓ 全社的な内部統制の評価結果が良好である場合や，業務プロセスに係る内部統制に関して，同一の方針に基づく標準的な手続が企業内部の複数の事業拠点で広範に導入されていると判断される場合には，サンプリングの範囲を縮小することができる。
- ✓ 統一的な規程により業務が実施されている等の場合，全ての営業拠点について運用状況の評価を実施するのではなく，個々の事業拠点の特性に応じていくつかのグループに分け，各グループの一部の営業拠点に運用状況の評価を実施することができる。

第Ⅳ章　内部統制の整備および運用状況の評価　　223

- ✓ 内部統制の運用状況の評価は，原則として，毎期実施する必要がある。
- ✓ 全社的な内部統制の評価結果が有効である場合には，財務報告の信頼性に特に重要な影響を及ぼすものを除き，前年度の評価結果が有効であり，かつ，前年度の整備状況と重要な変更がないものについては，その旨を記録することで，前年度の運用状況の評価結果を継続して利用することができる。
- ✓ 日常反復継続する取引について，統計上の二項分布を前提とすると，90％の信頼度を得るには，評価対象となる統制上の要点ごとに少なくとも25件のサンプルが必要になるとされている。

（出所）実施基準Ⅱ3（3）④ロ，参考図3

　なお，日常反復継続以外の頻度について少なくとも必要とされるサンプル数は，半期以下は1件，月次以下は2件，週次5件，日次25件が実務上用いられることが多い。また，ITを利用した内部統制は一貫した処理を反復継続するため，その整備状況が有効であると評価された場合には，ITに係る全般統制の有効性を前提に，人手による内部統制よりも，例えばサンプル件数を減らし，サンプルの対象期間を短くするなど，一般に運用状況の評価作業を減らすことができる，とされている（実施基準Ⅱ3（3）④ニa）。

　本章3（1）において，運用状況の評価も見据えた統制上の要点の絞込みについて説明した。統制上の要点の数およびその種類（日常反復継続する内部統制か月次で実施する内部統制かなど）は運用状況の評価手続の作業量に直結する。リスクトークやリスクシナリオを実施することで，様々な気付きが発生するため統制上の要点は増加しがちであることもあり，既存の統制上の要点をそのままにせず，必要性を再検討することが適切である。

　本項では，統制上の要点の見直し・絞込み以外の運用状況の評価手続の見直しについて説明する。

図表Ⅳ−4−2　**統制上の要点の見直し以外の運用状況の評価手続の見直し方法の例**

種類	見直し方法
精緻化	虚偽記載リスクの高い統制上の要点は，運用状況についてより十分かつ説得力のある証拠を入手する。

	本章3（2）で説明した「真にリスクを軽減することが可能かどうかの着眼点」（軽減，能力・時間，一貫性，詳細度，異常対応）について運用状況の評価手続においても留意し，整備状況の評価で確認した内容が継続的に運用されているのかを評価する。
	ITに係る業務処理統制について，第Ⅲ章2（7）の**図表Ⅲ－2－38【自動化された内部統制の処理パターンの検証計画】**に従った，より多くの処理パターンの検証実施状況について，運用状況の評価において確かめる（内部監査部門が処理パターンを直接検証する場合も考えられる）。
効率化	虚偽記載リスクの高くない業務プロセスの統制上の要点について，毎年ではなく一定の複数会計期間内に一度の頻度で実施する。ただし，その判断や年数は機械的には行わず，リスクや整備状況の評価を踏まえて行う（特にITに係る統制に関しては，IT環境の変化を踏まえて慎重に判断する）。
	虚偽記載リスクの高くない業務プロセスについての統制上の要点について，運用状況の評価を期中に実施し，期末日までに内部統制に関する重要な変更がないかについては，原則としてプロセスオーナーへの質問により確かめる（期末日までの期間が3か月を超えるなど長くなる場合は，追加のサンプル検証手続を実施する）。
	電子的な承認や確認証跡の信頼性を確かめた上で，電子的な運用状況の評価手続（照合や一致確認）の範囲を拡大する。
	虚偽記載リスクの高くない業務プロセスについて，内部統制の変化が特段見込まれない場合は，整備状況の評価と運用状況の評価を一体的に実施する。
	内部監査部門によるJ-SOX以外の内部監査活動の手続を，運用状況の評価手続に利用できるように，一体的に実施する。
	日常的モニタリングが，内部監査部門が実施するJ-SOXの運用状況の評価手続と同様の方法により実施され，内部監査部門がその実施記録を閲覧してサンプリング方法含め問題ないと判断した場合に，運用状況の評価サンプルに算入する。 ただし，外部監査人が内部監査部門のサンプリング結果を利用して監査手続を実施している場合には，日常的モニタリングの結果は利用できないので，外部監査人の利用可能なサンプルが減少し，監査手続が増加する可能性がある。
	後述（2）のとおり，統一的な規程により業務が実施されている同一の内部統制については，グルーピング可能である。もし別の内部統制としてそれぞれ25件などの件数がサンプリングされていれば見直す。

第Ⅳ章　内部統制の整備および運用状況の評価　225

> 重要な事業拠点であっても，グループ内での中核会社でないなど特に重要な事業拠点でない重要な事業拠点については，前年度に開示すべき重要な不備がなく，本年度の整備状況に重要な変更がなければ，本年度の評価対象としないことができる（2年に1回とすることができる）。その場合，当該重要な事業拠点は，一定割合を満たすかどうかの算出の分子に算入されないが，実施基準ではその場合一定割合を相当程度下回ることがありうるとしている（実施基準Ⅱ2（2）①（注2）参照）。
>
> リモート環境で実施可能な手続を増やす（電子資料の改ざんの可能性の対応については後述（2）参照）。
>
> 統制上の要点ではない内部統制について，運用状況の評価手続（サンプリングチェック）は行わない。

（2）　営業拠点のグルーピング，リモート検証時の電子的証拠の真正性

営業拠点のグルーピングに関しては，実施基準上，以下の留意点がある。

図表Ⅳ−4−3　営業拠点のグルーピング時の留意点

✓　グルーピングした営業拠点群において，統一的な規程により業務が実施されているかどうかを慎重に判断する。
✓　全社的な内部統制（情報と伝達）が良好であるか。
✓　内部統制の同一性をモニタリングする内部監査が実施されているか。
✓　一定期間で全ての営業拠点を一巡し，無作為抽出の方法を導入するなど，全ての営業拠点に抽出の機会が与えられるように選択する。

（出所）実施基準Ⅱ3（3）④ロ

　最近は情報システムが進化し，特定の営業拠点を選択するよりは，同じ業務プロセスが適用されている母集団データから無作為に抽出することが可能となっており，資料の閲覧も電子的証拠については迅速に提供され，質問もリモート環境により行うことができるようになっている。

　資料について原本を確認する場合には往査することが便利な場合もあるが，資料自体が電子化されたものが主体となっており，往査をしなければ確かめづらい領域は減少している。原資料を画像ファイル化したものを証拠資料とする

場合は，電子的証拠の真正性をどう確認するかについて考慮する。サンプルのうち一部は往査や原本送付により原本を確認することとし，被監査部門に証拠提出時の画像ファイル化の手順を明示し，改ざんをした場合のペナルティを説明するなど，関係者の電子的な証拠の提出に関する意識を植え付けることが有用であると考える。リモート環境による運用状況の評価の実施も効率化の大きな要素であるが，証拠資料の信頼性確保も重要である。

5 ｜ 不備の識別方法の改善と根本原因の追究による評価および是正措置

（1） 不備評価の重要性

改訂J-SOX基準では，開示すべき重要な不備の判定方法については変更をしていない。

近年，過年度決算に要訂正事項が発見された会社では，第三者委員会等から，全社的な内部統制の不備や決算・財務報告プロセスの不備を指摘され，内部統制報告書を訂正し開示すべき重要な不備を公表しているケースが散見されている。開示すべき不備の内容とされているガバナンスの欠如や会計処理能力の問題は，過去から誤りや手順の違反が存在していたにもかかわらず，適切な対応がとられていなかったケースがあるものと考えられる。また，内部統制の是正が表面的なものにとどまり，同様の誤りや手順の違反が再発するケースがある。なぜ内部統制により，誤りや手順の違反を適時に防止または発見できなかったのかという不備の内容の検討が不十分であったことが原因と考えられる。

内部統制報告制度では，開示すべき重要な不備を判断する際に，業務プロセスでは金額的重要性および質的重要性を考慮するが，金額的重要性は，実際に誤った額ではなく，潜在的影響額（関連する勘定残高全体と発生可能性）により判断する（実施基準Ⅱ3（4）②ハ参照）。発生した虚偽記載は，氷山の一角である可能性があり，同様の内部統制を適用する他の事業拠点で起きている可能性を考慮する。

COSOフレームワークでは原則17「不備の評価と伝達」において，不備の内容，不備の発生源，不備により発生した虚偽記載の重大性，不備による虚偽記

第Ⅳ章　内部統制の整備および運用状況の評価　　227

載の発生可能性と潜在的重大性，類似分野に影響を与え深刻な不備を示唆することになりうる不備の総計を，報告項目として示しており，J-SOXでの対応と整合している。

（2）　不備を示すと考えられる事象の網羅的な把握

　不備の識別・評価の方法を改善する方法として，【不備の検討・評価表】（説明の便宜上4分割している）を使用することを提案する。以下の図表ではセグメント情報に誤りがあり，既存の内部統制で発見できず，監査人から誤りの指摘を受けたことに起因して，【不備の検討・評価表】を使用した検討例を示している。なお，表は期末にまとめて作成するものではなく，不備を示すと考えられる事象を識別するたびに入力・検討し，随時更新していくものである。これは開示すべき重要な不備（および，必要に応じて内部統制の不備）は，取締役会，監査役等および会計監査人に報告する必要があり（実施基準Ⅱ3（4）④），また適時に認識し，適切に対応される必要がある（実施基準Ⅱ3（5））からである。

図表Ⅳ－5－1　**不備の検討・評価表①**

発生時期（1）	20XX年5月
不備を示すと考えられる事象の内容（ミス，ルール違反，不正行為等）（2）	セグメント情報の内部振替レートの設定の変更確認漏れによる誤り（修正済）
J-SOXの内部統制評価活動により識別（3）	－
日常的モニタリング（事務点検等）により識別（4）	－
内部監査，ガバナンス（監査役等）により識別（5）	－
監査人からの指摘により識別（6）	✓
クレーム，通報や外部機関により識別（7）	－
内部統制の実施後，事後的に自部門で識別（8）	－
J-SOXの評価対象の内部統制から発生したものか（Yesの場合はそのプロセス名を記載，Noの場合はその旨）（9）	親会社の決算・財務報告のセグメント情報サブプロセス

（1）の発生時期は，前期以前に発生した不備で是正が完了していないもの
は継続記載する必要があるため，時期の記載を求めている。（2）には不備を
示すと考えられる事象の内容を記載するが，（3）～（8）は不備（ミス，
ルール違反，不正行為等）を幅広く識別することを意識付けるために，不備を
示すと考えられる事象が識別される場面をチェック（必要に応じ状況説明を記
載）することとしている。上記例では監査人からの指摘であり，指摘に基づき
財務諸表のセグメント情報注記は修正したものの，不備を示すと考えられる事
象としては存在していたことから，（6）に分類される。なお，（2）はあくま
で「不備を示すと考えられる事象」であり，不備そのものではない。例えば虚
偽記載があったという事実は内部統制に何か問題があったとは考えられるもの
の，内部統制の何に問題があったかの検討が済んでいないからである。

一番下の（9）は，不備を示すと考えられる事象が発生したプロセスが，
J-SOXの評価対象であるかどうかを記載する欄である。評価範囲外の事業拠点
または業務プロセスで開示すべき重要な不備（に相当する不備）が識別された
場合は，評価範囲を見直す必要がある。

なお実施基準では，「内部統制の不備に係る情報が，非常に広範囲にわたる
内部統制の不備の兆候を示していることも多い。そのため，特定の取引又は事
象に係る不備に係る報告を受けた経営者は，必要に応じて，さらに広い範囲の
調査の実施について検討を指示することが重要である。」（実施基準Ｉ２（５）
③）とされており，例えば，第三者委員会等による調査や，法律等の専門家の
関与やフォレンジック調査の必要性を検討することに留意する。

（3）　内部統制の不備の判定，内容の確定および根本原因の検討

続いては，内部統制の不備の判定，内容の確定および根本原因に関する検討
である。

図表Ⅳ－5－2 不備の検討・評価表②	
不備を示すと考えられる事象を防止または発見することが期待される内部統制（10）	✓ セグメント情報のワークシートでセグメント調整の内部振替レートを期中または期末日レートに更新し，役職者が確認し，チェック

		リストの当該欄を更新する。
		✓ 担当者はワークシートを修正でなく再作成しようとする場合は，承認者と協議・報告を行い，再作成のミスを防止する。
(10) の内部統制が存在する場合，それが想定どおり運用されなかった理由（11）		担当者が他の箇所で誤りに気付きワークシートを再作成した際に承認者に報告をせず，承認者はその事実を把握していなかった。担当者が古い内部振替レートを使用してしまっていたが，役職者により再チェックがされなかった。
不備に該当するか整備状況の不備か，運用状況の不備か	判定（12）	運用状況の不備に該当する。
	根本原因を含む判定理由（13）	担当者はワークシート再作成時には，承認者と協議・報告する必要があるが，実施されていなかった（協議の結果再作成ではなく，既存ワークシートの修正の対応が適切と判断する場合もある）。ワークシートが再作成されたものかどうか一目ではわからず，承認者により検証されず，サインオフのない再作成版が注記に使用されてしまった。
(10) ～ (13) を踏まえた内部統制の不備の内容（14）		セグメントワークシートの不十分なバージョン管理による，再作成時における，再作成の報告およびチェックリストによる再確認手続の失念。
当該不備は期末までに是正されているか（是正済みの場合は是正方法および是正確認方法を記載する）（15）		期末決算時発生のため是正されていない。

　不備を示すと考えられる事象を防止または発見する内部統制が存在していたのか（10）を検討する。もし存在していなければ内部統制が構築されていないので，整備状況の不備となる可能性が高い。存在していたが想定どおり運用されず機能しなかったために，不備を示すと考えられる事象が発生したのであれば運用状況の不備になる可能性が高いが，その理由を（11）に記載する。そして不備判定と判定理由を（12）および（13）で実施する。これらの検討過程の記述は，開示すべき重要な不備を内部統制報告書に記載する場合に，根幹となる部分となるため重要である。

　このあたりは判定が難しくなることもある。セグメント情報作成過程におけ

る設定レートのようにチェックすることが求められていることが明文化され，担当者・承認者に意識されていたが，失念されてしまったような場合は，運用状況の不備となると考えられる。一方，固定資産の減損会計において，減損対象資産の正味売却価格の計算において処分費用を控除する必要があるが，この処分費用の控除の手続自体が構築されていなかったため減損処理が過少であった場合は，整備状況の不備になると考えられる。また，経理部で同じ上席者がチェック担当であり，誤りを立て続けに発見できていなかった場合には，原因分析をした上で，経理部における検討態勢や手法全体に対する内部統制の整備状況または運用状況の不備の可能性を考慮する場合もある。

　不備の根本原因の検討はリスクトークにより実施することも考えられる。その場合，不備の発生を契機として，新たに識別するリスクがないかについても話し相手（コンサルタント等）と協議する。後述（6）において，不備の是正の目的で「不備の発生により新たに識別されたリスク」を記載することとしているが，不備の根本原因の検討段階でリスクを明確にすることが望ましい。不備の是正は内部監査人や監査人の検討対象でもあるので，内部監査人や監査人と検討する場合においても下記の協議内容を念頭に実施することにより，不備の根本原因を追究できる可能性が高まる。

図表Ⅳ－5－3 **リスクトークによる不備の根本原因や新たなリスクの可能性についての検討例**

ワークシートの再作成時のレートミスは様々な問題を含んでいる。
ワークシート再作成時は当然振り出しに戻って検証・承認をやり直す必要があるが，その基本動作の理解が不十分であった。承認のあるワークシートについてのみ，注記に反映するという基本動作が理解されていなかったことは，さらに問題である。そこでサインオフがないことを注記反映担当者が指摘すれば，異常に気付いたのではないか。一言でいえばヒューマンエラーのリスクだが，「ワークシートの再作成時のバージョン管理と，承認済ワークシートの注記反映の基本動作が徹底されないリスク」を識別する必要があるのではないか。
＜対応方針，3点セットへの反映＞
上記リスク協議に基づき，不備の根本原因分析を行い，是正策の立案および評価方法を検討し，不備の検討表に反映した。

第Ⅳ章　内部統制の整備および運用状況の評価　　231

　上表で挙げた事例については，セグメントのレートの誤りから出発している。誤りそのものを内部統制の不備としてしまう事例は比較的多く見かけることがあるが，それは適切ではない可能性がある。本事例では対応する内部統制の内容や発生原因を検討の結果，セグメントワークシート再作成時における再作成の報告が漏れており，そのためチェックリストによる再確認手続も漏れたという事実が浮かび上がり，これが不備として認定された。再作成時はリスクが高いということで，内部統制の改善が進み再発防止が期待される。

　このような考え方を徹底するために，トヨタ自動車の元副社長大野耐一氏による「なぜを五回繰り返すことができるか」という有名な記述があるが，内部統制の不備の原因分析についても参考になるものと考える。

　なお根本原因を検討する場合，金額的重要性や質的重要性が大きいほど，その原因は全社的な内部統制の不備にある可能性が高まることに留意する。これは，重要なリスクについて経営者が対処を怠っていた可能性（リスク評価やモニタリング）や，業務プロセス等の内部統制が無視・無効化されるまたは十分に機能するような環境整備をしていなかった可能性（統制環境）があるためである。根本原因の調査について，例えば法律的な解釈や不正調査手法が必要な場合には，専門家の関与が適切な場合がある。第三者委員会等が組成されている場合には，その調査報告書の指摘事項を根本原因の検討において漏らさず考慮することが重要である。

図表Ⅳ－5－4　　なぜを五回繰り返すことができるか
1．　なぜ機械が止まったのか？ オーバーロードが掛かってヒューズが切れたからだ 　2．　なぜオーバーロードが掛かったか？ 軸受け部の潤滑が十分でないからだ 　3．　なぜ十分に潤滑しないのか？ 潤滑ポンプが十分くみ上げていないからだ 　4．　なぜ十分くみ上げないのか？ ポンプの軸が摩耗してガタガタになっているからだ 　5．　なぜ摩耗したのか？ ろ過器が付いていないので切粉が入ったからだ

（出所）大野耐一『トヨタ生産方式―脱規模の経営をめざして』（ダイヤモンド社）

こうした教訓も考慮して，何の不備だったのかの内容（14）を検討して記載する。

J-SOXでは期末時点で不備として残っているものが，開示すべき重要な不備の検討対象となるため是正状況の確認を行う（15）。もし期中に不備が発生したが，期末までに是正されていれば，是正方法および是正確認方法を記載する。是正確認には是正後の内部統制がリスクを低減する効果的な内部統制であるかを確かめ，かつサンプルにより是正後の内部統制が運用されているのかを確かめる。

（4） 開示すべき重要な不備の判定

① 金額的重要性

以下では，開示すべき重要な不備の判定のうち金額的影響の部分を例示する。

図表Ⅳ－5－5 不備の検討・評価表③

金額的重要性	関連する勘定およびどの範囲で影響を及ぼすかの金額（16） ※要修正金額ではないことに留意する。	セグメント情報の調整対象取引の内部振替レートの想定年間最大振れ幅を考慮した差額：Ｘ億円
	発生可能性（17）	中（50％）
	代替的な内部統制または補完的な内部統制による軽減程度（18）	代替的な内部統制・補完的な内部統制は存在しない。
	潜在的重要性（19） ※複数の不備がある場合は勘定科目ごとに合算する。	セグメント情報取引高の潜在的重要性Ｙ億円は金額的重要性未満である。

金額的な重要性の欄については決算・財務報告プロセスを含む業務プロセスの不備の金額的潜在的影響の評価に使用される。（16）の関連する勘定およびどの範囲で影響を及ぼすかの金額であるが，ある商品の販売に係る業務プロセスで問題が発生した場合は，もし問題が特定の商品の販売プロセスに限定できるのであれば，その商品の売上高であるし，限定できず売上全体のプロセスに

及ぶ場合には売上金額が（16）に該当することになる。しかし現実的には，不備の内容からどの範囲で影響を及ぼすかの金額範囲は限定できることが多い。上記事例では，セグメント情報の内部振替レートを使用している取引で絞ることができるのと，内部振替レートの古いものと新しいものの過去の振れ幅を考慮し，最大影響額としてX億円として算出しているが，この算定方法も1つの例である。この影響を及ぼす金額範囲は，要修正金額そのものとはならないことに留意する。

（17）の発生可能性は，実施基準における内部統制監査の部分の規定ではあるが，発生確率を統計的に導き出すことも考えられるが，以下の事項に留意して「リスクの程度を定性的（例えば，発生可能性の高，中，低）に把握し，それに応じて予め定めた比率を発生確率として適用することが考えられる」（実施基準III4（2）④ロ），とされている。

図表IV－5－6　発生可能性の考え方

- 検出された例外事項の大きさ・頻度
　例えば，試査による検討の結果，検出された誤謬等の規模が大きく，検出の頻度が高いほど，影響の発生可能性は高いと判断される。
- 検出された例外事項の原因
　例えば，事業拠点において内部統制に関するルールが遵守されてはいたが不注意により誤りが発生したという場合，内部統制のルールが全く遵守されていなかったという場合よりも，影響の発生可能性は低いと判断される。
- ある内部統制と他の内部統制との代替可能性
　例えば，内部統制に代替可能性が認められる場合，ある内部統制の不備を他の内部統制が補完している可能性があり，その場合には影響の発生する可能性が低減されるということが考えられる。

（出所）実施基準III4（2）④ロ

本事案ではセグメント情報の開示は，四半期ごとに実施する中で実際の誤りとして発生しており発生可能性は高いことが懸念されるが，他の箇所の修正によりワークシートを作り直しかつ再作成の連絡が漏れたという状況下で発生しており，通常の状況ではチェックリストを運用していたことから，発生可能性がそれほど高いとまではいえず，「中」としている。高，中，低の判定を発生

可能性にどの程度反映するかの定式は示されていないが，例えば，高を100%，中を50%，低を20％として，状況に応じ調整するようなことが考えられる。

　代替的な内部統制は，不備のあった内部統制を置き換えられるような内部統制のことを指すが，あまり事例としては多くない。補完的な内部統制は，例えば役職者のチェックの後に経理部長のチェックがあり，経理部長は一定金額以上の異常な変動を重点的にチェックしているので，不備により変動規模が大きくなるような状況ではミスの識別に至ることが合理的に疎明できる際に，影響額を限定できるものである。本件事例では該当事項はないとしている。このような過程を経て潜在的重要性（19）を算出している。

　この潜在的重要性は，企業が設定した「金額的重要性」と比べられるものである。金額的重要性は，実施基準において連結総資産，連結売上高，連結税引前利益などに対する比率で判断することとされており，「例えば，連結税引前利益については，おおむねその５％程度とすることが考えられる」という記載があることから，多くの企業でこの方法が用いられている。開示すべき重要な不備に該当するか否かは，同じ勘定科目に関係する不備をすべて合わせて，当該不備のもたらす影響が財務報告の重要な事項の虚偽記載に該当する可能性があるか否かによって判断する（実施基準Ⅱ３（４）②ハ）。ただし，例えば，１つの勘定科目が業種等の特性によって，２つの勘定科目に分割されていると考えられるような場合には，開示すべき重要な不備の判断に際して，実質的に１つの勘定科目として評価することが適当であり，そうした場合には，複数の勘定科目に係る影響を合わせて重要な虚偽記載に該当するかを判断する（内部統制報告制度に関するQ&A問61）。

　金額的重要性の適用については，実務上は監査人の内部統制監査意見の形成上の判断事項であり，潜在的影響額が金額的重要性を上回る場合は特にその判断が重要となる。実務上は重要な虚偽記載が発見された場合や，重要性のある不備が発見された場合には，その影響をある程度確定させるために追加調査手続を企業が実施し，不備により影響を受けた取引金額はどの程度か，最大影響額（取引規模）より小さい場合にはそこまで取引への影響が拡大しなかった要因は何か，当該不備により虚偽記載が増大する可能性はどの程度あるのか等の検討を実施し，その内容を監査人が確かめる手続を実施することにより，影響

第Ⅳ章　内部統制の整備および運用状況の評価　235

額を限定できる場合がある。そのため，内部統制の不備に関する監査人との協議は早期に開始することが望まれる。

②　質的重要性

　質的重要性に関する（20）～（24）の項目は，実施基準の開示すべき重要な不備の判断に関する記載をより詳細に説明したJICPA内基報の監査人の判断指針の内容をもとにしている。監査人の判断指針ではあるが，上場企業は監査人の内部統制監査を受けることになるので，不備の判定表に盛り込んでおくことが望ましいと考える。（22）の全社的な内部統制の不備の例は，実施基準に示されており，以下のとおりである。

図表Ⅳ－5－7　不備の検討・評価表④

質的重要性	上場廃止基準や財務制限条項に関わる記載事項などが投資判断に与える影響の程度（20）	該当せず
	関連当事者との取引や大株主の状況に関する記載事項などが財務報告の信頼性に与える影響の程度（21）	該当せず
	内部統制の開示すべき重要な不備となる全社的な内部統制の不備の例に該当するか（22）	該当せず
	不正の防止・発見に関する内部統制か（23）	該当せず
	会計方針の選択適用，リスクが大きい取引の事業・業務，見積や経営者の予測を伴う科目，非定型・不規則な取引の内部統制か（24）	該当せず
開示すべき重要な不備に該当するか	判定（25）	該当しない
	理由（26）	当グループの金額的重要性未満の潜在的影響額であり，かつ質的重要性が高いとはいえない。

| 図表IV－5－8 | 実施基準における全社的な内部統制の不備の例 |

a．経営者が財務報告の信頼性に関するリスクの評価と対応を実施していない。
b．取締役会又は監査役等が財務報告の信頼性を確保するための内部統制の整備
　及び運用を監督，監視，検証していない。
c．財務報告に係る内部統制の有効性を評価する責任部署が明確でない。
d．財務報告に係るITに関する内部統制に不備があり，それが改善されずに放置
　されている。
e．業務プロセスに関する記述，虚偽記載のリスクの識別，リスクに対する内部
　統制に関する記録など，内部統制の整備状況に関する記録を欠いており，取締
　役会又は監査役等が，財務報告に係る内部統制の有効性を監督，監視，検証す
　ることができない。
f．経営者や取締役会，監査役等に報告された全社的な内部統制の不備が合理的
　な期間内に改善されない。

(出所) 実施基準Ⅱ3（4）①ハ

　このように金額的重要性と質的重要性の側面でそれぞれ検討し，いずれかもしくは両方該当する場合には，開示すべき重要な不備と取り扱われる可能性が高まる。先述のとおり，内部統制の不備に関する監査人との協議は早期に開始することが望まれる。

　なお，「全社的な内部統制に不備があるという状況は，基本的な内部統制の整備に不備があることを意味しており，全体としての内部統制が有効に機能する可能性は限定されると考えられる」（実施基準Ⅱ3（4）①ハ）とされており，開示すべき重要な不備となる可能性が高まる。不正の発生や，決算・財務報告プロセス，業務プロセス，ITに係る統制の不備のうち影響の大きいものの発生原因を検証する過程で，第三者委員会等からの指摘により，全社的な内部統制の不備の識別に至ることが多いことに留意する。全社的な内部統制の不備は金額的な潜在的影響の算定は困難であるため，上表のうち主に質的影響の欄を使用して検討を行う。

③　ITに係る統制上の不備

　ITに係る統制の不備も，これまで示した不備の検討・評価表に従って検討を行うことになる。ITに係る統制はもし計算ロジックや処理方法に不具合が

第Ⅳ章　内部統制の整備および運用状況の評価　　237

ある場合，特定の状況において必ず発生することになるため，発生可能性が高いと判断されることが多い。

　ITに係る業務処理統制は，業務プロセスの内部統制と同様に金額的影響と質的影響の双方を検討する。

　ITに係る全般統制は財務報告の重要な事項に虚偽記載が発生するリスクに直接につながるものではなく，金額的な潜在的影響の算定は困難であるため，主として質的影響により判断する。内部統制報告制度に関するQ&Aには以下のように示されている。

図表Ⅳ－5－9 **ITに係る統制に関する開示すべき重要な不備の判定**

1. 実施基準では，ITに係る全般統制は，財務報告の重要な事項に虚偽記載が発生するリスクに直接に繋がるものでは必ずしもないため，全般統制に不備が発見されたとしても直ちに開示すべき重要な不備と評価されるものではないとされている。
2. 例えば，ITに係る全般統制のうち，プログラムの変更に適切な承認を得る仕組みがないなどプログラムの変更管理業務に不備がある場合でも，事後的に業務処理統制に係る実際のプログラムに変更がないことを確認できたような場合には，稼働中の情報処理システムに係る業務処理統制とは関連性が薄いため，当該システムの内部統制は有効に機能していると位置づけることができると考えられる。

（出所）内部統制報告制度に関するQ&A問14

　ITに係る全般統制については，評価対象の業務プロセスに関連する情報システムのアクセス管理について不備が多く発生する傾向にあり，特権IDの管理不備，職務分掌上不適切なアクセス権限付与，権限の削除・棚卸の失念，ID・パスワードの更新頻度や複雑性の不足が主な不備の内容である。これらについて，不正な外部および内部のアクセスがなかったか，正当なアクセスについてもそのアクセス内容に問題はないか（作業内容や閲覧目的）について，必要な調査を実施し，不備の影響が大きくないと判断できるのであれば，開示すべき重要な不備に該当しないと判断することが可能な場合があると考えられる。

　ITに係る全般統制に不備があった場合には，たとえITに係る業務処理統制

が有効に機能するように整備されていたとしても，その有効な運用を継続的に
維持することができない可能性があり，虚偽記載が発生するリスクが高まる
（あるいはインシデントの発生時等に事業運営上著しい影響を被る可能性が高
まる）こととなる。その影響が重大でありかつ改善されない状態である場合に
は，全社的な内部統制の問題として**図表Ⅳ－5－7**（22）に該当し，開示すべ
き重要な不備となる可能性がある。また，実際にサイバー攻撃などのインシデ
ントが発生した際に，防御が脆弱であった，あるいは復旧に時間がかかるよう
な状況があり，その原因がITに係る全般統制の不備に起因すると判断される
場合は，重要な非定型・不規則な取引の内部統制の不備として（24）に該当し，
開示すべき重要な不備となる可能性がある。

④　開示すべき重要な不備の影響

　開示すべき重要な不備の発生は，企業の評判のダメージとなるが，それ以外
の基準上および法令上の対応事項は以下のとおりである。

図表Ⅳ－5－10	開示すべき重要な不備の発生による基準上，法令上の対応事項
開示すべき重要な不備の是正対応	後述（6）にて説明
開示すべき重要な不備の事実および是正に関する内部統制報告書上の開示	後述（7）にて説明
取引所の第1・3四半期財務諸表の期中レビューの義務付け要件に該当	翌事業年度の内部統制報告書において開示すべき重要な不備がなければ義務付けは解除される。

　なお，内部統制報告書に重要な虚偽の記載がある場合は，金融商品取引法の
罰則規定の対象になる。また，取引所の有価証券上場規程上，内部統制報告書
に重要な虚偽の記載がある場合や，監査報告書が「不適正意見」または「意見
の不表明をしない」旨等が記載された場合であって，ただちに上場を廃止しな
ければ市場の秩序を維持することが困難であることが明らかであると取引所が
認めるときは上場廃止となる（東証の場合，有価証券上場規程第601条第1項
第1号～20号参照）。

（5） 連結決算日と決算日が異なる連結子会社に関する開示すべき重要な不備

　親会社の連結決算日と事業年度の末日が異なる連結子会社は，当該事業年度の末日後，連結決算日までの間に当該連結子会社の財務報告に係る内部統制に重要な変更があった場合を除き，内部統制の評価については，当該連結子会社の事業年度の末日の評価を基礎として行うことができるとされている（内部統制府令第5条第3項参照）。

　この重要な変更については，連結決算日までに開示すべき重要な不備が発生した場合，もしくは連結子会社の事業年度の末日時点では開示すべき重要な不備が存在していたが，連結決算日現在では是正措置が完了して内部統制が有効に機能している場合を含むものと解されており，連結決算日現在の状況で開示すべき重要な不備があったかどうかを評価することが求められている（内部統制報告制度に関するQ&A問79およびJICPA内基報第72項参照）。

（6） 開示すべき重要な不備を含む不備の是正方法の立案，実施と評価

　最後に不備の是正について見ていく。実施基準上，「財務報告に係る内部統制の評価の過程で識別した内部統制の不備（開示すべき重要な不備を含む。）は，その内容及び財務報告全体に及ぼす影響金額，その対応策，その他有用と思われる情報とともに，識別した者の上位の管理者等適切な者にすみやかに報告し是正を求めるとともに，開示すべき重要な不備（及び，必要に応じて内部統制の不備）は，経営者，取締役会，監査役等及び会計監査人に報告する必要がある。」（実施基準Ⅱ3（4）④）とされていることに留意する。費用対効果の観点から是正しないという選択肢については，その不備が別の不正や誤りの機会となりうるリスクも考慮し，当該不備の直接的是正をしない場合には，その不備をモニタリングする内部統制を構築して対応することを含めて検討することが考えられる。

　不備の是正は，整備状況の不備であれば内部統制の構築が必要になる。運用状況の不備であれば，既存の内部統制の徹底が必要となるが，既存の内部統制

が適切に機能しない状況が存在し，機能しなかった原因に対応するような内部統制を構築する必要性が高い場合も多い。運用状況の不備だから，指導により運用を徹底するという不備の是正方法だけでは不十分となる可能性に留意する。いずれの場合も，是正された内部統制が適切に一定期間運用され，企業自身が運用状況の評価を実施することにより是正状況の確認が必要となる。監査人も内部統制監査上，是正状況の確認手続の実施が求められている。

　下表の（27）不備の発生により新たに識別されたリスクについては，不備の是正検討時にプロセスオーナーと内部監査部門により検討することもできるが，可能であれば前述（3）で実施が考えられるとしたリスクトークに基づき検討し，同じく前述（3）で紹介した大野耐一氏の「なぜを五回繰り返すことができるか」も参考にする。いずれにしても，不備の原因を徹底的に突き止めた上で，その原因に対応する是正方法を適用することが重要である。

　以下の例では，不備の発生により新たに識別されたリスクに対して，これにも対応する不備の改善方法を検討した上で，その方法で誤りがなくなると判断する理由を記載することとしている。

図表Ⅳ－5－11　不備の検討・評価表⑤

（27）不備の発生により新たに識別されたリスク	ワークシートの再作成時のバージョン管理と，承認済ワークシートの注記反映の基本動作が徹底されないリスク
（28）不備の改善方法	✓ ワークシートとチェックリストのバージョン管理を徹底するために，作業フォルダに修正や再作成の記録メモを作成すること，再作成時は旧版をフォルダから削除せず無効となった旨を旧版ファイル名に表示する。 ✓ 経理部においてワークシート再作成時には報告する必要があることを徹底すべく指導する。 ✓ ワークシート再作成時にはチェックリストを作成し直すことを徹底すべく指導する。 ✓ ワークシートから注記への反映確認のチェックリストに，ワークシート承認サインオフの確認を設ける。

(29) 上記方法で誤りがなくなると判断する理由		従来の取扱いを徹底するとともに，バージョン管理の厳格化や注記反映時の承認サインオフの確認により，再作成時のリスクに対応が可能。
(30) 改善状況の評価の方法	整備状況	✓ 指導状況を経理部の打ち合わせ記録により確認する ✓ 担当者および承認者に質問して理解状況を確認する
	運用状況	✓ バージョン管理についてフォルダの観察 ✓ 注記反映時の承認サインオフ確認の状況についてチェックリストの閲覧
(31) 改善状況の評価結果	整備状況	✓ 指導状況はX月X日の経理部の打ち合わせ記録により確認した。欠席者への直接指導の記録があった。
	運用状況	✓ 担当者および承認者X人に無作為に質問して理解状況を確認した。 ✓ 中間決算時にバージョン管理の状況についてフォルダを観察して，フォルダでの修正履歴メモの作成が徹底されていることを確認した。 ✓ 中間決算時に，注記反映時の承認サインオフ確認の状況についてチェックリストを閲覧して実施状況を確かめた。

（7） 開示すべき重要な不備の事実および是正に関する
内部統制報告書上の開示

　基準日（期末日，連結決算日）時点で開示すべき重要な不備の事実がある場合は，基準および内閣府令に基づき，「開示すべき重要な不備があり，財務報告に係る内部統制は有効でない旨並びにその開示すべき重要な不備の内容及びそれが事業年度の末日までに是正されなかった理由」を内部統制報告書に表明する必要がある（内部統制府令第1号様式（記載上の注意）（8）ｃ，実施基準Ⅱ3（4）④）。また，開示すべき重要な不備に起因する必要な修正事項がすべて財務諸表に反映されているかどうかを記載する。これは，監査人の内部統制監査報告書において，開示すべき重要な不備が財務諸表監査に及ぼす影響を記載することに対応している。

　決算・財務報告プロセスのように基準日時点では決算作業が開始していないため開示すべき重要な不備が識別されていなかったが，決算作業中に開示すべき重要な不備が識別された場合は，開示すべき重要な不備があるものと判断さ

242

れる。一方で開示すべき重要な不備があったが，期中に是正を完了しており，その是正の運用状況の評価手続を決算作業中に実施し，是正を確認した場合については，開示すべき重要な不備を内部統制報告書に記載することはない（内部統制報告制度に関するQ&A問45参照）。

期末に開示すべき重要な不備を報告した場合の是正措置については，内部統制報告書上の開示が必要となり，前項で検討した内容に基づきその内容を端的に記載する。以下がその開示パターンである。

図表Ⅳ－5－12　是正措置に関する内部統制報告書上の開示

1	付記事項	事業年度の末日において，開示すべき重要な不備があり，財務報告に係る内部統制が有効でないと判断した場合において，事業年度の末日後内部統制報告書の提出日までに，当該開示すべき重要な不備を是正するために実施された措置があるときは，その内容を記載すること。 なお，当該提出日までに，当該措置により当該開示すべき重要な不備を是正し，財務報告に係る内部統制が有効であると判断した場合には，当該措置の内容と併せて当該措置が完了した旨を記載することができる。（内部統制府令第1号様式（記載上の注意）（9）b）
2	付記事項	当事業年度の直前事業年度に係る内部統制報告書に開示すべき重要な不備を記載している場合（直前事業年度に係る訂正報告書により開示すべき重要な不備を記載した場合を含む）において，当事業年度の末日までに当該開示すべき重要な不備を是正するために実施された措置があるときは，その内容及び当該措置による当該開示すべき重要な不備の是正状況を記載すること。ただし，当該是正状況の記載内容が当該内部統制報告書に記載している事項又は当事業年度に係る内部統制報告書に記載する（8）cに掲げる事項と同一の内容となる場合には，これを記載しないことができる。（内部統制府令第1号様式（記載上の注意）（9）c）
3	訂正内部統制報告書	訂正報告書に開示すべき重要な不備があり，財務報告に係る内部統制は有効でない旨を記載するとき（内部統制府令第11条の2第3項）において，当該開示すべき重要な不備を是正するために実施された措置がある場合（後述7にて解説）

なお，上表の1「付記事項」に関し，改正前の内部統制報告制度に関する

第Ⅳ章　内部統制の整備および運用状況の評価　　243

Q&A問106（2）に以下の記載例があった。

図表Ⅳ－5－13　事業年度の末日後に開示すべき重要な不備を是正するために実施された措置がある場合の内部統制報告書の付記事項の記載例

【付記事項】
評価結果に関する事項に記載された開示すべき重要な不備を是正するために，事業年度の末日後，リース事業部に営業担当取締役直轄のプロジェクトチームを設置した。同プロジェクトチーム主導で，リース事業部において契約内容の検討及び承認手続に係る新たな業務フローを整備及び運用し，内部統制報告書提出日までに当該是正後の内部統制の整備及び運用状況の評価を行った。評価の結果，内部統制報告書提出日において，リース事業部における適正な収益計上に必要な契約内容の検討及び承認手続に係る内部統制は有効であると判断した。

　監査人は，「事業年度の末日後に実施した是正措置が適正に表示されているか否かは，当該是正措置により新たに導入された内部統制の整備及び運用状況について評価の検討を実施した上で判断する。」（JICPA内基報第259項（2））こととされている。この監査人の評価によって確かめられない場合には，監査人は内部統制報告書の記載が適正でないと判断する場合があることに留意する。また，是正措置については，一部が未了または継続中であったとしても実施した部分について付記事項に記載することは可能と解されるが，是正措置が完了したとの誤解を与えないような表現となっているかについて留意が必要である。一部是正措置に着手したとしても全体として是正方針や計画の域を出ない状況であれば，監査人は付記事項の記載を確かめることはできず，付記事項として記載することは相応しくない可能性がある。「評価結果に関する事項」に，「開示すべき重要な不備の是正に向けての方針，当該方針を実行するために検討している計画等があるときは，その内容を併せて記載することができる」（内部統制府令ガイドライン4-5）とされているため，当該箇所に記載することを検討するものと考えられる。

　開示すべき重要な不備の事実および是正計画の記載に関しては，改正前の内部統制報告制度に関するQ&A問105（2）の記載例があったが，それに一部加筆をした記載例を以下に示している。

244

図表Ⅳ－5－14 開示すべき重要な不備の事実および是正計画についての内部統制報告書における記載例

【評価結果に関する事項】

下記に記載した財務報告に係る内部統制の不備は，財務報告に重要な影響を及ぼす可能性が高く，開示すべき重要な不備に該当すると判断した。したがって，当事業年度末日時点において，当社の財務報告に係る内部統制は有効でないと判断した。

記

当社は，××事業部において，顧客との間に物品及びサービスの複合契約を個別に締結しているが，適正な収益計上に必要な契約内容の検討及び承認手続の運用が不十分であったため，当期の売上高及び前受収益について重要な修正を行うことになった。

事業年度の末日までに是正されなかった理由は，××事業部を始めとする連結グループ全体について，上記複合契約に係る当社のビジネス及び経理並びに財務の知識・経験を有した者を当該検討及び承認手続に従事させることができなかったためである。なお，上記の開示すべき重要な不備に起因する必要な修正事項は，全て連結財務諸表及び財務諸表に反映している。

当社は，財務報告に係る内部統制の整備及び運用の重要性は認識しており，これらの人員の制約はあるものの，環境を整備し，外部専門家等の活用も含め，翌事業年度においては，適切な内部統制を整備・運用する方針である。

開示すべき重要な不備の記載においては，どの内部統制に問題があったのか，なぜ有効に機能しなかったのか，どのような形で顕在化したのかを明確にすることが重要であり，それが適切でないと是正計画または是正措置の記載もぼやけたものとなってしまう。**図表Ⅳ－5－1**以降に示した不備の検討・評価表でしっかり整理を行い，論理的な記載を行うことに留意する。

図表Ⅳ－5－12の2「付記事項」の記載内容は，従来実務上特記事項として記載されていたものである。記載例は公表されていないが1で示した事例において，開示すべき重要な不備が前事業年度の内部統制報告書において報告済であり，当事業年度に是正措置が行われた場合を想定すると，以下のとおりになると考えられる。

第Ⅳ章　内部統制の整備および運用状況の評価　245

図表Ⅳ－5－15　前事業年度における開示すべき重要な不備の是正状況について
内部統制報告書の付記事項の記載例

【付記事項】
当社は，前事業年度において，××事業部における適正な収益計上に必要な契約内
容の検討及び承認手続の運用が不十分であったため，売上高及び前受収益について
重要な修正を行うことになり，財務報告に係る開示すべき重要な不備に該当すると
判断した。当該不備を是正するために，当事業年度において，リース事業部に営業
担当取締役直轄のプロジェクトチームを設置した。同プロジェクトチーム主導で，
リース事業部において契約内容の検討及び承認手続に係る新たな業務フローを整備
及び運用し，当該是正後の内部統制の整備及び運用状況の評価を行った。評価の結
果，リース事業部における適正な収益計上に必要な契約内容の検討及び承認手続に
係る内部統制は有効であると判断した。

　直前事業年度の当初の内部統制報告書において開示すべき重要な不備を報告
していなかったが，当事業年度において新たに発見された開示すべき重要な不
備を報告するために，直前事業年度に係る訂正内部統制報告書を提出した場合
についても，当事業年度の内部統制報告書の付記事項の記載方法は上記の記載
例に準ずると考えられるが，訂正に至った経緯や事実を含め詳細に記載するも
のと考えられる。
　前事業年度の内部統制報告書（訂正内部統制報告書の場合を含む）において，
是正方針や計画を記載した場合や是正措置が未了または継続中であった場合に
は，当事業年度の内部統制報告書において是正状況を開示する際に，前事業年
度の内部統制報告書の記載と矛盾しないように留意する。是正方針や計画また
は継続中であった是正措置が変更となった場合には，その状況および理由等を
含めて当事業年度の内部統制報告書の付記事項に記載するものと考えられる。
　なお，**図表Ⅳ－5－12**の2「付記事項」に記載のとおり，内部統制府令第1
号様式の（9）cでは，「当該是正状況の記載内容が当該内部統制報告書に記
載している事項又は当事業年度に係る内部統制報告書に記載する（8）c（評
価結果に関する事項）に掲げる事項と同一の内容となる場合には，これを記載
しないことができる。」とされている。当事業年度においても前事業年度と同
様の開示すべき重要な不備が発生しているなどの状況において，当事業年度の
内部統制報告書の「評価結果に関する事項」に，前事業年度からの経過を含め

開示すべき重要な不備を記載する場合には，付記事項と重複とならないような
措置がされている。

6 │ 内部統制報告書の作成

（1） 評価の範囲，基準日および評価手続に関する事項

　内部統制報告書の様式は内部統制府令に定められており，記載上の注意事項
も示されているので，それに従って作成することになる。

　改訂J-SOX基準では，評価範囲の決定方法の見直しがされており，内部統制
報告書の記載方法にも影響を与えている。本項では「評価の範囲，基準日及び
評価手続に関する事項」の記載方法について説明する。なお評価範囲の制約が
ある場合の記載は本章1（3）に，開示すべき重要な不備がある場合の記載は
本章5（7），訂正内部統制報告書の内容は本章7に示している。

　以下は2023年6月改正後の内部統制府令ガイドライン4-4の内容であり，
評価範囲に関する事項について，実質的な変更のある個所を下線で示している。

図表Ⅳ-6-1 　内部統制府令ガイドライン4-4における評価範囲に関する事項

当該評価範囲を決定した手順，方法，根拠等としては，財務報告に対する金額的及
び質的影響並びにその発生可能性を考慮し，全社的な内部統制の評価結果を踏ま
え，業務プロセスに係る内部統制の評価範囲を合理的に決定した旨などを記載する
ものとする。なお，次の事項についても，決定した事由を含めて，併せて記載する
ことに留意する。
（1） 会社が複数の事業拠点を有する場合において，財務報告に係る内部統制の評
　　 価の対象とする重要な事業拠点を選定する際に利用した指標及びその一定割
　　 合
（2） 当該重要な事業拠点において，財務報告に係る内部統制の評価の対象とする
　　 業務プロセスを識別する際に選定した会社の事業目的に大きく関わる勘定科
　　 目
（3） 財務報告に係る内部統制の評価の対象に個別に追加した事業拠点及び業務プ
　　 ロセス

第Ⅳ章　内部統制の整備および運用状況の評価　　247

　従前は，内部統制報告制度に関するQ&Aにおいて内部統制報告書の記載例
が示されていたが，2023年8月の改訂により記載例は削除されている。「これ
は必ずしもすべての現行の開示実務を否定するものではない。内部統制報告書
の記載内容については，関係法令等に従い，投資家と企業との建設的な対話に
資する開示がなされることが期待される」（内部統制報告制度に関するQ&A冒
頭）とされている。このため，従前の内部統制報告書の記載例を基盤としつつ
も，改訂J-SOX基準や内部統制府令の改正点を確認し，創意工夫をしながら，
記載を追加・調整することになると考えられる。改訂前の内部統制報告制度に
関するQ&Aは，金融庁のホームページの令和5年8月31日の報道発表資料に
おいて，見え消し版が掲載されているため，その消去された部分を確認するこ
とは可能である。
　特に「決定した事由」については，実施基準等に基づく評価範囲の決定の手
順に沿って，企業の状況を端的に記載することに留意する。
　以下のツールでは，従前の内部統制報告書の記載例と，内部統制府令ガイド
ラインや本書でこれまでに示した評価範囲の見直しに関する留意事項をもとに
「評価の範囲，基準日及び評価手続に関する事項」における内部統制報告書の
見直しポイントを示している。このツールを活用して企業の内部統制報告書の
修正案を作成することが考えられる。

図表Ⅳ－6－2　　内部統制報告書の見直しツール

改訂前内部統制報告制度に関するQ&A問104	見直し内容	会社修正案
2【評価の範囲，基準日及び評価手続に関する事項】 財務報告に係る内部統制の評価は，当事業年度の末日である平成2X年3月31日を基準日として行われており，………… 財務報告の信頼性に及ぼす影響の重要性の観点から必要な範囲を決定した。	（左記部分は特に見直しは示されていない。）	

財務報告の信頼性に及ぼす影響の重要性は，金額的及び質的影響の重要性を考慮して決定しており，会社及び連結子会社×社を対象として行った全社的な内部統制の評価結果を踏まえ，業務プロセスに係る内部統制の評価範囲を合理的に決定した。	（内部統制府令ガイドラインにより下線部の文言修正あり。また本章1における評価範囲での決定方法の見直し等を踏まえ，必要に応じ記載内容の見直しを行う。） 財務報告の信頼性に及ぼす影響の重要性は，<u>財務報告に対する</u>金額的及び質的影響<u>並びにその発生可能性</u>を考慮し，会社及び連結子会社×社を対象として行った全社的な内部統制の評価結果を踏まえ，業務プロセスに係る内部統制の評価範囲を合理的に決定した。	
なお，連結子会社×社及び持分法適用関連会社×社については，金額的及び質的重要性の観点から僅少であると判断し，全社的な内部統制の評価範囲に含めていない。	（本章1における評価範囲の決定方法での見直し等を踏まえ，必要に応じ記載内容の見直しを行う。）	
業務プロセスに係る内部統制の評価範囲については，各事業拠点の前連結会計年度の売上高（連結会社間取引消去後）の金額が高い拠点から合算していき，前連結会計年度の連結売上高の概ね2／3に達している5事業拠点を「重要な事業拠点」とした。	（内部統制報告制度に関するQ&A問104-1より下線部の文言修正あり。本章1における評価範囲の決定方法での見直し等を踏まえ，必要に応じ記載内容の見直しを行う。） 業務プロセスに係る内部統制の評価範囲については，各事業拠点の前連結会計年度の売上高（連結会社間取引消去後）の金額が高い拠点から合算していき，前連結会計年度の連結売上高の<u>おおむね3分の2程度</u>に達している×事業拠点を「重要な事業拠点」とした。	

選定した重要な事業拠点においては，企業の事業目的に大きく関わる勘定科目として売上高，売掛金及び棚卸資産に至る業務プロセスを評価の対象とした。	（本章1における評価範囲の決定方法での見直し等を踏まえ，必要に応じ記載内容の見直しを行う。）	
	（内部統制府令ガイドラインにより下線部修正あり。本章1における評価範囲の決定方法での見直し等を踏まえ，記載を行う。）（会社が複数の事業拠点を有する場合に，指標および一定割合ならびに重要な事業拠点において事業目的に大きく関わる勘定科目を<u>決定した事由</u>を記載する。）	
さらに，選定した重要な事業拠点にかかわらず，それ以外の事業拠点をも含めた範囲について，重要な虚偽記載の発生可能性が高く，見積りや予測を伴う重要な勘定科目に係る業務プロセスやリスクが大きい取引を行っている事業又は業務に係る業務プロセスを財務報告への影響を勘案して重要性の大きい業務プロセスとして評価対象に追加している。	（改正後は，1段下以降の記載により対応される）	
	（内部統制府令ガイドラインにより下線部修正あり。本章1における評価範囲の決定方法での見直し等を踏まえ，記載を行う。）（<u>個別に追加した事業拠点および業務プロセスの名称を記載する</u>）	

	（内部統制府令ガイドラインにより下線部修正あり。本章1における評価範囲の決定方法での見直し等を踏まえ，記載を行う。）（個別に追加した事業拠点および業務プロセスを<u>決定した事由</u>を記載する）	

（2） 評価結果に関する事項

評価結果に関する事項は，次に掲げる事項のいずれかを記載するものとされている（内部統制府令第1号様式記載上の注意（8）参照）。

図表Ⅳ－6－3　内部統制報告書の評価結果の記載類型

記載上の注意の内容	記載方法その他留意事項
財務報告に係る内部統制は有効である旨	後掲（4）において記載例を示している。
評価手続の一部が実施できなかったが，財務報告に係る内部統制は有効である旨並びに実施できなかった評価手続及びその理由	本章1（3）において記載例を示している。
開示すべき重要な不備があり，財務報告に係る内部統制は有効でない旨並びにその開示すべき重要な不備の内容及びそれが事業年度の末日までに是正されなかった理由	本章5（7）において記載例を示している。
重要な評価手続が実施できなかったため，財務報告に係る内部統制の評価結果を表明できない旨並びに実施できなかった評価手続及びその理由	重要な評価手続が実施できなかった場合は，それ自体が開示すべき重要な不備となる可能性がある（改正前の内部統制報告制度に関するQ&A問105（2）②参照）ため，留意する。

第IV章　内部統制の整備および運用状況の評価　　251

（3）　付記事項，特記事項

　付記事項および特記事項は，次に掲げる事項のいずれかを記載するものとされている（内部統制府令第1号様式記載上の注意（9）（10）参照）。

図表IV－6－4　　付記事項，特記事項の記載内容

付記事項	a　事業年度の末日後，内部統制報告書の提出日までに，財務報告に係る内部統制の有効性の評価に重要な影響を及ぼす事象	後掲（4）において記載例を示している。なお，記載対象は「次年度以降の内部統制の有効性の評価に重要な影響を及ぼす事象」である（内部統制報告制度に関するQ&A問83参照）。
	b　事業年度の末日後に開示すべき重要な不備を是正するために実施された措置がある場合には，その内容	本章5（7）に記載例を示している。
	c　当事業年度の直前事業年度に係る内部統制報告書に開示すべき重要な不備を記載している場合には，その是正状況（是正措置が完了した場合には，その旨の記載をすることができる。）	本章5（7）に記載例を示している。
特記事項	財務報告に係る内部統制の評価について特記すべき事項がある場合には，その旨及び内容	従前は上記cに関する事項を特記事項として記載する実務が行われていたが，改訂J-SOXの下では付記事項に記載することとなった。

（4）　内部統制が有効である場合の内部統制報告書の記載例

　以下は評価の範囲に関する記載内容を改訂J-SOXの内容を踏まえて見直した内部統制報告書の記載例であり，前提条件はJICPA内基報付録7設例5に準じている。記載水準の十分性は，各企業の置かれた状況により異なるため，当該記載例の記載水準が企業の状況によっては不十分となる可能性があることに留意する。

　最高財務責任者を定めている場合には，当該者の役職氏名を記載するとされ

ているため，定めていない場合には－とし，１の「及び取締役副社長×××
×」は記載しない。なお，付記事項における後発事象の事例も掲載している
（出所は改訂前内部統制報告制度に関するQ&A問106）。

図表Ⅳ－6－5　内部統制報告書の記載例

第一号様式
【表紙】
【提出書類】　内部統制報告書
【根拠条文】　金融商品取引法第24条の4の4第1項
【提出先】　　○○財務（支）局長
【提出日】　　○年○月○日
【会社名】　　○○○○株式会社
【英訳名】　　○○○○, Inc.
【代表者の役職氏名】代表取締役社長××××
【最高財務責任者の役職氏名】取締役副社長××××
【本店の所在の場所】○○○
【縦覧に供する場所】名称　　○○○○
　　　　　　　　　　（所在地）○○○○
1【財務報告に係る内部統制の基本的枠組みに関する事項】
　代表取締役社長××××及び取締役副社長××××は，当社の財務報告に係る内
部統制の整備及び運用に責任を有しており，企業会計審議会の公表した財務報告に
係る内部統制の評価及び監査の基準並びに財務報告に係る内部統制の評価及び監査
に関する実施基準に示されている内部統制の基本的枠組みに準拠して財務報告に係
る内部統制を整備及び運用している。
　なお，内部統制は，内部統制の各基本的要素が有機的に結びつき，一体となって
機能することで，その目的を合理的な範囲で達成しようとするものである。このた
め，財務報告に係る内部統制により財務報告の虚偽の記載を完全には防止又は発見
することができない可能性がある。
2【評価の範囲，基準日及び評価手続に関する事項】
　財務報告に係る内部統制の評価は，当事業年度の末日である○年×月×日を基準
日として行われており，評価に当たっては，一般に公正妥当と認められる財務報告
に係る内部統制の評価の基準に準拠した。
　本評価においては，連結ベースでの財務報告全体に重要な影響を及ぼす内部統制
（全社的な内部統制）の評価を行った上で，その結果を踏まえて，評価対象とする
業務プロセスを選定している。当該業務プロセスの評価においては，選定された業

第Ⅳ章　内部統制の整備および運用状況の評価　253

務プロセスを分析した上で，財務報告の信頼性に重要な影響を及ぼす統制上の要点を識別し，当該統制上の要点について整備及び運用状況を評価することによって，内部統制の有効性に関する評価を行った。

　財務報告に係る内部統制の評価の範囲は，会社並びに連結子会社及び持分法適用会社について，財務報告の信頼性に及ぼす影響の重要性の観点から必要な範囲を決定した。財務報告の信頼性に及ぼす影響の重要性は，財務報告に対する金額的及び質的影響並びにその発生可能性を考慮して決定しており，会社，連結子会社×社及び持分法子会社×社を対象として行った全社的な内部統制の評価結果を踏まえ，業務プロセスに係る内部統制の評価範囲を合理的に決定した。なお，連結子会社×社及び持分法適用関連会社×社については，金額的及び質的影響並びにその発生可能性の観点から僅少であると判断し，全社的な内部統制の評価範囲に含めていない。

　業務プロセスに係る内部統制の評価範囲については，連結グループ内で税引前当期純損失を計上している事業拠点があることから，事業拠点の重要性を判断する指標として税引前当期純利益よりも売上高の方が適していると判断した。しかし，売上高だけでは，高利益率の事業拠点の重要性を適切に判断できない可能性があることを考慮し，税引前当期純利益を追加的な指標として用いている（各指標は前年度の連結ベースの数値を基本に当期の業績予想も踏まえて決定）。全社的な内部統制の評価結果は良好であると判断したため，事業拠点の売上高（連結会社間取引消去後）の金額が高い拠点から合算していき，連結売上高のおおむね3分の2程度に達している事業拠点を「重要な事業拠点」とした。また金額的重要性を考慮し，税引前当期純利益の連結グループに占める割合が×％程度以上となる事業拠点を「重要な事業拠点」に追加した。選定した重要な事業拠点においては，当社は製造業であり，製造及び販売並びにそれを支える技術が収益獲得活動であることから，企業の事業目的に大きく関わる勘定科目として売上高，売掛金，棚卸資産，製造原価並びに販売費及び一般管理費（研究開発費を含む）に至る業務プロセスを評価の対象とした。

　さらに，当社の事業内容及びリスク評価に基づき，選定した重要な事業拠点にかかわらず，それ以外の事業拠点をも含めた範囲について，重要な虚偽記載の発生可能性が高く，見積りや予測を伴う重要な勘定科目に係る業務プロセスやリスクが大きい取引を行っている事業又は業務に係る業務プロセスとして，税金・税効果プロセス，固定資産・のれんの減損プロセス，退職給付プロセス並びに製品品質補償及び環境対策に関する引当金プロセスを識別した。これらのプロセスについては，重要な事業拠点に加え，金額的重要性を考慮し，業務プロセスに関連する勘定残高の連結グループに占める割合が×％程度以上となる事業拠点において評価対象に追加している。また，サイバーリスクの高まりを受け，重要な事業拠点及び業務プロセスを評価対象に追加した事業拠点に加え，ITへの対応に関するリスク評価に基づき選定した事業拠点について，ITに係る全般統制を評価対象に追加している。

3 【評価結果に関する事項】
　上記の評価の結果，当事業年度末日時点において，当社の財務報告に係る内部統制は有効であると判断した。
4 【付記事項】
　事業年度の末日後，アジア地域における販売強化策の一環として，×社を買収し，連結子会社とした。この買収は，翌期以降の当社の財務報告に係る内部統制の有効性の評価に重要な影響を及ぼす可能性がある。
5 【特記事項】
　該当事項はない。

7 ┃ 訂正内部統制報告書の対応

　過年度の財務諸表に重要な虚偽記載が発覚して，企業が有価証券報告書等を訂正する場合には，企業は，訂正の原因となった重要な虚偽記載に係る内部統制の不備が，過年度の内部統制の評価範囲に含まれていた内部統制の不備であるか否かを検討し，過年度の内部統制の評価範囲に含まれていなかった内部統制の不備であった場合には，過年度の評価範囲が適切であったか否かを検討することになる。

　訂正の原因となった内部統制の不備が，過年度の内部統制の評価範囲に含まれていた内部統制の不備であると判断される場合や，過年度の内部統制の評価範囲自体が財務報告に係る内部統制の基準・実施基準に準拠して適切に決定されていなかったと判断される場合には，訂正内部統制報告書の提出に至ることになる。

　意見書三において「事後的に内部統制の有効性の評価が訂正される際には，訂正の理由が十分開示されることが重要であり，訂正内部統制報告書において，具体的な訂正の経緯や理由等の開示を求めるために，関係法令について所要の整備を行うことが適当である。」とされていた点については，内部統制府令およびガイドラインの改正により対応され，以下の項目を記載することとされた。

第Ⅳ章　内部統制の整備および運用状況の評価　255

図表Ⅳ－7－1　訂正内部統制報告書における訂正の理由の開示

号	内部統制府令第11条の2第3項が規定する記載内容	記載時の追加の考慮点
一	当該開示すべき重要な不備の内容	• 具体的な内容，不正によるものか否か • 全社的な内部統制であれば基本的要素 • それ以外の内部統制であればプロセスの名称 • 整備状況の不備か運用状況の不備かの判断とその理由 • 内部統制が整備されていなかった，または有効に運用されていなかったことについての根本原因
二	当該開示すべき重要な不備を是正するために実施された措置がある場合には，当該措置の内容及び当該措置による当該開示すべき重要な不備の是正の状況	• 是正措置の具体的内容，実施時期，実施者，対象範囲
三	財務報告に係る内部統制の評価結果を訂正した経緯	• 発見された状況 • 調査の実施状況や調査結果 • 発生原因（不正のトライアングル等に基づく根本原因） • 開示すべき重要な不備に該当すると判断した理由
四	当該訂正の対象となる内部統制報告書に当該開示すべき重要な不備の記載がない理由 訂正の対象となる内部統制報告書における「評価の範囲，基準日及び評価手続に関する事項」が適切であったかどうか，当該開示すべき重要な不備が当該評価の範囲とされていたかどうかを記載することに留意する（内部統制府令ガイドライン11の2-3）。	• 当初の内部統制報告書における評価範囲の決定方法の説明 • その評価範囲の決定方法が適切であったかどうかおよびその理由 • 訂正前の評価において適切に整備または運用されていると判断した原因 • 評価手続が適切に適用されていなかった場合はその内容および原因 • 評価範囲および評価手続の妥当性を踏まえ，開示すべき重要な不備が記

| | | 載されなかった理由 |

　上記の訂正の理由の開示は，以下の記載様式の「2．訂正の理由及び財務報告に係る内部統制の評価結果を訂正するに至った経緯」の（2）の中で主に記載されることになると考えられる（（1）には，訂正の対象となる内部統制報告書の「3　評価結果に関する事項」の記載事項に誤りがあり，開示すべき重要な不備があると判断したことから訂正する，という旨を記載するものと考えられる）。改訂J-SOX適用前の事業年度に係る内部統制報告書を訂正するものであっても，2024年4月1日以降に提出する訂正内部統制報告書には，新設された内部統制府令第11条の2の規定が適用になることに留意する。

図表Ⅳ－7－2　開示すべき重要な不備が発覚した場合における訂正内部統制報告書の本文部分の一般的な記載様式

1　【内部統制報告書の訂正報告書の提出理由】 　………………………
2　【訂正事項】 　　3　評価結果に関する事項
3　【訂正箇所】 　「3．訂正箇所」に記載しております。 　1．訂正の対象となる内部統制報告書の提出日 　　XX年XX月XX日 　2．訂正の理由及び財務報告に係る内部統制の評価結果を訂正するに至った経緯 　（1）訂正の理由 　　　…………………… 　（2）財務報告に係る内部統制の評価結果を訂正するに至った経緯 　　　…………………… 　3．訂正箇所 　　　…………………… 　　3　【評価結果に関する事項】 　　（訂正前） 　　（訂正後）

（出所）内部統制府令第11条の2をもとに作成

なお，「基準及び実施基準に準拠して決定した評価範囲について評価を実施している場合においては，内部統制報告書を提出した後に，結果的に，評価範囲の外から開示すべき重要な不備に相当する事実が見つかったとしても，内部統制報告書に記載した評価結果を訂正する必要はないと考えられる」（内部統制報告制度に関するQ＆A問67）とされている。

内部統制報告制度においては，「財務計算に関する書類その他の情報の適正性を確保するための体制に関する内閣府令」の取扱いに関する留意事項について（内部統制府令ガイドライン）1-1に記載されているとおり，訂正内部統制報告書に対して監査証明は必要とされていないため，監査人は，訂正内部統制報告書に対する監査を実施することは，これまで同様，求められていない。

第 V 章

財務報告に係る内部統制の監査と
リスクトーク

1 内部統制監査

　金融商品取引法の規定に基づき，上場有価証券の発行者（プロ向け市場を除く）は，有価証券報告書と併せて内部統制報告書を提出すべき会社となる（金商法第24条の4の4第1項参照）。これ以外の有価証券報告書提出会社は任意で内部統制報告書を提出することができる（同第2項参照）。

　内部統制報告書は監査証明を受ける必要がある。ただし，上場後3年以内に内部統制報告書を提出する一定規模（上場直前期の資本金100億円以上または負債1,000億円以上）に達しない新規上場会社の場合は，この限りでないとされている（金商法第193条の2第2項，内部統制府令第10条の2）。

2 リスクトークにおける監査人の役割と指導的機能

　リスクトークにおいてプロセスオーナーの話し相手として，監査人が考えられると第Ⅰ章3において説明した。

図表Ⅴ－2－1　リスクトークの話し相手（監査人）

監査人（会計監査人）	監査先企業のJ-SOXを含む内部統制の取組みに関する理解を有し，リスクアプローチの概念を監査に取り入れて監査を実施しているため，リスクトークにおける話し相手としては最適であり，監査人の着眼点を把握しておくことは重要である。また，独立監査人として客観性を有しているため，会社に対して率直な指摘がしやすい立場にある。 　なお，独立性について，監査人は倫理規則等により，いわゆるコンサルティング業務の提供の制限があり，監査対象となる財務報告に係る内部統制については，監査の過程で生じる情報または事項に関連する助言および提言に限って，一定の条件の下で提供可能とされている。あくまで独立監査人としての監査の一環で実施する必要があり，かつ経営上の意思決定，内部統制の構築・監視や内部監査などを実施することはできないことに留意する必要がある（形式上，監査とは別の非保証業務とすることはできるが，業務範囲は監査契約で実施できる内容と同じ）。

第Ⅴ章　財務報告に係る内部統制の監査とリスクトーク　261

　意見書および実施基準では，監査の指導的機能の発揮について直接的に言及
されているのは，下記の評価範囲に関する協議の場面である。

図表Ⅴ－2－2　意見書，実施基準における指導的機能の記載

評価範囲に関する監査人との協議について，評価範囲の決定は経営者が行うもので
あるが，監査人による指導的機能の発揮の一環として，当該協議を，内部統制の評
価の計画段階及び状況の変化等があった場合において，必要に応じ，実施すること
が適切であることを明確化した（意見書二（2）①，実施基準Ⅱ2（3））。

　意見書に関する金融庁のパブリックコメントおよびコメントに対する考え方
では，以下のように記載されており，独立性に留意しながらの経営者の相談対
応が想定されている。

図表Ⅴ－2－3　パブコメにおける指導的機能の記載

コメントの概要	コメントに対する考え方
「指導的機能」を発揮することが，監査人の「独立性」を阻害することにつながる懸念はないか。監査人の独立性について確認したい。	監査人の指摘を含む指導的機能については，例えば，効率的な内部統制の構築や評価を行う観点から行う経営者からの相談への対応などが考えられますが，監査人の独立性が損なわれないよう，独立性の確保を図ることが求められます。なお，ご懸念のような誤解が生じないよう，評価範囲に関しては，「評価範囲の決定は経営者が行う」ことを明記しています。

　金融庁の公認会計士・監査審査会の令和5事務年度版の監査事務所検査結果
事例集では，財務報告に係る内部統制の監査の項において以下のような記載が
されており（下線部分を含め原文ママ），内部統制の構築に関しての指導的機
能が求められており，そのためにもリスクが高いと想定される分野を慎重に評
価することが求められるとしている。この部分については，まさに本書のリス
クトークの目指すところと軌を一にしていると考えられる。

262

| 図表Ⅴ－2－4 | 公認会計士・監査審査会の事例集における指導的機能の記載 |

求められる対応

　監査人は，経営者の作成した内部統制報告書が，一般に公正妥当と認められる内部統制の評価の基準に準拠して，内部統制の有効性の評価結果を全ての重要な点において適正に表示しているかを，監査人自らが入手した監査証拠に基づいて判断し，意見表明する必要がある。

　そのため，監査人には，効果的かつ効率的な監査の観点から，監査上の重要性を勘案しつつ，経営者による内部統制の整備及び運用状況並びに評価結果を十分理解し，財務諸表監査と内部統制監査を一体的に実施することが求められている。

　その一方で，金融商品取引法上の内部統制報告制度は，経営者が財務報告に係る内部統制を評価した結果に基づき報告書を作成し，当該報告書に対し監査を受けることをもってディスクロージャーの信頼性を確保することが目的であることから，監査人には，被監査会社の規模や組織構造等の特徴を踏まえた内部統制の構築に関して指導的機能を発揮することが求められていることにも留意する必要がある。

　上記の要請に応えるべく，監査人は，内部統制の評価範囲の妥当性，内部統制の評価の検討方法及び発見した不備の程度の評価等に対して画一的・形式的に手続を実施するのではなく，必要とされる監査手続の時期・範囲・適切性等について改めて検討する必要がある。

　特に，新規に評価対象としたプロセス等，相対的にリスクが高いと想定される領域に対しては，十分かつ適切な監査証拠が入手できたか，慎重に評価することが求められる。

（出所）公認会計士・監査審査会「監査事務所検査結果事例集（令和5事務年度版）」7．財務報告に
　　　係る内部統制の監査

　処理や判断を行うのはあくまで経営者であるが，企業が把握できていない可能性のある情報や状況認識について伝達し，建設的なコミュニケーションにより，監査の付加価値が向上していくものと期待される。企業は監査人の一方的な主張や方法論の押し付けには懸念しつつも，監査の現場において，情報提供や意見交換による指導的機能は一般的に歓迎されているものと考えられる。監査人は監査の付加価値向上のために，新会計基準，新開示制度，税制，IT対応その他の対応すべき経営課題などの情報提供等の努力をしている。

　内部統制に関する情報や気付きの提供による指導的機能ついては，監査人にとって，監査する企業の経営環境や内部統制の理解を深め，今後さらに改善し発展させる余地がある分野である。内部統制の分野での指導的機能の発揮が，

第Ⅴ章　財務報告に係る内部統制の監査とリスクトーク　　263

企業の内部統制の高度化・コーポレートガバナンスの強化につながり，ひいては監査のリスク低減・監査環境の改善につながることが期待される。

3 ｜ 企業と監査人のコミュニケーション

　上場企業の監査における企業と監査人が実施する定例的なコミュニケーションの場面において，双方が常にリスクトークを意識して実施することが有用と考える。

　財務諸表監査および内部統制監査において，監査人が企業とコミュニケーションする場面は以下のようになっており，企業を取り巻くリスクや内部統制の構築・運用状況に関する情報収集を目的としているものが多い。

図表Ⅴ－3－1　企業と監査人のコミュニケーション

コミュニケーションの内容	対象者
監査契約条件の説明	監査役等，CFO
監査・期中レビュー計画の説明，監査人の品質管理に関する説明	監査役等，CFO
経営者等とのディスカッション	CEO
CFOインタビュー	CFO
事業部門長等インタビュー	各事業部門長
内部監査部門との意見交換	内部監査部門長
IT部門長インタビュー	CIO（情報システム部長）
訴訟リスク，訴訟管理体制，コンプライアンスの意見交換	法務責任者
J-SOX評価範囲決定前後の協議	内部監査部門長，CFO
内部統制の不備に関する協議	内部監査部門長，監査役等，CFO
監査・期中レビュー結果報告	監査役等，CFO
マネジメントレター	CEO，CFO，監査役等

　経営者，監査役等，内部監査部門とのディスカッションにおいて，監査人は

JICPA監基報240に従い，不正関連の多くのアジェンダを盛り込んでいること が多い。このアジェンダの内容を1つずつ確認していくようなディスカッショ ンでは，それだけでかなりの時間を使ってしまう。JICPA監基報240準拠の対 応をしながら，リスクトークの要素を取り入れる時間があまりないというのが 実情と考えられる。

　このジレンマをどうするかについては，例えば，監査人側が，JICPA監基報 240のアジェンダを別紙に移行し，特に監査人が協議したい事項をメインに ディスカッションし，それ以外は経営者等から特に聞いておくべき点がないか 確認することで済ます方法もあるのではないかと考える。ディスカッションの 順番や下準備も重要である。なるべく事前に取締役会議事録や各種会議議事録 を閲覧し，その内容について，経理部長，内部監査部門長，CIOなどに対して ある程度細かい内容を含めて確認し，CEO，CFO，監査役等とのディスカッ ションにおいて何を協議するか明確にしてアジェンダにも反映させた上でディ スカッションに臨み，監査人としてリスクに関する情報提供など指導的機能を 発揮できるようにすることが望まれる。その際は，事前に確認をした経理部長， 内部監査部門長，CIOに対してもディスカッションのメイントピックの内容は 事前に伝達し，企業にとってサプライズとならないように，また準備の機会を 与えることが重要である。

　リスクトークのような考え方を持って下準備をして臨むことにより，絞り込 んだ内容について本来の「ディスカッション」（討議）ができると考える。監 査対応を行う企業も，監査人が企業に対して依頼するディスカッションが有意 義となり，監査人の指導的機能が発揮できるように協力することが望まれる。

第VI章

その他の内部統制と
リスクトーク

1 ┃ 上場準備における内部統制

（1） 有価証券上場規程に基づく上場申請の対応

　上場を希望する企業（申請会社）は，金融商品取引所（以下「取引所」という）へ上場申請を行う必要がある。その際に取引所への上場申請時の提出書類があり，これをもとに取引所による上場審査が行われる。提出書類や上場審査は取引所の「有価証券上場規程」に基づいて行われる。

　取引所への上場申請に先立ち，主幹事証券会社は，上場申請準備段階での資本政策や社内体制整備のアドバイスや，上場にあたっての手続などを実施するともに，公募・売出し等を引き受けるための会社内容の審査（引受審査）を行う。引受審査は日本証券業協会が定める「有価証券の引受け等に関する規則」に基づくが，取引所審査と同様の目線での上場適格性の審査の側面も持つ。具体的には，申請会社に対する書面による質問やインタビュー，事業所等の往査，監査人等との面談，経営者・監査役・独立役員との面談等が行われる。引受審査に基づき主幹事証券会社は「上場適格性調査に関する報告書」を作成し，取引所に提出する必要がある。引受審査やアドバイスを含む申請会社への関与は，上場申請期（N期）より前の年度から行われる。

　監査人は，有価証券上場規程に基づき提出される財務諸表等について監査意見を表明するとともに，申請会社の会計面および内部管理体制などの指導を行う。その内容は各取引所ホームページから入手可能な「新規上場ガイドブック」等の手引書に詳しく示されている。

　本書では，有効なコーポレート・ガバナンスおよび内部管理体制の構築に関して，新規上場ガイドブック等をもとにしながら，補足すべき事項について説明する。

（2） コーポレート・ガバナンスおよび内部管理体制の有効性に関する上場審査

　上場審査においては，有価証券上場規程等に基づいて，上場審査基準におけ

第Ⅵ章　その他の内部統制とリスクトーク　　267

るコーポレート・ガバナンスおよび内部管理体制の有効性を確認するため，上場申請時の提出書類をもとにヒアリング・審査が行われる。上場申請時の提出書類の中に上場申請のための有価証券報告書（Ⅱの部）が含まれる場合がある。Ⅱの部を作成する場合は，「新規上場申請のための有価証券報告書（Ⅱの部）記載要領」により作成することとされている（有価証券上場規程施行規則第204条参照）。東証グロース市場など上場申請予定の市場によってはⅡの部の作成は要求されないが，別途，各種説明資料やエビデンスの作成・提出を求められる。

　また，上場審査等に関するガイドラインⅣには実質審査基準としての企業のコーポレート・ガバナンスおよび内部管理体制の有効性が示されている。東証グロース市場の場合のその内容の要約は以下のとおりである。

図表Ⅵ-1-1　**東証グロース市場におけるコーポレート・ガバナンスおよび内部管理体制に関する実質審査基準の主な内容**

企業のコーポレート・ガバナンス及び内部管理体制の有効性 コーポレート・ガバナンス及び内部管理体制が，企業の規模や成熟度等に応じて整備され，適切に機能していること。	（1）　役員の適正な職務の執行を確保するための体制が相応に整備され，適切に運用されている状況にあること。 ａ．　役員の職務の執行に対する有効な牽制及び監査が実施できる機関設計及び役員構成であること。また，独立役員の確保，コーポレートガバナンス・コードの実施，会社機関の設置（監査役会等），社外取締役の確保，監査法人等の選任，会社法における業務の適正を確保するために必要な体制整備の遵守状況を勘案する。 ｂ．　新規上場申請者の企業グループにおいて，効率的な経営の為に役員の職務の執行に対する牽制及び監査（監査役等による）が実施され，有効に機能していること。
	（2）　経営活動を有効に行うため，その内部管理体制が相応に整備され，適切に運用されている状況にあること。
	（3）　経営活動の安定かつ継続的な遂行，内部管理体制の維持のために必要な人員が確保されている状況にあること。
	（4）　実態に即した会計処理基準を採用し，かつ会計組織が適切に整備，運用されている状況にあること。

	（5） 法令等を遵守するための有効な体制が適切に整備，運用され，また最近において重大な法令違反を犯しておらず，今後においても重大な法令違反となる恐れのある行為を行っていないこと。

（出所）東証「上場審査等に関するガイドライン」および「新規上場ガイドブック（グロース市場編）」をもとに作成

　なお，東証グロース市場のコーポレート・ガバナンスおよび内部管理体制の有効性に関する上場申請時の提出書類は，新規上場申請のための有価証券報告書（Ⅱの部）の提出が必要とされているプライム市場やスタンダード市場と比べると簡略化されている。以下が主な書類（上場申請時の提出書類，参考書類）と参考となる指針等であるが，下表にあるグロース市場事前チェックリスト6（5）に記載のとおり，事務の流れなどの説明が求められていることに留意する。

図表Ⅵ－1－2 コーポレート・ガバナンスおよび内部管理体制関係の東証グロース上場申請時の主な提出書類，参考書類等

上場申請時の提出書類	参考になる指針等
新規上場申請者に係る各種説明資料における（1）コーポレート・ガバナンスの記載（内部統制システムに関する基本的な考え方およびその整備・運用状況または準備状況，財務報告に係る内部統制の評価・報告体制の準備状況を含む） （添付書類） c　最近1年間および申請事業年度の監査計画の立案から実施，報告等に至るまでの一連の監査役監査（監査委員会監査，監査等委員会監査）資料の写し d　最近1年間および申請事業年度の内部監査計画の立案から実施，報告および改善等に至るまで	✓　新規上場申請者に係る各種説明資料の記載項目について ✓　グロース市場事前チェックリスト ✓　コーポレート・ガバナンスに関する報告書記載要領 ✓　上場審査に関するQ&A ※グロース市場事前チェックリスト6（5）では，経営管理体制の整備・運用状況，内部監査体制について，以下の事項の説明を求めている。 a　主要な製・商品およびサービスについて，仕入から販売に至るまでの主な事務の流れ（フローチャートは用いなくてもよいが，用いない場合は実際の帳票類の写し，処理端末のデータ等により確認することが考えられる） b　経営管理体制の整備を実施するにあたり，担当監査法人および主幹事証券会社から改善要

第VI章　その他の内部統制とリスクトーク　269

| の一連の内部監査資料の写し
l　コーポレート・ガバナンス報告書のドラフト | 請を受けた事項とそれに対する対応
c　内部監査に関して，監査担当部署，担当者，内部監査の内容（範囲，項目など），手続きおよび最近の実施状況（内部監査に関する独立した組織等を設置していない場合には，他の代替する手段により内部監査に相応する手続を実施している旨）
d　財務報告に係る内部統制報告制度への対応準備の状況
e　事業計画を策定するための社内体制の状況（担当部署および人員，事務手続の流れ，規程類の整備状況等）
※グロース市場事前チェックリスト2（8）では，経営管理機能（総務部門・経理部門など）の一部を外部委託している場合でも，当該委託業務に関する管理・情報分析・説明を自社の責任において適切に行うことができるかを留意点として挙げている。 |

（出所）新規上場申請者に係る各種説明資料の記載項目について（東証グロース市場），グロース市場事前チェックリストをもとに作成

　コーポレート・ガバナンスおよび内部管理体制以外の実質審査基準で求められる内容についても，全社的な内部統制とも関連があると考えられる。上場前から上場後の内部統制評価まで一貫して，連続的に適切に対応していくことが求められる。

図表VI－1－3 **コーポレート・ガバナンスおよび内部管理体制以外の実質審査基準と全社的な内部統制との関連**

実質審査基準の主な内容	全社的な内部統制との関連
1．企業内容，リスク情報等の開示の適切性 企業内容，リスク情報等の開示を適切に行うことができる状況にあること。	全社的な内部統制の情報と伝達（COSOフレームワークでは原則15）に直接的に関係する。
2．企業経営の健全性 事業を公正かつ忠実に遂行していること。	不当な利益の享受や供与，取引を行わないことや，親族関係，兼職関係，親会社

	関係が公正性・独立性を損なわないことは，全社的内部統制の統制環境や監視活動により確保されるべき内容である。
4．事業計画の合理性 相応に合理的な事業計画を策定しており，当該事業計画を遂行するために必要な事業基盤を整備していることまたは整備する合理的な見込みのあること。	合理的な事業計画の策定は，リスク評価（COSOフレームワークでは原則7）のリスクの識別と分析を踏まえる点において，間接的に関係する。
5．その他公益または投資者保護の観点から当取引所が必要と認める事項	反社会勢力の経営関与の阻止や，継続企業の前提については，全社的な内部統制の統制環境，リスク評価，監視活動に関連する部分がある。

（出所）東証「新規上場ガイドブック（グロース市場編）」

（3） 新規上場申請のための有価証券報告書（Ⅱの部）と添付書類に基づく上場審査

　東証スタンダード市場またはプライム市場への（新規上場・市場区分の変更の双方）上場申請時の提出書類としてのⅡの部について，内部統制に関連する箇所に関し，その記載内容および添付資料として特に作成が必要となるものを概観する。下記のとおり，東証グロース市場の「新規上場申請者に係る各種説明資料の記載項目について」や「グロース市場事前チェックリスト」と比べて詳細な内容が示されている。

図表Ⅵ－1－4 Ⅱの部記載要領の主な内容

経営管理体制等		
1	組織体制	組織図，最近1年間における組織変更
2	コーポレート・ガバナンス等	機関設計の理由，相談役・顧問等，業務の適正を確保する必要な体制，子会社および関連会社に対する管理方法
3	内部監査	基本方針，部署名，人員（氏名，経歴，資格），手続，計画および実施状況等
4	監査役監査	職務分担，監査の内容（子会社含む），手続，計画および実施状況，三様監査連携状況

5　適時開示	整備運用状況，組織（部署，人員数），適時開示手続（事務フローの記載等），資料等の管理状況（公表前に外部者が閲覧できないようにするシステム上のセキュリティ等の対応策等），業績予想の開示方針等
6　有価証券報告書作成体制	作成体制等（作成から確認，提出に至るまでの事務フロー，アウトソーシング状況）
7　内部情報管理および内部者取引等防止体制	重要事実の管理体制，内部者取引等防止策等
8　リスク管理およびコンプライアンス体制	リスク管理およびコンプライアンス体制（情報セキュリティや個人情報保護を含む。外部専門家の連携やリスク管理およびコンプライアンスに係る会議体を開催している場合にはその概要等），法令違反等の状況，反社会勢力排除体制，内部通報制度の整備状況，情報セキュリティ（ベンダーの利用状況，ISO27001やプライバシーマークの取得・更新の状況等）
9　役員および役員に準ずる者（役員等）	役員等（経歴，兼職等），取締役会の開催状況・運営実務，独立役員（構成に関する方針等），役員等間の配偶者・血族姻族関係，役員等が実質的に所有する会社の事業内容等，オーナーが関与する会社等，マネジメント契約，経営者が関与する取引等
10　従業員の状況	人事政策，異動状況，出向者，人員計画，勤怠管理，時間外，みなし労働時間制，36協定違反，長期間労働防止，賃金未払，管理監督者，労働災害の状況，安全衛生の取組み，労働基準監督署の調査，懲戒処分等
経理・財務の状況	
1　経理体制	経理および財務担当組織（部署，人員数），責任者の概要，決算手続（月次決算，期末決算の事務フロー，承認手続，ダブルチェック体制等），監査法人からの指摘事項
2　財務諸表等	連結財務諸表または財務諸表の明細（貸付先，製造原価明細等），会計方針および会計処理等（売上計上基準，減損兆候の判定方法等）
3　関連当事者取引等	関連当事者取引の実施方針，適正化確保のための態勢，取引等の状況

4 担保資産の状況	担保資産の内容，提供先，金額等
5 最近5年間の監査意見	監査法人等の監査を受けているか，監査意見等
6 会計参与	方針，関与状況等
7 アウトソーシング	経理業務等のアウトソーシング先，内容，理由等
8 税務署等からの調査	調査の有無，調査時期，内容，法令違反，行政指導等
9 内部統制評価・報告体制	財務報告に係る内部統制の評価・報告体制の整備状況または準備状況
添付書類 （上記に関係あるもののうち特に準備が必要なもの）	
(15) コーポレート・ガバナンス報告書のドラフト	
(16) 「適時開示資料等の管理状況」に記載した対応を文書化した資料（社内規程・マニュアル等）	
(17) 事務フロー（主要な製・商品およびサービスについて，受注から仕入・生産，納品および代金の回収・支払に至るまでの主な事務フローを図解するとともに，一連の取引に関するフローごとの帳票サンプル（実際の事例が記入されたもの））	

（出所）新規上場申請のための有価証券報告書（IIの部）記載要領

　経営管理体制等の5の適時開示手続のフロー，6の有価証券報告書の作成から確認，提出に至るまでの事務フロー，経理・財務の状況の1の月次決算，期末決算の事務フロー，承認手続，ダブルチェック体制等はフローの説明が求められている。添付書類（17）の主要な製・商品およびサービスの事務フローとともに，作成に時間を要する内容である。また，上場準備の過程で，フロー自体が整備されておらず新たな構築が必要となる場合や，既存のフローについても，主幹事証券会社，コンサルタントや監査法人から問題点を指摘され，見直しが必要となる場合がある。

　上場会社において上場後の決算期から内部統制報告書の提出が必要となるため，業務フローの構築とその文書化作業は，J-SOXでも利用することを念頭に進められるものと考えられ，上場審査でもJ-SOX準備のために作成した資料を

第Ⅵ章　その他の内部統制とリスクトーク　273

提出することが認められている。東証グロースの上場審査ではフローチャートの提出は求められていないが，早期に準備を進めることが適切である。

（4）　上場準備会社における内部管理体制と財務報告に係る内部統制の構築

　以上で見てきたように，上場準備および上場審査の過程では多岐にわたる内部管理体制等の構築・準備・運用が求められていることから，上場準備会社は主幹事証券会社と相談しながら，会計系のコンサルタントだけではなく，ITベンダー，システムコンサルタント，法務専門家，人事関係の専門家など，様々な専門家を利用し，上場審査およびその後の上場企業としての運営に耐えうる体制づくりのサポートを受け，体制の構築・充実を図ることが適切である。

　主幹事証券会社，専門家，監査法人の助言や指摘を聞きながらも，ビジネスの主体は申請会社であるため，鵜呑みにはせず自分なりに助言や指摘の実務への当てはめをしっかり行い，自社に適合しない可能性については早めに再確認をすることが適切である。また，自ら主体的に行動して，早めに疑問点を申請会社のほうから挙げていくことも重要である。

　下記表は，2025年3月期を申請期（2025年2月に上場）とした場合のスケジュールと上場申請書類に添付する財務諸表の監査との関係を示したものである。

　表の上段では，上場準備に向けた申請会社の行動と，主幹事証券会社や専門家との関わりを示している。上場申請の2，3期前から主幹事証券会社との関わりが大きくなり，上場準備対応を進めていく。N期（上場申請期）に近づくにつれ，上場後の開示制度対応（四半期決算短信や適時開示対応等を含む）など，上場企業として実施すべきことがスムーズにできるように準備をすることが重要である。

　表の下段では，申請会社と監査人との関わりを説明している。監査人は当初は上場準備のアドバイザリーとして上場準備会社に関与することがあり，IPOに関する課題抽出調査（ショートレビュー）を実施し，その改善状況の指導・確認を実施する場合がある。上場申請書類に添付する財務諸表の監査対象期から監査人となる（その期間に入るとアドバイザリー業務は独立性の観点から制

限を受ける）。監査対象期に入ったとしても，監査人としての立場から，監査の過程において，指摘を含め会計面および内部管理体制について，口頭の助言，あるいはマネジメントレターにより内部統制の不備の指摘や提言を実施する。

図表Ⅵ－1－5　上場スケジュールと財務諸表監査等との関係

N-2期より前 2022/3期	N-2期 2023/3期	N-1期 2024/3期	N期　申請期 2025/3期

申請書類準備・証券会社の引受審査対応

取引所審査対応

財務諸表作成，財務諸表監査対応
内部管理体制の構築・充実
J-SOX対応の準備

上場企業としての開示制度対応

主幹事証券会社の助言，専門家等のサポート

会計方針等，会計処理体制の構築（監査人等がアドバイザーになることがある）	上場Ⅰの部，有価証券届出書における前事業年度	上場Ⅰの部，有価証券届出書における当事業年度	上場Ⅰの部の公表（上場承認時）有価証券届出書の提出（公募売出届出時）

監査人等によるショートレビュー

監査手続の実施（監査報告書の発行はN期）

監査上の指摘，独立性上認められる助言・提言

(出所) JICPA「株式新規上場（IPO）のための事前準備ガイドブック」を参考に作成

　上場申請書類である新規上場申請のための有価証券報告書（Ⅰの部），株式

の募集・売出しに必要な有価証券届出書の監査はN-2期，N-1期の財務諸表を対象として実施され，上場申請期において監査報告書が発行される。当該監査は財務諸表監査であるため財務諸表が適正に表示されているかについて意見表明される。内部統制報告書はその時点では作成されず，監査人は内部統制の適否について意見表明はしない。ただし，監査の過程で識別した内部統制の重要な不備については，監査基準上，監査役等に伝達し，それ以外の不備についても経営者に注意を促すために必要と判断した内部統制の不備は伝達することとされている。監査人からの指摘事項は上場審査・引受審査でも確認される内容であるため，申請会社としては是正に向けて対応していくこととなる。

J-SOX対応は，内部管理体制の構築・運用と同時並行で進めるのが効率的・効果的である。一定規模以下の新規上場会社は，内部統制報告書の監査が上場後3年間免除されるものの，内部統制報告書自体は提出しなければならないため，上場後ただちに内部統制報告制度対応は必要である。内部管理体制の構築・運用とJ-SOX対応は同じ内部統制を対象としていることが多く，フローチャートなど両者に共通する資料を作成したほうが効率的である。上場審査で求められる内部管理体制は上場すれば不要になるものではなく，維持発展させていくべきものであり，J-SOXに組み込んでいくことが有用である。

内部管理体制等を支える規程は社内のルールを定めるものであり，マニュアルは手順を説明するものであることが多い。J-SOXのRCMなどの文書化は，評価を目的としているため，規程上のルールやマニュアル上の手順について，

図表Ⅵ-1-6　上場申請時に求められる内部管理体制とJ-SOXの関連の明確化

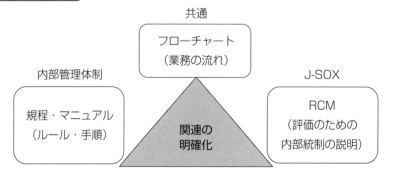

内部統制としてどのように実施されるのかを説明する記述となるが，両者の関連を明確にすることが重要である。専門家や監査人から助言を受ける場合や，申請会社自身が内部管理体制対応やJ-SOXの準備を行う際には留意が必要と考える。

（5）　上場準備会社におけるリスクトークの適用可能性

リスクトーク，リスクシナリオの設定について，上場申請時に実施する意義について述べる。

第Ⅲ章6と第Ⅳ章3（10）において，中堅・中小上場企業等における内部統制の構築および評価について述べた。上場準備会社は中堅・中小上場企業等であることが多く，「内部統制報告制度に関する事例集」の内容は参考になる可能性がある。また，上場準備会社は，権限分離の不徹底による不正リスクの高まりや，属人的対応により誤りが修正されないリスクの高まりが懸念され，リスクトークやリスクシナリオの設定により，そのあたりのリスクを特定し内部統制構築を検討し，評価につなげていくことが考えられる。

日本公認不正検査士協会による「上場準備会社における会計不正リスクの問題に関する調査報告書」（2021年8月）では，その事例分析を通じて，「申請前の内部統制評価手続が適切に行われていない例もあり，上場後に内部統制不備による不正が発覚する事例が散見される。」（同報告書32頁）とし，以下の表による不備事例を示しており，リスクトークやリスクシナリオの設定の際に不正事例として確認しておくことが適切ではないかと考える。

図表Ⅵ－1－7　**上場準備会社における会計不正リスクの問題に関する調査報告書における主な不備事例**

全社的統制の不備の事例
・上場期に「事業計画必達」の為，収益が意図的に歪められた ・独禁法ほか法的知識の不足から違法な処理に気が付かない事例及び商流や自社の業務理解の不足により，不適切な処理に気が付かなかった ・諸規程・業務マニュアルに不備があった ・兼任などにより独立性を欠く部門が不適切処理を推進した

第Ⅵ章　その他の内部統制とリスクトーク　　277

- ワンマン社長の主導で組織的な会計不正が継続的に行われており，内部統制が全く機能していなかった

決算財務報告プロセスの不備の事例

- 会計知識を欠く者が不適切処理を行う事例など経理リソースが乏しかった

業務プロセス統制の不備の事例

- 長期間同一業務を担当する者が不適切処理を行い続け，周りが気づかなかった
- 管理部門が事後検証を適切に行っておらず，不適切処理に気づかなかった
- 管理部門の海外子会社経費管理プロセスに不備があった
- 在庫の管理体制（含むシステム入力，システム管理）や実地棚卸の実施体制が工場及び中国子会社で不十分であった
- 曖昧な売上計上基準で売上前倒し計上，架空の売上・原価を計上した

IT統制の不備の事例

- マスターデータを入力担当者単独で書き換えられること等を利用した
- 経理担当者が恣意的に仕訳データを修正した
- 経営管理部員が承認権限を悪用して売上・原価の確定処理を実施し，架空売上を計上した

（出所）日本公認不正検査士協会「上場準備会社における会計不正リスクの問題に関する調査報告書」
32～33頁

　上場準備会社は上場に向けて課題事項が多く，時間をかけて掘り下げる余裕がない可能性もあるが，課題事項の重要度の区分をしていく中で，リスクトークやリスクシナリオの設定を適用していくことが考えられる。

2 ｜ サステナビリティ報告に係る内部統制とリスクトークの適用可能性

（1）　我が国におけるサステナビリティ開示と保証

　本書執筆時点では，我が国におけるサステナビリティ開示基準（SSBJ基準）に基づく法定開示および第三者保証のあり方について，金融審議会において議論されている。我が国では，最終的にすべての有価証券報告書提出企業が必要なサステナビリティ情報を開示することを目標としつつ，今後，円滑な導入の方策を検討していくことが考えられる，とされている。

本書執筆時点では，プライム市場上場企業に対して，時価総額３兆円以上の場合は最速で2027年３月期（保証を付した開示は翌年度より）を適用時期とし，順次時価総額基準を引き下げていく方向で検討が進められている。また，確定基準公表日以後終了する年次報告期間から早期適用が可能とされている。以下は法定開示および第三者保証の基準であるSSBJ基準案および保証基準の説明である。

図表Ⅵ－2－1　SSBJ基準案と保証基準案

SSBJ基準案	国際サステナビリティ基準審議会（以下「ISSB」という）が2023年６月に最終化した国際基準（ISSB基準）を踏まえ，日本の基準設定主体であるサステナビリティ基準委員会（以下「SSBJ」という）が2024年３月に公開草案として公表し，2025年３月までに最終化を予定している。「サステナビリティ開示基準の適用（案）」（適用基準），「一般開示基準（案）」（一般基準）および「気候関連開示基準（案）」（気候基準）から成る（以下「SSBJ基準案」という）。 SSBJ基準案を高品質で国際的に整合性あるものとするため，ISSB基準のうち，強制力のある部分を取り込む方針で開発されている。また，有用性，企業への負担，周辺諸制度との関係を考慮しISSB基準をそのまま取り入れなかった点については，主な相違点について一覧表が公表されている。
保証基準	国際監査・保証基準委員会が2023年８月に「サステナビリティ保証業務の一般的要求事項」（ISSA5000）の公開草案を公表し，2024年９月に承認した。これは，あらゆるサステナビリティのテーマ，開示媒体，報告規準に対応した包括的な保証基準である。公表されているのは一般的要求事項であり，今後，気候変動等の各主題情報の個別保証基準が開発される。 我が国では，今後ISSA5000を土台にした保証基準の開発が進められる見込みであり，金融審議会では，保証制度のあり方，範囲，開始時期等が議論されている。

　なお，EUの企業サステナビリティ報告指令（CSRD）については，EUの規制市場に上場しているEU域外企業に適用されるだけでなく，EUの規制市場に上場していないものの，EUで重要な活動を行っている特定のEU域外企業にも段階的に適用され，我が国でもその対応を進めている企業があるが，本書では解説は割愛する。

第Ⅵ章　その他の内部統制とリスクトーク　　279

（2）　SSBJ基準公開草案およびISSA5000の概要と内部統制の位置付け

①　SSBJ基準公開草案では何が開示されるのか

　報告企業は，開示事項に備えて内部統制をどのように構築し運用するかを決定するには，SSBJ基準公開草案において開示事項がどのようなものであるかの概要を把握することが重要であると考える。

　SSBJ基準公開草案では，報告を行う企業に対し，企業の見通しに影響を与えると合理的に見込みうるサステナビリティ関連のリスクおよび機会に関する情報の開示を求めている。また，その情報を開示するにあたり，次のことを行わなければならないとしている。

図表Ⅵ－2－2	サステナビリティ関連のリスクおよび機会に関する情報の開示
（1）　バリュー・チェーンの範囲の決定	バリュー・チェーンとは，報告企業のビジネス・モデルおよび当該企業が事業を営む外部環境に関連する，相互作用，資源および関係（例えば，人的資源・材料・サービスの調達，製品・サービスの販売・配送，企業が事業を営む財務的・地理的・地政学的・規制環境）のことを指す。
（2）　企業の見通しに影響を与えると合理的に見込みうるサステナビリティ関連のリスクおよび機会の識別	短期，中期または長期にわたり，企業のキャッシュ・フロー，当該企業のファイナンスへのアクセスまたは資本コストに影響を与えると合理的に見込みうる，すべてのサステナビリティ関連のリスクおよび機会を指す。SSBJ基準に加えてIFRS財団が公表する「SASBスタンダード」における開示トピックを参照し，その適用可能性を考慮する。また，気候変動開示基準委員会（CDSB）のフレームワーク適用ガイダンス，他の基準設定主体の直近公表文書等を参照できる。
（3）　識別した当該リスクおよび機会に関する重要性がある情報の識別	サステナビリティ関連のリスクおよび機会に関して，重要性がある情報を開示しなければならない。

（出所）SSBJ基準公開草案をもとに作成

上記（2）に記載のとおり，SSBJ基準はISSB基準と同様に，企業の見通しに影響を与えると合理的に見込みうるリスクと機会が開示対象となるので，企業が資源や社会的な関係等に対して及ぼす影響については開示対象ではない。また，様々なフレームワークの利用が認められていることが特徴である。

以下は一般基準における開示の要求事項の概要である。これらはTCFD（気候関連財務情報開示タスクフォース）提言から採用された4つの柱をコア・コンテンツとし，この区分での開示が求められている。

図表Ⅵ−2−3　SSBJ基準公開草案における4つの柱

ガバナンス	サステナビリティ関連のリスクおよび機会をモニタリングし，管理し，監督するために企業が用いるガバナンスのプロセス，統制および手続を理解できるようにする。主な開示事項は以下のとおり。 ✓　サステナビリティ関連のリスクおよび機会の監督に責任を負うガバナンス機関の名称または当該責任を負う個人の役職名 ✓　サステナビリティ関連のリスクおよび機会に関する責任が，役割，権限および義務などの記述およびその他の関連する方針にどのように反映されているか。 ✓　戦略を監督するための適切なスキルおよびコンピテンシーが利用可能であるかどうかまたは開発する予定であるかどうかについて，どのように判断しているか。 ✓　サステナビリティ関連のリスクおよび機会について，どのように，また，どの頻度で情報を入手しているか。 ✓　サステナビリティ関連のリスクおよび機会をどのように考慮しているか。 ✓　目標の設定をどのように監督し，それらの目標の達成に向けた進捗をどのようにモニタリングしているか。 経営者の役割に関して，以下の事項を開示する。 ✓　経営者の役割の委任に関する情報 ✓　監督を支援するための統制および手続に関する情報
戦略	サステナビリティ関連のリスクおよび機会を管理する企業の戦略を理解できるようにする。主な開示事項は以下のとおり。 ✓　企業の見通しに影響を与えると合理的に見込みうるサステナビリティ関連のリスクおよび機会（時間軸を含む）

	✓ 企業のビジネス・モデルおよびバリュー・チェーンに与える影響 ✓ 財務的影響（現在の影響と時間軸での影響） ✓ 企業の戦略および意思決定に与える影響（リスクおよび機会への対応状況，今後の計画，進捗，他のリスクおよび機会との間のトレードオフを含む） ✓ 不確実性に対応する企業の能力（レジリエンス）
リスク管理	サステナビリティ関連のリスクおよび機会を識別し，評価し，優先順位付けし，モニタリングするプロセスを理解する。また，企業の全体的なリスク・プロファイルおよび全体的なリスク管理プロセスを評価する。主な開示事項は以下のとおり。 ✓ 企業がサステナビリティ関連のリスクを識別し，評価し，優先順位付けし，モニタリングするために用いるプロセスおよび関連する方針（インプットやシナリオ分析を含む） ✓ サステナビリティ関連の機会を識別し，評価し，優先順位付けし，モニタリングするために用いるプロセス ✓ サステナビリティ関連のリスクおよび機会を識別し，評価し，優先順位付けし，モニタリングするために用いるプロセスが，全体的なリスク管理プロセスに統合され，用いられている程度，ならびにその統合方法および利用方法
指標および目標	指標および目標に関するサステナビリティ関連財務開示の目的は，サステナビリティ関連のリスクおよび機会に関連する企業のパフォーマンスを理解できるようにする。主な開示事項は以下のとおり。 ✓ 適用されるサステナビリティ開示基準が要求している指標 ✓ リスク，機会またはパフォーマンスを測定し，モニタリングするために企業が用いている指標 ✓ 目標に関する情報（企業が設定した目標，法令で要求されている目標，適用期間，進捗が測定される基礎となる期間，パフォーマンス等）

（出所）SSBJ基準公開草案をもとに作成

　気候変動に関しては追加の開示基準および解説が気候基準（案）に示されている。開示内容のうち特に関心が高いと考えられる指標および目標の開示の主な内容は，以下のとおりである。

282

| 図表Ⅵ-2-4 | 気候基準（案）における指標および目標の開示 |

温室効果ガス排出	✓ GHGプロトコル（2004年）に基づくスコープ1，2および3の温室効果ガス排出の絶対総量等の開示（法域の当局や上場する取引所が要求する方法を用いることも容認されている） ✓ 温室効果ガス排出の測定アプローチ・方法の開示
気候関連の移行リスク	✓ 移行リスクに対して脆弱な資産または事業活動の金額およびパーセンテージならびに規模に関する情報
気候関連の物理的リスク	✓ 物理的リスクに対して脆弱な資産または事業活動の金額およびパーセンテージならびに規模に関する情報
気候関連の機会	✓ 気候関連の機会と整合した資産または事業活動の金額およびパーセンテージならびに規模に関する情報
資本投下	✓ 気候関連のリスクおよび機会に投下された資本的支出，ファイナンスまたは投資の金額
内部炭素価格	✓ 内部炭素価格を意思決定に用いているか ✓ 用いている場合，適用方法およびメートル・トン当たりの内部炭素価格
報酬	✓ 気候関連の評価項目が役員報酬に組み込まれているか ✓ 組み込まれている場合，その方法および役員報酬のうち気候関連の評価と結びついている部分の割合
企業に関連する産業別の指標のうち，主なもの	✓ 開示する産業別の指標を決定するにあたり，ISSBが公表する「産業別ガイダンス」に記述されている，開示トピックに関連する産業別の指標を参照し，その適用可能性を考慮する
その他の気候関連の指標	✓ SSBJ基準以外の情報源から得た気候関連の指標を開示する場合，当該情報源およびその得た指標

（出所）SSBJ基準公開草案をもとに作成

　上記のようにガバナンス，戦略や指標の測定アプローチ・方法などの定性的情報と，具体的な指標，金額，排出量などの定量的情報の開示が求められており，開示項目は多岐にわたり，サステナビリティを核に据えた経営そのものを扱っている。そのため，サステナビリティ報告に係る内部統制については全社的な内部統制が重要であり，各開示項目に即しかつ情報の信頼性を主眼とした内部統制の構築および運用が必要となるものと考えられる。

第Ⅵ章　その他の内部統制とリスクトーク　283

②　ISSA5000の保証内容とリスク評価・内部統制の位置付け

　ISSA5000は，すべてのサステナビリティ情報に対する保証業務に適用される。

　保証は限定的保証と合理的保証の２種類がある。ISSA5000ではリスク評価や内部統制について，限定的保証と合理的保証でのアプローチの違いを説明している。

図表Ⅵ－2－5　ISSA5000における限定的保証と合理的保証でのアプローチの違い

	限定的保証	合理的保証
目的	適用される規準に照らして測定または評価したサステナビリティ情報（主題情報）に，<u>重要な虚偽表示がないかどうか</u>について合理的保証または限定的保証を行い，結論（合理的保証の場合は意見）およびその根拠が記載された書面により結論を表明する。なお，保証業務の業務実施者は独立性を含む関連する職業倫理の要求基準を満たしている必要がある。	
保証水準	業務実施者が，業務リスク（重要な虚偽表示を発見できないリスク）を「<u>許容可能な水準</u>」まで減少させるが，合理的保証業務よりは業務リスクが高い（保証水準が高くない）。 限定的保証業務で実施される手続の種類，実施時期および範囲は，合理的保証業務で必要とされるものと比べて限られている。	業務実施者が，その結論の基礎として，業務リスクを業務の状況において「<u>許容可能な低い水準</u>」に減少させる保証業務
リスク評価と対応	不正または誤謬による重要な虚偽表示が生じる可能性が高い開示情報を識別し，それにより，当該開示情報に焦点を当てた追加手続を立案するための基礎を提供するのに十分なリスク手続を立案および実施する。	開示情報について，不正または誤謬によるアサーション・レベルの重要な虚偽表示リスクを識別および評価し，リスク対応手続を立案および実施する。
内部統制	原則として，事業体の内部統制の有効性に関する結論を提供する目的ではないが，保証業務の契約条件として，経営者は，事業体が必要と判断する内部統制システムを整備および運用する責任が求められる。	

不正または誤謬による重要な虚偽表示が生じる可能性が高い開示情報を識別するために，業務に関連する内部統制を理解する（統制環境，事業体のリスク評価プロセスの結果，情報システムと伝達）。	不正または誤謬による重要な虚偽表示リスクを識別および評価するために，業務に関する内部統制を理解する（統制環境，事業体のリスク評価プロセス，内部統制システムを監視する事業体のプロセス，情報システムと伝達，統制活動）。
業務実施者が内部統制の運用状況の有効性の評価により証拠を入手することを計画する場合，該当する統制活動および関連するIT全般統制のデザインの評価および業務の適用を判断する。	左記に加え，重要な虚偽表示のリスクの識別，評価および手続の立案のため，必要と判断するその他の内部統制についても，デザインの評価および業務の適用を判断する。

（出所）ISSA5000をもとに作成

　保証基準は，サステナビリティ情報（主題情報）に重要な虚偽表示がないかどうかを目的としたものであり，原則としてサステナビリティ開示に関する内部統制の有効性に関する結論を提供する目的ではないが，内部統制の有効性に関する意見または結論が含まれる形での保証業務を実施することは可能とされている。

　限定的保証では，虚偽表示のリスクが高い開示情報を識別するために，業務実施者（監査法人等）は内部統制を理解するが，合理的保証では，開示各々についてどのような虚偽表示のリスクがあるか識別し，どの程度高いのか評価するために内部統制を理解する。このため，合理的保証における内部統制の理解の範囲は広く深くなるものと考えられる。

（3）　サステナビリティ報告に係る有効な内部統制（ICSR）

　2023年にCOSOは，COSOフレームワークを活用してサステナビリティ報告に対する有効な内部統制を構築するための補足的ガイダンス（Achieving Effective Internal Control over Sustainability Reporting）を公表しており，これをICSRと呼ぶ。翻訳版は公益財団法人日本内部監査研究所のホームページから入手可能である。

COSOフレームワークは，従来のCOSOが財務報告を目的としていたものを拡張して報告全般に適用できるように改正が行われている。サステナビリティにおける様々な分野の専門家の連携を促進するための手段としてCOSOフレームワークが有効であるとしている。

下図では，COSOフレームワークに，サステナビリティに関する重要な側面である「誠実性とパーパスへのコミットメント」という概念を加えたものである。ICSRでは，リスクの識別と評価，統制活動の識別，有効性の評価も含むこととされ，循環的な対応をすることにより，目的の再検討とパーパスや様々な目的との相互関係を再検討する機会となると考えられている。

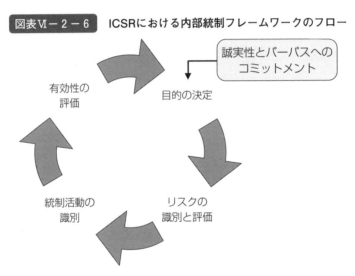

図表Ⅵ－2－6　ICSRにおける内部統制フレームワークのフロー

(出所) ICSRの図R-1

ICSRでは財務報告と異なるESG報告の3つの特徴を挙げている。円内の上段が財務報告であり，下段がESG報告の特徴である。

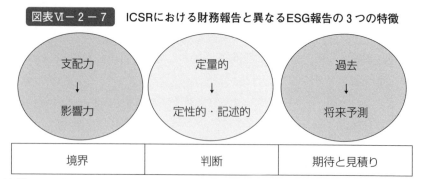

図表Ⅵ－2－7　ICSRにおける財務報告と異なるESG報告の3つの特徴

（出所）ICSRの図B-9

　「境界」については，財務会計では連結企業集団が報告の対象となっているが，サステナビリティ情報では異なる概念での報告が求められることがある。例えば，GHG（温室効果ガス）排出量の開示については，スコープ1では企業が所有または管理している発生源から生じる直接的な排出量を集計するのに対し，スコープ2では企業によって消費された電気等の間接的な排出量（排出しているのは電力会社等）が含まれ，スコープ3では上流と下流の両方を含む企業のバリュー・チェーンにおいて発生する間接的な排出量まで含むとされている。

　「判断」については，報告の利用者がサステナビリティ情報により企業価値に関連する短期・中期・長期のパフォーマンスを見込めるように，企業がサステナビリティ情報を作成するため，従来の財務報告よりも定性的であるとしている。

　「期待と見積り」に関しては，財務会計は多くの点において過去の取引や事象を反映したものであるのに対し，サステナビリティ情報目標やターゲットの設定が財務情報よりも長期を対象としたものとなる傾向があるとしている。内部統制の構築や評価においても，このような財務報告との相違を踏まえることが重要である。

　ICSRではCOSOフレームワークの原則ごとに，COSOフレームワークの着眼点がサステナビリティに適用可能であることを説明している。加えて，洞察や好事例についても適宜示されている。以下は，COSOフレームワークの原則ご

第Ⅵ章　その他の内部統制とリスクトーク　　287

とに示されたサステナビリティの着眼点または洞察の主なものを示している。

図表Ⅵ－2－8　ICSRにおけるCOSOフレームワークの原則ごとに示されたサステナビリティの主な着眼点または洞察

統制環境	
1．誠実性と倫理観に対するコミットメントの表明	コミットメントの表明により，持続可能な事業の構築を実現する組織文化を醸成する。これらの価値観は組織全体に伝達される持続可能な事業活動のプログラムや方針によって運用される。
2．監督責任の遂行	取締役会は組織の持続可能な事業活動や報告に関する統制，システム，プロセスについて，設計，導入，実施について監督を行う。外部報告に関しては従うべきプロセスの策定を主導する（例えば，フレームワーク，基準，ガイドライン，スケジュール，レビュープロセス）。 組織の目的達成に向けての牽制機能としてIIAの3線モデルを適用することにより，内部監査が経営者から独立した立場で有効性について保証を提供することができる。
3．組織構造，権限・責任の確立	取締役会と経営者は，持続可能な事業活動の活動と情報システムを支える組織構造を検討する。また，責任について，権限を与え委譲する。この権限と委譲にはテクノロジーの利用を含むプロセスの確立が含まれる。
4．業務遂行能力に対するコミットメントの表明	組織は持続可能な事業活動の管理と情報に関して，当事者に期待する能力を伝える方針とガイダンスを整備する。また，人材やサービス提供者の能力を評価し，有能な人材を育成し維持する。
5．説明責任の履行	持続可能な事業活動の活動や情報に関して確立された基準やプロセスを遵守することについて指示し，説明責任を果たす手段を確立する。サステナビリティの進捗を測定するための方法を確立し，目標設定および動機付けを行う。
リスク評価	
6．適合性のある目的の特定	持続可能な事業活動の目的を明示し，目的の達成のために重要性を考慮し，どの程度リスクを許容できるかについて，会社の業績と潜在的影響の観点から検討し，経営資源を配分する。 報告目的でのフレームワークの遵守，重要性の検討，意思決定

	に必要な情報とその精度のレベルの決定を行う。 コンプライアンス目的では法令やESG分野のコンプライアンスを反映し，リスク許容度を検討する。
7．リスクの識別と分析	持続可能な事業活動の目的の達成を妨げうる様々な状況を識別する。その際に外部要因と内部要因を分析しシナリオを検討する。シナリオの潜在的な影響を見積り，適切な対応方法を検討する。 リスクと機会の両方の開示が求められる規制案がある。COSO-ERMは持続可能な事業活動の戦略，パフォーマンス，組織の包括的な戦略と整合させるための推奨事項を提供しており，持続可能な事業活動に適用可能である。
8．不正リスクの評価	持続可能な事業活動の目的を意図的に阻害する不正手段を識別し，違法行為，不正，その他の不適切行為のリスクを評価する。また，持続可能な事業活動に関する不正の動機とプレッシャー，機会，姿勢と正当化を評価する。資金調達を有利にするためのESG目標の達成に不正の動機が発生し，リスクを軽減するため，内部監査や外部監査により遵守状況の確認の必要性が生まれることがある。 第Ⅱ章1（3）①で説明した誤解のリスクは，ICSRでは不正リスクにおいて説明されている。定性的な情報が多いサステナビリティ報告では，特に誤解のリスクについて不正・誤謬の両面から留意が求められるものと考える。 なお，持続可能な事業活動における不正リスクの例示が掲げられている。
9．重大な変化の識別と分析	持続可能な事業活動に影響を及ぼしうる外部環境の変化を考慮する。ビジネスモデル，戦略や内部管理モデルに影響を及ぼしうる変化や動向に対応できるように継続的な評価を実施する。例えば，市場が変化して競合他社がサステナビリティ基準を満たす製品を製造する場合，イノベーションを起こせない組織は大きなリスクにさらされる。構想は，組織のパーパスを再考し，機会や競争優位を生み出す原動力となる。
統制活動	
10．統制活動の選択と整備	持続可能な事業活動の目的の達成に対して，識別して評価したリスクに対応するために，活動の組織，方針，手続，権限および責任を検討する。ESGには厳格な統制環境が確立されておらず，コンプライアンスや内部監査が関与していない可能性が

第Ⅵ章　その他の内部統制とリスクトーク　　289

	ある。既存の手続を見直し，場合によっては再構築する必要があるが，すでに財務報告や業務管理等で利用している基盤を活用できる可能性がある。
11.　テクノロジーに関する全般的統制活動の選択と整備	持続可能な事業活動のリスクを評価して管理するために，テクノロジーにどの程度依存するかを決定し，信頼性を確保するための統制活動を構築し，維持する。 持続可能な事業活動の内部統制では，従来の財務報告に比して信頼性の高いテクノロジーの利用が不足し，表計算や電子メールに依存しており，情報の源泉や証跡が十分把握できていない可能性がある。信頼性を確保するためのテクノロジーを利用した内部統制として，信頼性の高い商用プラットフォームの利用が検討される場合がある。 また，持続可能な事業活動の情報プロセスは新しいものであり，外部委託先であるサービスプロバイダーが多くの組織で利用されている。外部委託の確実な監督が重要になり，その信頼性に対する説明責任は企業自身が負うものである。
12.　方針と手続を通じた展開	持続可能な事業活動を行うことは適切でない計画や誤りのリスクの上昇をもたらす場合がある。方針と手続を確立するとともに，リスクの上昇に備え適切なリーダーシップの下で見直しができるように機能的で効果的な監督システムを構築する。 また，サステナビリティの開示は財務報告に用いられる境界と異なるため，方針と手続を定める際に，関連会社，投資先，その他組織が支配力や影響力を持つ組織について考慮することが重要である。
情報と伝達	
13.　関連性のある情報の利用	持続可能な事業活動の目的の達成のために，質の高いデータが必要になる。これは意思決定に有用なデータを提供するために，内外の情報源からデータを取得しそのデータを利用して有用な情報にするためのツールが必要であり，その過程において品質を維持する必要がある。その際に既存の財務，IT，内部監査の能力を活用することが重要である。
14.　組織内における情報伝達	組織における持続可能な事業活動を遂行する責任を持つ人々に，そのプロセスにおける期待を伝える。また，取締役会が持続可能な事業活動に対する監督責任を果たすための有用な情報を伝える。倫理と誠実性に関するプログラムを適用し，従業員やその他重要なステークホルダーが声を上げやすくなるよう

	に，全社的な倫理と誠実性のプログラムを設ける。
15. 組織外部と の情報伝達	外部の規制当局，投資家，その他のステークホルダーに持続可能な事業活動に関する内部統制システムとその有効性を伝える。これには外部関係者からの情報伝達を含む。また，統制の有効性に関する外部報告を実施し，それに対し第三者保証を受けることを決定する場合がある。
モニタリング活動	
16. 日常的評価 および／または独 立的評価の実施	持続可能な事業活動に対する内部統制システムがどの程度機能しているか評価する。そのために評価実施者が必要な知識を保持している必要がある。評価のために有能な外部の専門家を利用する場合がある。
17. 不備の評価 と伝達	持続可能な事業活動の内部統制システムの有効性を評価し，あるべき状況とのギャップを識別し，その結果を伝達する。改善のための手段や進捗状況を把握し，是正活動に関するフォローアップを実施する。

(出所) ICSRをもとに作成

（4） サステナビリティ報告に係る内部統制の構築と，リスクトークの適用可能性

① サステナビリティ報告に係る内部統制の構築における ICSRとJ-SOXの活用

　上記（3）において，ICSRにおけるサステナビリティ報告に係る有効な内部統制のあり方を概観した。また，上記（2）では，2024年6月現在におけるサステナビリティ報告と保証制度の検討状況を概観した。

　企業にとっては，開示基準を確認しながら，必要な情報収集および開示に至るまでの情報の整理・加工作成の手順の構築を行い，ICSRおよびCOSOフレームワークを参考にしながら内部統制を構築・運用していくことになることと考えられる。改訂J-SOX基準はCOSOフレームワークの内容を反映したものであるので，改訂J-SOX基準の対応が，サステナビリティ報告に係る内部統制の基盤となることが期待される。

　GRIスタンダードではサステナビリティ報告の信憑性の向上のために内部統

第Ⅵ章　その他の内部統制とリスクトーク　291

制を整備し活用することが望ましいとされていた（GRI Standard Foundation
5.2参照）が，完成度の高いサステナビリティ報告の開示態勢を構築してい
る企業であったとしても，実際に体系的な内部統制の整備が行われていなかっ
た可能性がある。

　サステナビリティ報告の開示対象となるリスクは，COSO-ERMの定義に当
てはめて考えると，企業目的の達成に不利な影響を及ぼす事象となる。例えば，
SASBスタンダードのトピックを参照し，サプライチェーンの労働者の権利の
侵害によるリスクを挙げる。このトピックに対する機会は，例えば，サプライ
チェーンの労働者を保護し待遇を改善することがもたらす影響が挙げられる。
ガバナンス，戦略，リスク管理はこのようなサステナビリティのリスク・機会
をモニタリング，管理，監督する仕組みであり，COSO-ERMにおいては，リ
スク選好を踏まえた事業目標の設定プロセスを含む概念であると考えられる。
また，指標および目標は，関係者を動機付け，パフォーマンスを測定するため

| 図表Ⅵ－2－9 | サステナビリティ報告の開示対象と内部統制の関係 |

リスク（企業目的の達成に不
利な影響を及ぼす潜在事象）

機会（企業の価値創造につな
がる要因）

ガバナンス，戦略，リスク管理

指標および目標

サステナビリティ
報告の開示対象

合理的な保証

対応

リスク（業務，コンプラ
イアンス，報告の適正な
実施を阻害する要因）

内部統制（ICSRや個別の
業務プロセス）

の手段であると考えられる。

　一方，内部統制は，事業目標を所与として，業務，コンプライアンス，報告の適正な実施を阻害する要因としてのリスクに対して，適正な実施に合理的な保証を提供することを意図した，事業体によって遂行されるプロセスである。ガバナンス，戦略，リスク管理は一部内部統制と手順が共通する点もあるが，別物と考えることが適切であると考えられる。

　上図はサステナビリティ報告の開示対象となるリスク・機会と４つの柱の関係，ならびに内部統制および内部統制により対応されるリスクとの相違を図示したものである。サステナビリティ報告に関するリスク（例えば労働行動規範に準じて監査・調査を実施した一次下請け先施設の範囲や不適合率等の開示を誤るリスク）を識別し，対応する内部統制（例えば，監査・調査部署と別の部署が調査報告書と再照合して誤りがないか検証するプロセス）を構築・運用する。またサステナビリティに関する業務やコンプライアンスについても，適正な実施を阻害するリスクを識別・評価し，内部統制を構築・運用することが望まれる。

　COSOフレームワークおよびICSRは，適用が強制されている基準ではない。一方で，コーポレートガバナンス・コードの原則４-３では「取締役会は，適時かつ正確な情報開示が行われるよう監督を行うとともに，内部統制やリスク管理体制を適切に整備すべきである。」とされており，サステナビリティ報告についても，内部統制の構築・運用について検討する流れであると考えられ，そのフレームワークとしてはCOSOフレームワークおよびICSRが適用される可能性がある。

　COSOフレームワークおよびICSRは概念的なものであるため，実際に内部統制構築および運用を行い，それを全社的な内部統制として，あるいは個々の開示レベルのプロセスと内部統制（各開示項目の虚偽記載のリスク識別・評価，情報収集，情報の整理，加工作成の手順，検証，承認）を文書化する際には，これまで体系的な内部統制構築がされてきたJ-SOXの文書化が参考になると考える。

　ICSRの原則10で指摘されているように，財務報告とサステナビリティ報告で同じ情報（例えば購買データ）を利用する場合は共通の内部統制（例えば情

報システムのITに係る統制）が利用可能であるし，財務報告に係る内部統制について，サステナビリティ報告をカバーできるように拡張（例えば見積りの内部統制）し，内部統制を共通化できる余地があるものと考えられる。財務報告に係るフローチャートやRCMを活用して，共通部分や拡張可能部分を棚卸する作業が有効である可能性がある。また，サステナビリティ報告は財務報告を含むつながりのある情報が求められており，財務報告との整合性や理解可能性を確保するための内部統制が求められる。

　複雑なサステナビリティ報告の作成・報告プロセスの場合は，複雑な会計処理・開示への対応に準じてポジションペーパー（第Ⅲ章2（2）にて解説）を作成するなど財務報告に係る内部統制の方法論により，具体的な手順を定めることが有用と考える。

図表Ⅵ-2-10　サステナビリティ内部統制構築におけるJ-SOX資源の活用	
J-SOXの資源の活用	J-SOXの内部統制構築や文書化の方法論の適用
	サステナビリティ報告と共通の内部統制
	サステナビリティ報告に拡張可能な内部統制
	財務報告とつながりを確保するための内部統制

　なお，J-SOXには文書化の肥大化の批判は常にあったため，その反省を糧にして，リスクフォーカスによりポイントを絞った対応にすることが重要である。

②　リスクトーク，リスクシナリオの適用可能性

　サステナビリティ報告については現状，内部統制そのものを評価することは求められておらず，リスクトーク，リスクシナリオについては，どのタイミングでどのように実施するかしないかについては，判断の領域である。ICSRやコーポレートガバナンス・コードの趣旨を踏まえて自主的に対応することが可能である。

　2008年当時のJ-SOXの導入時はすでに財務諸表の作成プロセスは存在していたが，内部統制の評価を行うことが法定化されたために，プロセスや検証過程

を文書化・改善することが行われた。一方，サステナビリティ報告は，従来未対応の開示項目についての作成・報告プロセスの構築を必要とする領域が比較的多く発生し，これらの構築が優先課題となる可能性が高い。その際には以下の2つの戦略があると考える。作成・運用プロセスの構築範囲が多大となる場合は，②の方法が現実的であると考える。

図表Ⅵ－2－11	サステナビリティ報告におけるリスクトーク等の進め方

① 1つひとつリスクトーク，リスクシナリオ構築をしながら作成・報告プロセスと内部統制を構築する。
② 現状フレームワークでの開示とのギャップ分析も踏まえ，いったんは作成・報告プロセスの構築を優先する。構築後の課題感やドライラン（試行運用）を含む運用上の課題も踏まえリスクトーク，リスクシナリオ構築を実施し，プロセスや内部統制の見直しを行う。

　作成・報告プロセスの構築段階において，不正リスクを考慮することが望ましいものの，②による構築段階では誤謬リスクの制御のほうに力点が置かれることが多いものと思われる。すでに一部で実施されているGHG開示の任意の保証業務では様々な誤りのパターンが識別されており，保証業務実施者を「話し相手」としてリスクトークを実施することが考えられる。また，リスクトークやリスクシナリオの構築は不正リスク対応に有用であるため，作成・報告プロセスの構築後に，不正リスクに重点を当てたリスクトークやリスクシナリオの構築を実施し，追加的に統制活動やモニタリングを中心とした内部統制の構築を検討することも考えられる。

　段階的に誤謬リスクや誤解のリスクについても，リスクトークやリスクシナリオ構築の適用を拡張していくことが考えられる。前述（2）①で見たように，サステナビリティ報告に係る内部統制については全社的な内部統制および各開示項目レベルでの内部統制構築・運用に関し，第Ⅲ章1で見たような情報の信頼性の確保を重視したアプローチが重要となる可能性が高いものと考える。その際はICSRの原則11に示されているように，信頼性の高いテクノロジーの利用が不足し，表計算や電子メールに依存しており，情報の源泉や証跡が十分把

握できていない可能性や，外部委託先であるサービスプロバイダーの情報の信頼性について，重点的に取り組むことが考えられる。

③　経営者および内部監査部門によるモニタリングの重要性

　財務報告であっても新しい会計処理や開示項目については誤りや不備が多く発生する傾向にあり，それは内部統制が未成熟であることが原因であることが多い。多くの先進的企業では新規の規制対応等の重要テーマについてドライラン（試行運用）を実施し，内部監査部門がテーマ別監査を実施し，問題点の識別と是正活動のフォローアップを実施し，本番年度に備える対応を実施している。サステナビリティ報告もその対象とする必要性が高いものと考える。そのためにも，ICSRの原則16にあるように，内部監査部門がサステナビリティ報告のテーマにキャッチアップし，適切な保証と助言が与えられるように準備するとともに，適切な専門家の利用を考慮する。

　経営者は上記の導入プロセスを計画し，必要な資源を確保し導入する立場にあり，監査役等は導入プロセスをモニタリングする立場にある。

【著者紹介】

津曲　秀一郎 (つまがり　しゅういちろう)

公認会計士，米国公認会計士（ワシントン州）

　1997年監査法人トーマツ（現・有限責任監査法人トーマツ）入社後，2009年トーマツのパートナーに就任（現任）。日本公認会計士協会監査・保証基準委員会起草委員会起草委員（現任）。金融機関をはじめとする監査，内部統制関連業務等に長く従事。日本公認会計士協会品質管理本部品質管理レビューアー（2014年〜2015年），公認会計士・監査審査会事務局検査官（2015年〜2017年）を経て，現在トーマツ品質・リスク管理本部において内部統制の監査対応等のプラクティスをリードしている。

【編者紹介】
有限責任監査法人トーマツ

　有限責任監査法人トーマツは，デロイト トーマツ グループの主要法人として，監査・保証業務，リスクアドバイザリーを提供しています。日本で最大級の監査法人であり，国内約30の都市に約3,000名の公認会計士を含む約8,100名の専門家を擁し，大規模多国籍企業や主要な日本企業をクライアントとしています。

　デロイト トーマツ グループは，日本におけるデロイト アジア パシフィック リミテッドおよびデロイトネットワークのメンバーであるデロイト トーマツ合同会社ならびにそのグループ法人（有限責任監査法人トーマツ，デロイト トーマツ リスクアドバイザリー合同会社，デロイト トーマツ コンサルティング合同会社，デロイト トーマツ ファイナンシャルアドバイザリー合同会社，デロイト トーマツ税理士法人，DT弁護士法人およびデロイト トーマツ グループ合同会社を含む）の総称です。デロイト トーマツ グループは，日本で最大級のプロフェッショナルグループのひとつであり，各法人がそれぞれの適用法令に従い，監査・保証業務，リスクアドバイザリー，コンサルティング，ファイナンシャルアドバイザリー，税務，法務等を提供しています。また，国内約30都市に約2万人の専門家を擁し，多国籍企業や主要な日本企業をクライアントとしています。詳細はデロイト トーマツ グループWebサイト（www.deloitte.com/jp）をご覧ください。

　Deloitte（デロイト）とは，デロイト トウシュ トーマツ リミテッド（"DTTL"），そのグローバルネットワーク組織を構成するメンバーファームおよびそれらの関係法人（総称して"デロイトネットワーク"）のひとつまたは複数を指します。DTTL（または"Deloitte Global"）ならびに各メンバーファームおよび関係法人はそれぞれ法的に独立した別個の組織体であり，第三者に関して相互に義務を課しまたは拘束させることはありません。DTTLおよびDTTLの各メンバーファームならびに関係法人は，自らの作為および不作為についてのみ責任を負い，互いに他のファームまたは関係法人の作為および不作為について責任を負うものではありません。DTTLはクライアントへのサービス提供を行いません。詳細はwww.deloitte.com/jp/aboutをご覧ください。

　デロイト アジア パシフィック リミテッドはDTTLのメンバーファームであり，保証有限責任会社です。デロイト アジア パシフィック リミテッドのメンバーおよびそれらの関係法人は，それぞれ法的に独立した別個の組織体であり，アジア パシフィックにおける100を超える都市（オークランド，バンコク，北京，ベンガルール，ハノイ，香港，ジャカルタ，クアラルンプール，マニラ，メルボルン，ムンバイ，ニューデリー，大阪，ソウル，上海，シンガポール，シドニー，台北，東京を含む）にてサービスを提供しています。

　本書は皆様への情報提供として一般的な情報を掲載するのみであり，デロイト トウシュ トーマツ リミテッド（"DTTL"），そのグローバルネットワーク組織を構成するメンバーファームおよびそれらの関係法人が本書をもって専門的な助言やサービスを提供するものではありません。皆様の財務または事業に影響を与えるような意思決定または行動をされる前に，適切な専門家にご相談ください。本書における情報の正確性や完全性に関して，いかなる表明，保証または確約（明示・黙示を問いません）をするものではありません。またDTTL，そのメンバーファーム，関係法人，社員・職員または代理人のいずれも，本資料に依拠した人に関係して直接または間接に発生したいかなる損失および損害に対して責任を負いません。DTTLならびに各メンバーファームおよび関係法人はそれぞれ法的に独立した別個の組織体です。

内部統制「見直し」の実務
■不備を生じさせないための「リスクトーク」という手法

2024年12月15日　第1版第1刷発行
2025年7月15日　第1版第3刷発行

編　者　有限責任監査法人トーマツ
著　者　津　曲　秀一郎
発行者　山　本　　　継
発行所　㈱中央経済社
発売元　㈱中央経済グループ
　　　　パブリッシング

〒101-0051　東京都千代田区神田神保町1-35
電話　03（3293）3371（編集代表）
　　　03（3293）3381（営業代表）
https://www.chuokeizai.co.jp

©2024
Printed in Japan

印刷／三英グラフィック・アーツ㈱
製本／誠　製　本　㈱

＊頁の「欠落」や「順序違い」などがありましたらお取り替えいた
しますので発売元までご送付ください。（送料小社負担）

ISBN978-4-502-52251-2　C3034

JCOPY〈出版者著作権管理機構委託出版物〉本書を無断で複写複製（コピー）することは，
著作権法上の例外を除き，禁じられています。本書をコピーされる場合は事前に出版者
著作権管理機構（JCOPY）の許諾を受けてください。
JCOPY〈https://www.jcopy.or.jp　eメール：info@jcopy.or.jp〉